目次

第二部　『西国立志編』とその余響……63

第一部　洋学に転じた漢学者中村正直

1　明治日本を造った一冊の書物

明治日本を造った一冊の書物

「天ハ自ラ助クルモノヲ助ク」という格言は古く、かつ新しい。この諺は、明治三年（一八七〇）に中村正直（一八三二―一八九一）が、サミュエル・スマイルズ（Samuel Smiles 一八一二―一九〇四）の *Self-Help* を『西国立志編 原名自助論』と題して日本語に訳した時、巻頭に掲げた。もとは "Heaven helps those who help themselves." という。

「天ハ自ラ助クルモノヲ助ク」は本来英語であった。だが朗々たる響きも手伝って、この格言は明治日本の人口に膾炙《かいしゃ》した。日本語の諺と化したといってよい。それというのも、この自助の教えこそ、明治日本に高らかにこだました時代精神ともなったからである。私たちの過去の歴史で、明治がとりわけ美しい時代に見えるとするなら、それは維新直後、世界に向って広く国が開かれた時、日本人が自らの力を信じて、国造りにいそしんだからである。今の日本人はあまり自覚していないが、明治維新による日本の近代国家建設の成功例は中国の孫文や康有為、朝鮮の金玉均やフィリピンのエミリオ・アギナルドらに夢を与えた。彼らはそれぞれの自国で欧米と対等の国を自分たちも造りたい、と思ったのである。その明治国家建設の際、セルフ・ヘルプこそが日本の指導者の気概であり、かつ国民多くの者の気持でもあった。

それというのも不思議ではない。当時の貧しかったアジアの一国民にとって、自分で自分を助ける以外に選択の余地はなかったからである。十九世紀後半の日本は、外国からの援助は受けずに国造りを行なった。というか独立独行せざるを得なかった。そもそも当時の国際社会には、後発国を援助しようなどという、人道主義的ないしは人道主義の面をかぶった世界戦略的な発想はまだなかった。だがしかしそのような孤立無援の明治日本であったからこそ、自助の精神は貴重だったのである。そのような西洋優位の環境の下で、アジアの一国でありながら、独力で独立を維持し、国造りに成功した先人の努力に私は敬意を払わずにはいられない。

ただし、だからといって、一部の日本人が得意になるほど、わが国はモデルなしに産業国家の建設に成功したわけではなかった。そのことにも留意したい。周知のように、明治日本は不徹底であったかもしれないが、立憲政治を採用した。それについても模範がなかったわけではなかった。そのような先例が欧米で示されていたことこそが、当時の日本国民にとっては国造りの最大の希望の光だったのである。光は西国《さいごく》から来た。そして明治日本のネーション・ビルディングの国民的教科書ともいうべき書物も西国から伝わった。その最初の貴重な一冊こそ「天ハ自ラ助クルモノヲ助ク」の格言で始まる『西国立志編 原名自助論』だったのである。

「余を作りし者はこの書なり」とは国木田独歩（一八七一―一九〇八）の短編『非凡なる凡人』の主人公が『西国立志編』に対して感謝の念をこめて発した言葉である。この主人公桂正作と同じような感慨を抱いた人の中には、明治の文豪幸田露伴（一八六七―一九四七）や思想家三宅雪嶺（一八六〇―一九四五）もいた。雪嶺は昭和二十年十一月二十六日に死去したが、枕頭にあった書物は『西国立志編』だっ

たという。そのような感慨をわかちもった日本人は、実業家にも学者にも多かったであろう。いや、それは個々人だけに限らない。私の見るところ、「明治日本を作りしものはこの書なり」といいうる一冊は、この書物をおいて他にない。日本人が英語から一冊まるごと訳した最初の本がSamuel Smiles, *Self-Help* であったということは、なんという幸せであったろう。この一冊が日本における産業国家建設に果たした役割は、後に詳述するように、きわめて大きい。なるほど、原著者サミュエル・スマイルズも、訳者中村正直も今では忘れられた啓蒙思想家となってしまった。原著『セルフ・ヘルプ』も訳書『西国立志編』も今では忘れられた十九世紀のベストセラーでしかなくなってしまった。だが明治初年、日本で官学の諸学校が整備される以前は、中村の私塾同人社は、福沢の慶応義塾と並んで、日本でもっとも評判の高い学校であった。その二つの塾は、西洋人教師を揃えた、東京における西洋文明東漸の窓口でもあった。一八八一年、朝鮮から最初に渡日した留学生三人も、二人は三田の慶応義塾へ、一人は江戸川の同人社へ入ったのである。清朝中国から来日した最初の留学生が選んだ日本の学校もまた中村の同人社だった。

そのように福沢と並び称された中村正直であった。それなのに今日、中村は忘れられている。正直という名前も敬宇という号ももはや世間の目にふれることは少ない。なるほど、その代表的著述が『福翁自伝』をはじめ自著である福沢が、明治日本の知性面での父として広く読まれ、深く研究されるのは当然であろう。それに対してその代表作が『西国立志編』をはじめ翻訳である中村が、等閑視されてきたのはやむを得ない。学問世界では独創性が重んぜられる。当然、翻訳は軽んぜられる。翻訳はオリジナルな業績ではないからだ。しかし日本人が西洋の精神文明に初めて関心を寄せ、産業革命以後のイギリ

スの偉大な繁栄の秘訣はこの一冊にありと信じて日本語に訳出した最初の書物である。日本人に西洋の偉人たちの生涯を紹介したのはこの『西国立志編』をもって嚆矢《こうし》とする。しかもその訳書は、訳者中村の名声とそれにふさわしい文体の力もあいまって、明治時代を通して最大のベストセラーと化した。出版部数は明治末年までに百万部に達した。日本の人口がまだ三千万の頃である。その影響の痕跡は、その後の日本の学校教科書にも、発明発見物語にも、幸田露伴や国木田独歩の文学作品にも、また多くの市井《しせい》の人の生涯にも辿ることができる——そうした広く深い文化史的史実を等閑視してよいものか。

かつて吉野作造は明治初年の文化史を研究して、敬宇中村正直とその『西国立志編』に至り、感嘆おくあたわず、中村の文化史的意味を福沢との対比において次のように評した。これは昭和九年刊の新潮社『日本文学大辞典』のために執筆されたものである。

影響感化の大なること福沢翁の著訳と並んで空前と称せられる。……福沢が明治の青年に智の世界を見せたと云ひ得るなら、敬宇は正に徳の世界を見せたものといっていい。

筆者は本書で、中村正直が『西国立志編』を通して明治の青春にかいま見せてくれたものを、その徳の世界をも含めて、平成ならびにそれ以後の時代の読者の前に再現して伝えたいと願っている。

中村正直の肖像（お茶の水女子大学所蔵）

2　西洋の衝撃と東アジア

西洋の衝撃と東アジア

幕末のイデオローグ佐久間象山（一八一一－一八六四）が唱えた日本近代化の標語が「東洋道徳西洋芸術」であったことは知られている。この「東洋道徳」は儒教道徳に武士道が加味されたものであり、「西洋芸術」は産業革命以後の西洋列強が有する技術の意味である。日本人は形而上の面では秀でた東洋道徳に従い、形而下の面では優れた西洋のテクノロジーを重んずるべきである、という採長補短の主張である。ちなみに「芸術」の語は中国語ではいまなお軍事芸術などの用法があることからもわかるように、単なる美術・芸術以上の意味も含み得たのである。

この象山のキャッチフレーズは後には「和魂洋才」といわれた。日本人として、精神面では大和魂を維持しつつ、物質面では西洋の学問技術をすべからく導入して、列強に劣らぬ国を造れ、という明治日本の国民的スローガンである。そしてそれは、どこまで自覚されていたかはわからないが、平安時代の昔に菅原道真が唱えたといわれる「和魂漢才」――紫式部が乙女の巻でいうところの「尚、才《ざえ》を本としてこそ、大和魂の世に用ひらるる方も、強う侍らめ」である――の千年後のヴァリエーションでもあった。もっとも平安朝の和魂は漢意《からごころ》の混じる以前の大和魂を意味することもできたであろうが、幕末維新の日本人が唱えた際の和魂は、佐久間象山がいった東洋道徳とほぼ同じ内容である。一体、人間

のアイデンティティーとは、異質なるものの出現によって外から自覚を強要されるなにかである。外側からの自己把握といってよい。それだから、幕末期の日本人のアイデンティティーの表現として唱えられた和魂には、日本的な武士道道徳のほかに中国渡来の儒教道徳ももちろん含まれていた。いいかえると十九世紀後半の「和魂洋才」の時の「和魂」には、その千年前に「和魂漢才」といわれた時の和魂だけでなく漢才も、中国渡来の儒教道徳の形で、含まれていたのである。いや、日本的な武士道ですらその論理的内容には儒教の徳目が多分に含まれていたのである。日本人の魂の内実、いいかえるとアイデンティティーの内実は、一方においては変わりがたい要素を秘めながら、他方ではそのように時代とともに変化・変質するものでもあった。

ところで日本で「和魂洋才」などのスローガンが掲げられた心理は、十九世紀の末年、清朝中国の知識人が「中体西用」を唱え出した際と、きわめて似通った自己防御の姿勢に由来するものだった。まずある種の単純な人々には精神面では東洋の方が秀でているのだ、と本当に思いこむほど儒者や侍としての自負心があった。またある人々には実際はそれほど東洋道徳に自信が持てたわけではないのだが、人間には誇りや気位があり、自国人としてのアイデンティティーを維持したいという気持がある以上、自国の精神面での良さを強調して物質面での遅れのバランスを取り戻したい、と願ったのである。形而下の面で東洋が西洋に遅れを取っていることは阿片戦争（一八四〇—四二）の敗北以来次第に明らかになりつつあったから、形而上の精神面ではことさら自国道徳の価値を強調したかったのである。そこには面子《めんつ》もからめば、弱者の強がりも働いていた。

一国の文明を形而上の精神文明と形而下の物質文明に分けてその組み合わせを考えるこの種の発想を

分析する前に、ここで江戸時代の日本の学問を形而上の学問と形而下の学問に二大別して考えてみよう。

徳川家康が林羅山を重用して以来、徳川時代の日本の学問の主流は漢学であった。次いで国学があり、さらに遅れて西暦千七百年代の後半から蘭学が起こった。前二者は形而上の面も形而下の面も含んでいたが、江戸時代を通して日本人が学んだ蘭学は、もっぱら形而下の面に限られていた。それは徳川幕府がキリスト教を禁止していたこともあるが、東アジアの国の中で西洋語を学んだ唯一の国である日本の場合でも、蘭学者たちの知的アンテナは形而上の面にはなかなか伸びがたかったのである。

人間が自分と異なる文明に接してまず何を学ぶかについては、一種の法則性が認められるようである。それは命にかかわることは、外国のものだろうと敵国のものだろうと、人間すぐ飛びつく、という傾向であり、それが人情なのである。日本で蘭学が盛んになり出した十八世紀末はナポレオンがエジプトに遠征した時期に当たるが、およそ異性に肌を見せることを嫌うイスラムの婦人も病気回復のためには、評判の高いフランス軍の軍医のもとへひそかに訪ねに来たと報告されている。日本でも病気さえ直るなら、漢方医よりも蘭方医の方が有難い、という人はいくらでも出て来た。というかそのような傾向は蘭学勃興以前にもすでにあった。安土桃山時代から日本人は見よう見まねで南蛮流の外科を習得していたのである。たとえば西暦一七〇一年、浅野内匠頭が江戸城中で斬りつけた時、傷ついた吉良義央は南蛮外科によって手当を受けた。

日本人は物質面では、そのように早くから外国の知識技術を取り入れた。西洋からも最初は種子島の鉄砲や外科技術のように、外から見ることで模倣した。次いで十八世紀の後半からはオランダ語の書物を介してより正確な知識を吸収した。そして幕末期、国際関係が次第に緊張するに及んで、医学に限ら

ず軍事学、化学、地理学なども次々と学び出したのである。その際、医学面ではフーフェラントの『経験遺訓』や『医戒』なども訳されたから、西洋にもヒポクラテス以来、医師たる者の心構えについての倫理的な訓えがあることはわかっていた。しかしだからといって日本人の主たる関心が西洋道徳や西洋精神に向ったわけではなかった。

そうした一般的な西洋認識の中で、西洋産業社会にはそれなりの倫理があるのだ、ということを悟って、それにひそかに興味を抱く人が出て来た。そしてその人は意外にも蘭学者でもなく国学者でもなく、漢学者の中から出て来た。それもよりによって徳川幕府の精神的支柱であるべき昌平黌《しょうへいこう》の学者の中から出て来た。幕府は文久二年(一八六二)のオランダへの留学生派遣に引き続き、その四年後の慶応二年(一八六六)年齢二十歳前後の若者を十三名選抜して、初めて正式に英国へ派遣することとした。英国公使パークスの斡旋もあって実現した計画である。するとその時、昌平黌の主席教授として文久二年以来「御儒者」の地位についていた中村正直が、一行に同行することとなった。選ばれた幕臣の子弟がおおむね数え年十八歳前後の中で、中村一人だけが例外的にすでに三十代半ばにさしかかっていた。主として旗本の子弟から成る留学生グループに中村が取締として同行した人選については、この人格円満な儒学者が当局から抜擢されて若者を監督するべく選ばれたものと長い間思われていた。中村正直についての従来のもっとも秀れた伝記は、明治四十年に出た石井研堂(民司)の手になる『自助的人物之典型中村正直伝』で、成功雑誌社から発行されたが、第十三章「英国に留学す」には、「慶応二年、幕府、俊秀の少年十二人を撰て、英国に留学せしむ。皆幼少なりしを以て、先生及び川路太郎両氏、これが監督同行を命ぜらる。時に九月三日なり」と型通りに出ている。川路太郎は幕末の外交官として知られる

川路聖謨《としあきら》の孫で、まだ二十二の青年だったが、家柄ゆえに筆頭の取締役に任命されたので、これは当然の人選であったろう。それでは儒者の元締である中村が渡英したのは、いかなる事情によるものか。中村家には中村正直自身が志願してロンドンへ渡ったのだ、ということが言い伝えられていた。すると、中村が留学してから百年後の一九六〇年代、中村正直の『留学奉願候存寄書付』が出てきたのである。見つかったのは中村家の仏壇の中からの由で、虫に食われた中村直筆《じきひつ》の西洋留学願書下書は、大久保利謙氏の手で昭和四十一年一月『史苑』に公表された。そこには英国留学を希望する中村本人の理由が次のように記されていた。なお「存寄《ぞんじより》」とは考えていること、意見というほどの意味である。

中村正直の留学願書

いま『留学奉願候存寄書付』の候文を平仮名に開き、句読点やルビを加えて掲げる。(虫)とあるのは虫食いで字が消えた箇所で、括弧内は推定補足文である。

今度英国へ留学の者差遣はされ候義、一同へ御触達に相成候に就きては、私義不肖には候へども、右御人撰中に加はり彼地へ罷《まか》り越し留学仕まつりたく存じ奉り候。右の義に就きては私御儒者相勤め居り候て外国留学相願ひ候義は、不似合の様に申し候族もこれ有る可く候へども、是には聊《いささ》か所存これ有り候義に御座候間、恐れながら左に申し上げ奉り候。

一、「天地人ニ通ズ、コレヲ儒トイフ」と往古より申し伝へ候。天の覆ふところ支那一邦には限り申すまじく、地の載するところ支那一邦には限り申すまじく、人の居るところ支那一邦には限り申す

まじく、しかる上は儒者の名義を正し候へば、本邦の学、支那の学、支那学術、相心得申す可きは固より当然の事にこれ有る可く、はたまた外国の政化風俗を察し、その語言学術を学び候とても、儒（者の）職に悖《もと》り申す可き哉。愚考候に是れまた儒者の分内《ぶんない》の事と申し苦しからず候義（虫　）古《いにし》へは三韓支那の外、御国に通航いたさず候（虫）因りて純《もっぱ》ら支那の学のみを講求せし事故、儒者と申し候へば漢籍に通じ候異名の如くに相成り候義と存ぜられ候。然る処今日に致り候ては、日耳曼、法蘭西、英吉利、花旗等の文物隆盛学術日進の国既に御国と和親通商と相成り、公使在住し人民輻輳《ふくそう》する時運に御座候上は、御儒者の中にて一両人は右諸国の政化学術を心得候者御座候ても苦しからざる義と存じ奉り候。

一、新井筑後守『采覧異言』の跋《ばつ》に御座候大意は、外邦人と応接いたし候義大切の事にて通事に任せ置くべきの事にあらず（虫　）候は至極名言と存じ奉り候。近頃支那にても林則徐は（虫　）の乱後より英国の文字を学び、其後英女王ウイクトリアより送り候書簡上皮の字を親ら読み候事『海国図志』に載せこれ有り、咸豊年中花沙納は経筵講官吏部尚書にて稽察会同四訳館を兼任いたし居り候義、条約書にも相見へ居り申し候。いづれも翻訳は極めて緊要の事にて一字一句も苟《いやしく》もすべからざる事に御座候間、和漢の学に通達仕り候者にこれ無く候ては、外国の学問修行候ても精当の翻訳は成り難き事と存じ奉り候。

一、西洋開化の国にては凡《およ》その学問を二項に相分け申し候様に承り申し候。性霊《せいれい》の学、即ち形而上《けいじ》の学、物質の学、即ち形而下の学、と此の二つに相分け申し候。文法の学、論理の学、人倫の学、政事の学、律法の学、詩詞楽律絵画雕像の芸等は性霊の学の項下に属し申し候。万物究理の学、工匠機械の学、精煉点化の学、天文地理の学、本草薬性の学、稼穡《かしょく》樹芸の学は物質の学の項下に属し申し

候。是迄相開け居り候西洋学は物質上の学のみにて、性霊の学にいたりては未だ十分に心得候者これ有るまじき様に存じ奉り候。人倫の学、政事の学、律法の学等彼邦にて専要と講求致し候義に御座候上は、御国にても心得居り候者余多《あまた》これ無く候ては、御差支への義も生じ申す可き哉。且つ右等学術相開け候へば自然御国益に相成り申す可き義と存じ奉り候。但し右等学術にいたり候ては少年生徒の企て及ぶべき事にはこれ無く、何れにも洙泗《しゅし》の末流を汲み濂洛《れんらく》の遺風を慕ひ候ものにこれ無くては、その是非善悪を熟察し邪正利弊を深究いたし候義は成り難き事と存じ奉り候。私義此度留学の御人撰に与り候へば、及ばずながら（虫）等の学問を講究仕りたき所存に御座候。これに依りて（虫 ）夫故此段申し上げ奉り候。以上

この三段の説明の留学願書には、日本の学問の文明史的な方向転換が示唆されている。すなわち第一段では「儒者の名義を正す」として、儒学が大胆にも再定義されている。中村正直は昌平黌を代々主宰する林家の子孫の一人林学斎とともに過去四年来、徳川幕府の最高学府の「御儒者」であった。この御儒者とは最高位の教授の役職名であって、御は単なる敬称ではない。ところがこともあろうに日本の儒学の総本山の主席教授その人が大胆にも「通天地人謂之儒」（天地人ニ通ズ、コレヲ儒トイフ）という儒者の定義を拡大解釈して、なにも学問は「支那」一国に限ることはないだろう、と言い出した。そして昔の日本で漢学以外の学問をしなかったのはそれ以外の外国と通航がなかったからだ、と説明した。中村は幕府側の知識人だが、佐久間象山に傾倒した思想の持主で、もともと開国論者でもある。安政五年（一八五八）以来、日本は日耳曼（ジェルマン）と呼んだドイツやフランスやイギリスや

花旗の名前で呼ばれたアメリカ合衆国と和親通商の関係にある。そうした西洋諸国の「文物隆盛、学術日進」は幕府中央の人々にはすでに自明のことでもあった。だとするならば日本の儒者の中で一人か二人ぐらいは西洋の学術を学ぶ者が出てもよいだろう、学者というのはなにも漢文の書物を読む人だけの異名ではあるまい……

第二段ではそうした主張の裏づけとして、西洋との接し方についての日本と中国の先例にふれる。中村はまず新井白石の先例に言及し、外国交際は通訳任せにしてはならない、と説く。そしてまた佐久間象山が激賞し日本でもすでに覆刻されていた魏源《ぎげん》の『海国図志』によって、かつてイギリス軍と戦った広東総督林則徐《りんそくじょ》の例を引く。阿片戦争後、林則徐があたかも英語を習得したかのような印象を与える書き方をしているのは、幕末期の日本では中国の先例を引くことが依然としてきわめて有効なことを中村が心得ていたからだろう。花沙納という名前は天津条約書に出ているが、漢人の名前ではない。蒙古、正黄の旗人で道光十二年の進士、吏部尚書などの要職を歴任した。もともと満漢両語に通じるバイリンガルの人だったから、外国語への感受性は優れていたのだろう。花沙納がどの程度西洋語を解したかはさだかでないが、このような先例を掲げることによって、翻訳にも和漢の学に通じた人が必要であることを中村は説き、留学生として自薦の理由の一つとしたのである。

第三段ではさらに大胆な提言をする。すなわちまず西洋の学問を形而上のメタフィジカルな精神科学と形而下のフィジカルな物質科学の二つの項目に分けて説明した。日本では従来は西洋の学問の中で物質上の学問しか研究して来なかったが、それだけでは不十分である。これからは西洋の人倫の学、政治の学、法律の学などを心得ている者がいなければ日本でも困ることになる、そしてそうした学術の研究

が進めば自然と国益にもかなうはずだ、と述べ、さらに次のように付言した。ただしそのような精神科学——中村は「性霊の学」という言葉を用いている——を学ぶべき人は少年生徒では不可である。孔子の学問的伝統に連なり宋学の遺風を慕う儒者でなくてはならない——洙泗《しゅし》とは孔子の故郷 曲阜《きょくふ》の泗水とその支流の洙水、濂洛《れんらく》とは宋学者の周 敦頤《しゅうとんい》のいた濂渓と程顥《ていこう》・程頤《ていい》のいた洛陽をさしている——。それというのはそのような東洋道徳の基礎がない者には、西洋倫理の善悪を熟慮考察し、その正邪や利害を深く研究することはできがたいからである。自分が留学生に選ばれたならば、及ばずながらこの方面の研究をして来るつもりである……

これが徳川幕府の幹部に提出された中村正直の願書であった。留学生の一行は全員形而下《フイジカル》的な学問をしに渡英するはずになっていた。その中からは、後にふれるが、明治になって理工系以外で頭角をあらわす人も何人かまじっていた。しかしそれは、それから三十数年後、清国からやはり実用の学としての医学を学びに日本留学した魯迅が結果としては作家になったのと同じような変化であって、後発国の留学生はまず実学面に注目するのが一般的傾向である。政府もまた実用的な学問を学ばせるために若者を海外へ派遣するものなのである。

それだけに中村のように明確な動機をもって西洋へ道徳を探りに出かけた人はアジアでは彼が最初の人であった。そして中村はロンドンで、願書に書いた通りの「熟察深究《じゅくさつしんきゅう》」につとめることとなる。

だがそれにしてもこのような思い切った留学願書が一体なぜ書かれ、幕府内の誰によって公認とはいわずとも黙認され、中村は留学生の一行に加えられたのか。

3　神童中村正直

神童

ここで当代随一の漢学者でありながら西洋留学を志した中村について、その前半生を語ることでその内面の動機を探ることとしたい。

中村正直は石井研堂の言葉を借りれば「先生の身を起す、門地もと高からず」という出自であった。一八三二年、当時の暦で天保三年五月二十六日に江戸麻布の丹波谷《たんばだに》に生れた。父は通称を武兵衛といい、母は松村氏であった。武兵衛はもとは幕臣の領地であった伊豆宇佐美村の農民で、「農間に老死するを好まず、江戸に出て、立身の機会を窺ひ居りし」に、「当時恰も、京都二条城の交番同心とて、隔年京都詰めを命ぜらるる同心株に売物有り、鈴木某といへる医師の姉なりし人これを購ひ、武兵衛君をその養子としたれば、年に三十俵二人扶持といふ薄給ながら、始めて両刀を帯する身分とはなれり」。勝海舟（一八二三―一八九九）も同じように旗本の株を買った父を持つが、勝と中村とが親しかった一因は、二人とも幕臣でありながらこのような背景を共有していたからであろう。二人とも門地を重んじる立場になく、それだけ明治の身分制度撤廃の改革に賛成の人であった。それというのも、勝も中村も本質的に自己自身の能力に恃《たの》む人だったからである。

中村正直にはいかにも漢学者らしく『自叙千字文』がある。決まり文句かもしれないが、この小自伝

は誕生や命名のことを叙した後、こう始まる。両親に大事に育てられた、「父母ノ鞠養《きくやう》ハ、哺乳醇誨シ」、だがそのすぐ後に「猫犬李梅、忠孝仁義」かくの如き等の字を次第に覚えた、と続けて出ている。なるほど早期英才教育を受けた、という印象を受ける。ただし中村は自分が「夙慧《しゅくけい》」だったのではなく、周囲からおのずと感化を受けたのだ、とした。垂れ髪をし、歯の抜け替わるころ四書を学んだ「論孟学庸」。そしてその直後に「樹ニ登リテ蟬ヲ捕ヘ」草を開いて蟋蟀を探し求めた、と続く。そのように型にはまりがちな修辞の『自叙千字文』だが、それでも教育熱心だった母の面影はおのずと浮かぶ。霰や雪の寒さ厳しい夜に行燈の光で針物をしながら「故事ヲ談話ス、内ニ良箴《りょうしん》ヲ寓《ぐう》ス」。もっぱらそうした妙法で自分を鼓舞激励してくれたから「叱咤《しった》聞クナク、鞭笞《べんち》ナンゾ及バンヤ」。がみがみ言われたこともなく、まして体罰をくらったことなどはない、というのである。ちなみに両親は公務の余暇に真綿を伸ばす手内職につとめたという。

そのような中村少年は数え年三歳の時から句読を習い、書を学んだ。五歳の時に畑某の撰にかかわる『文人寿命村』という俗書に当時の一芸一能ある儒家・画家・書家・篆刻・本草家など百人が選ばれたが、その中でなんと画家の谷文晁の次に名をつらねた。そこにはお芥子頭の幼童が描かれて、こんな風に紹介されていた。

「書、中村鶴鳴五才。上々吉寿三百年、行々可至千年。麻布丹波谷。」

鶴鳴とは三歳から用いた号である。この人の書の評判はめでたく三百年は続く、行く行くは千年に至るかもしれない、という御託宣である。そしてこんな歌も添えられていた。

父母のしこみの程ぞかしこけれ　うなゐ童の筆の見事さ

教育熱心な親というのは江戸時代にもいたのである。特に株を買って士族となった家にはその傾向は一段と強かったのだろう。山川菊栄は『女二代の記』に、母から聞いた話として中村少年のことをこんな風に伝えている。

ひとりっ子だったが、まことに賢くおとなしい子で、小さなチャンチャンコを着てハタキなどをふりまわして遊んでいた三歳ぐらいのころから、よびこんで「ちょっと字をかいて頂戴」というと、りっぱな漢字をかいたそうで（ある）。

少年は六歳の時には法華経を書写して大塚本伝寺に奉納した。少年が蒲柳《ほりゅう》の質で病に罹った時、親は日蓮上人に祈願して回復を祈った。幸いに病が癒えたのでこれを納めさせたのだという。「妙法」と大書し、次いで妙法蓮華経如来寿量品第十六を四段百二行に細書し、末に「六歳童梧山書」と記した。評判となった少年のもとには揮毫《きごう》の依頼が絶えなかったというから、都下の寺には幼時の号で書かれた中村の書があるいはほかにも伝わっているのではあるまいか。なお中村が母の恩を深く感じていたことは、「念ヒ此ニ到ルゴトニ涕涙シテ襟ヲウルホス」という『自叙千字文』にも示されるが、それ以上に中村自身が生涯を通して日本の女子高等教育に尽くしたこと、また母の感化に触れるとき、それが彼自身の文章であれ翻訳であれ、一段と熱がこもっていることにも自ずと出ているように思われる。

明治十一年に勝海舟が書いた文章に、「我が友正直中村ぬしは、六七歳のころより、文を誦し書をよ

くす。故をもつて時の王侯貴人、君を愛敬する者多し」としてもとの宇和島侯との交際にふれている。

三歳の時から漢文の句読を習い始めた中村は五歳の時、師を岩崎多右衛門にあらためた。岩崎は少年の聡明を愛し、教えることも懇篤で、数え年十歳の時、勧めて昌平黌の素読吟味の試験を受けさせた。するると学業勉励の廉を以て白銀三枚を賞としていただいた。このような小さな子供がその種の試験（小試）を受けたことは昌平黌の歴史にかつてないことだという。それは少年の心にも非常な刺戟となったに相違ない。

儒者としての中村正直

中村は十五歳の時、井部香山の塾に入り、月に六回通った。そのころは白話体の小説に味をしめ『水滸伝』に夢中になった。ところで貧乏だが出来のよい書生は昔も家庭教師をして自分の書籍代に当てたものである。また良家は見込みのある若者から学ばせることで学問ばかりか人を見る目をつけさせたものである。中村は将軍の侍医である桂川国興の家でその娘に経学を授けることとなった。この桂川国興は『和蘭字彙』の著のある蘭学者で『蘭学事始』に出て来る桂川甫周の曾孫に当り、同じく甫周と称した。桂川は蘭学者の常として蘭学の優秀性を説いたから、中村も次第に蘭学に惹かれた。弘化四年（一八四七）、十六歳の時というが、中村のような学力優秀の青年にとっては文言体の漢文を学ぶだけではもはや物足りないなにかがあったのだろう。それに時代も無意識のうちに洋学の必要性を促していたのだろう。中村は自分たち漢学者が尊敬する清国がすでに英国に敗れたことは知っていた。書の石川梧堂の家も、井部の塾も、桂川の家も、築地にあった。中村は撃剣も学んだが、帰りしな浜松町で蘭学を講

じていた坪井伴益のところに立ち寄り質疑して大いに益を得たという。もっともそのような異端の学を学んでいることが発覚し、漢学の師の井部香山からいたく叱責されたと『自叙千字文』に書いている。

井上哲次郎は昭和十八年（一九四三）、八十八歳の年に『懐旧録』を出したが、その中で「教育者としての中村正直博士」について語り、正直の父武兵衛について「低い幕臣であつたから湯島の昌平黌の門番をして居つたといふことである」と書いている。この老人の回顧の真偽のほどはわからない。中村武兵衛は麻布に住んでいたから門番ではありえなかったように思える。しかし井上が懐旧談にいう、当時昌平黌の教授であった佐藤一斎とか安積艮斎《あさかごんさい》とかが世間から非常に尊敬されていたから、それで武兵衛が自分の子もあのように立派な人に成したいと思って早くから教育した、という話は、明治初年に書生たちの間で噂された中村伝説を伝えているといえよう。

中村自身は『自叙千字文』に幕臣の子弟として昌平黌寄宿寮に入ることを許された嘉永元年（一八四八）当時のことをこう記している。寮生活は選ばれた若者たちが切磋琢磨《せっさたくま》して人間形成を行なうことがすばらしかった。同じころ寄宿舎には向山黄村や榎本武揚もいた。

　十七歳ニオヨビ茗黌ニ寄宿ス。侗庵《とうあん》館ヲステ、一斎盟《めい》ニ主タリ。官ハ薪米《しんまい》ヲ給シ、書ハ棟楹《とうえい》ヲ圧ス。春ノ誦、夏ノ絃、木ヲ伐リツツモ嚶鳴《あうめい》ス。肝胆《かんたん》ヲ吐露《とろ》シ、親シキコト弟兄ニ似タリ。渾噩《こんがく》ヲ講究シ互ニ提醒《ていせい》ニ務ム。

茗渓《めいけい》とはお茶の水だが、今日ＪＲの御茶ノ水駅の秋葉原寄りの口を出たところにかかる橋が聖橋《ひじりばし》である。その「ひじり」とは孔子様に由来する。それを渡ると、湯島の聖堂と呼ばれる儒教建築がある。

これは関東大震災後に再建された文廟である。もと林羅山が開いた学問所が五代将軍綱吉の時にそこに移された。中村が入学したころ、この茗渓の昌平黌では古賀侗庵はすでに御儒者の地位を辞していた。中村は佐藤一斎（一七七二―一八五九）を師と仰いだ。

佐藤一斎の学風は折衷主義といわれる。すなわち一斎は林家の学問的伝統を重んじて朱子学を主としたが、陽明学に傾いた。その一斎は寛政異学の禁には賛成しない。外交については井伊大老と同じ見解で、西洋人は好きではないが、貿易を許可する方が、ことは穏やかに収まると見ていた。洋学者を弾圧することにも賛成しない。愛弟子の中村も同様で、いろいろ文章を嗜み、学問的興奮を味わったが、王陽明をとくに大切にしたことが『自叙千字文』にも「尤モ餘姚《よえう》ヲ重シトス」と出ている。餘姚とは王陽明の学派を指している。

中村がスマイルズの *Self-Help* をあえて『西国立志編』と訳したのは、王陽明が立志を重んじた人であり、その主張が佐藤一斎にも中村自身にもこだましていたからであろう。一斎が『言志録』第六条で述べた次の言葉などは中村が *Self-Help* を読んだ時もなお胸中に響いていたにちがいない。

学ハ立志ヨリ要ナルハナシ。而シテ立志モマタコレヲ強フルニ非ズ。タダ本心ノ好ム所ニ従フノミ。

スマイルズが『セルフ・ヘルプ』の冒頭で述べているように、自助の精神とは自発的な、すなわち他人の助けを借りぬ、立志の精神なのである。ライシャワー夫人ハルなど米国の日本研究者の中には『西国立志編』の訳書の題が出て来たこのような東アジアの精神史的背景におよそ通ぜず「西国立志」の訳語を英語に "The Establishment of Will Power in the West" と直訳して中村の「誤訳」ぶりを嗤いものに

している。しかしそれはライシャワー夫人が幕末維新の日本の学問状況について暗いために生じた無知というよりは、無恥な誤解なのである。(1) *Self-Help* は単に『自助論』という原名だけでなく、その前に『西国立志編』と題をつけたからこそ、漢文で鍛えられた明治の青年たちにアッピールしたのだ、という歴史的前後関係を見落としてはならない。この書物には、西国立志伝中の人物の行跡が記されている、ということが中村訳の題名ならば即座に察することができるのである。

佐藤一斎は壮年のころ『言志録』を、六十歳をこえて『言志後録』を、七十歳をこえて『言志晩録』を、八十歳におよんで『言志耋録』を著した。明治末年にその漢文を下中芳岳が和訳した『言志四録』抄が、処世修養の書物として内外出版協会から出ているが、その同じ出版協会から相前後して竹村修や若月保治らの手になるスマイルズの『品性論』『勤倹論』『職分論』などの新訳も出ている。そのことは、世道人心を裨益する少年子弟のための教訓的著作——いわゆる修養書——として、佐藤一斎の実践的権威としての発言も、スマイルズの具体例に富む歴史言行録も、ともにきわめて相似た倫理的雰囲気の書物として日本で受容されたことを示唆している。なおこの種の東西の精神史的共鳴の問題についてはまた後にふれる。

中村は嘉永年間の六年を昌平黌で学問して過ごした。嘉永六年正月、試験に合格し、翌安政二年(一八五五)、抜擢《ばってき》されて満二十三歳で学問所教授出役を命ぜられ、十人扶持《ふち》を給せられた。その後寄宿寮を出て狸穴《まみあな》の自宅に戻った。当時の中村は流行の最先端を行くことをした。舶来の懐中時計を買ったのである。木村蓮峰は少年時代に中村から教えを受けた人だが「先生、一ツの袂時計を購《あがな》はれて、時間を精密に計算し、光陰の価ひ貴きことを語られたり」と後年『報知新聞』紙上で回顧している。

幕末維新の歴史に通じる人は嘉永六年と聞けば、それが一八五三年で、ペリー艦隊が浦賀へ来た年であることを承知している。そのような時勢であったから中村の学問にも時務的な志向がおのずとあらわれた。蘭学への関心は黒船の出現と無縁ではなかったであろう。それに中村は漢学にかけては抜群の秀才であったから、百事に勉強するゆとりもあったのであろう。一応朱子学者ということになっていたが、清朝中国で盛んとなった宋学批判の意義をも認めた。そして安政年間を通じて気持のよい教授生活を送っていたらしいことは『自叙千字文』にも出ている。「聖林ハ翠緑《すいりよく》ニシテ、庭院ハ粛穆《しゆくぼく》ナリ」。昌平黌の庭の樹々は緑で、ひっそりとしていた。若い中村教授は先輩の塩谷宕陰や安井息軒などの薫陶《くんとう》を受け、益を受けることが多かった。学問的社交を楽しんだ春夏秋冬であったといえよう。

それが安政年間の末に近づくと「蕃舶《ばんぱく》競ヒ至リ、率土《そつど》驚愕ス」。廟議の決定は二転三転し、世情は騒然となる。吉田松陰をはじめ志士たちが獄死する。中村は文久二年（一八六二）春、御儒者に選ばれたが、十一月には将軍家茂《いえもち》に従って京都におもむく。そこで佐久間象山の知己を得る。「象山ハ鉅儒《きよじゆ》ニシテ、識量超卓セリ。旅亭ニ訪尋シテ、燭ヲ継ギ僕ヲ更フ。惜シイ哉刺サレ、道側ニ斃《たふ》ル」。

象山と共感することの多かった中村は、世間の儒者一般がややもすれば非現実的であることをあらためて感じた。「士虚文《きよぶん》ヲ務メテ、実用ヲ疎ニス。其ノ能ク当世ノ務ニ通ズル者、百ニ一二モ有ラズ」と『学弊ヲ論ズルノ疏《そ》』で難じている。中村は『銭穀財賦ノ事』の重要性をも説いた。そうした実務を「吾ガ事ニ非ズ」と軽んずる学者は困ったものだと思った。彼らはそうしたことを知らないことに誇りを覚える人種だからである。中村は外国を見聞することの必要を説き、「士人ノ彼ニ往カント欲スル者ヲ募リ、資ヲ厚クシテ之ヲ遣ハシ、彼ノ芸術ヲ学ビ、且ツ其ノ風俗形勢ヲ識ラシムルニ若クハナシ」と

主張した。すでに安政元年の『振学政策』では「洋学ノ禁ヨロシク除クベシ」。安政五年頃の『洋学論』ではさらに具体的に「蓋シ洋夷ノ長ズル所ノ者六有リ、曰ク天文、曰ク地理、曰ク算数、曰ク器械、曰ク航海、曰ク医術。是ノ六者、精緻工妙、出天出地、漢土ノ及バザルナリト」。そしてこうつけ足した。「今洋夷モマタ人ノミ。我其ノ長ズル所ヲ収メテ之ヲ用ウルニ何ゾ不可ト為サン。技芸ハ則チ物ナリ」。中村は象山に会う前から「東洋道徳西洋芸術」の立場を取っていたのである。性善良の中村には政治家として象山のような力量はおよそなかったが、しかし攘夷家に命を狙われたことはあったらしい。それでも「開国ヲ唱ヘ、明白磊落、ナンゾ衆怨ノ輻輳スルヲ怪シマン」。両親もすでに亡くなり、三年前に京都へお供した将軍家茂は一八六六年に死去した。当時の中村は日本国内にいることに知的閉塞感を覚えていたらしい。後に当時の心境を回顧して、「壮遊シテ域外ヲ馳観《ちくわん》シ、沆瀣《かうがい》ヲ吸嘘《きふきよ》シ、濁穢《だくわい》ヲ蠲滌《けんてき》センコトヲ思フ」と書いている。沆瀣とは外の世界の静まった清らかな空気をさすが、それを吸うことで内の汚れを洗い落とそうと思った、というのである。この『自叙千字文』は明治十六年（一八八三）、五十歳を過ぎてからの回顧であるから、過去は美化されているかもしれない。しかし上司に差し出した願書には書くことのできなかった異国への憧憬が慶応二年（一八六六）の中村の心中ですでにはぐくまれていたのもまた事実であったろう。中村は、佐久間象山などと同様、いやそれ以上に、儒者でありながら同時に洋学者でもある人だったからである。新島襄であるとか中村であるとかは、島国日本から脱出したくてたまらなかった青年たちの走りだった。中村は儒者でありながら幕末日本という閉ざされた知的環境の中でひそかに西洋に憧れていたのである。

洋学者としての中村正直

中村正直研究で必ず話題とされる文章に、昌平黌に寄宿していた嘉永六年（一八五三）八月十六日夜五時に書いた『誓詞』がある。石井研堂は例の伝記に「吾輩は今、ここに、最も敬すべき一紙を示す機会を有す。読者宜しく襟を正して粛読《しゅくどく》し、善人進徳の工夫は遠きに非ず、近く自身の日常に外ならざるを知るべきなり」と書いている。それは血判も押されているのであるから、恭しく取り扱うべき十条であるに違いない。

一、忠孝ヲ忘レザル事。
一、行住坐臥、礼法ニ背カザル事。
一、偽行偽言ヲセザル事。……
一、淫欲ヲ断ツ事。……
一、百事ニ勉強シ、怠惰ナラザル事。
一、凡事、己ヲ責メテ人ヲ責メザル事。
一、妄念ヲ裁断シ、ソレガ為メニ奪ハレザル事。
一、誠寔《せいしょく》ヲ心ニシ、苟モ軽薄ノフルマイアルベカラザル事。……

こうした誓いは、フランクリンの十三条などと同様、道徳の出立点を倫理的徳目に求める人には有難いのであろうが、私には特別にどうということはない。その十条の誓いの中で私の目を惹くのは徳川の平和の恩沢《おんたく》に謝した次の一条である。

一、太平ノ御恩沢ヲ、念々心頭ニ置キテ有難ク思ヒ、父母ノ恩ヲ思ヒ、農夫ノ難苦ヲ思ヒ、頃刻《けいこく》モ懈《け》怠《たい》スベカラザル事。

このような社会的関心は、父母その人がもと伊豆宇佐美の農民であったことと関係があるのではあるまいか。

そしてさらに特殊な一条は次の決意であろう。

一、蘭書ノ業、半途《はんと》ニシテ廃スベカラザル事。

血判が押された理由は、あるいはこのような本来許されざる学業への決意ゆえではあるまいか。この『誓詞』が書かれた一八五三年はペリーが浦賀へ来航し、日本が鎖国の夢を破られた年で、中村は満二十一歳となっていた。

中村が英学にも関心を示すようになったのは文久二年（一八六二）、三十歳前だろう。石井研堂によれば、すでに御儒者となっていた中村の塾に、その年の初め、英学者の箕作奎吾《みつくりけいご》が弟の大六（後の菊池大麓）とともに入門した。中村は自分の講説を終えると、人なき部屋に箕作を請じて、英語の発音や訳読について質問するのを常とした。中村は開成所が同年印行した堀達之助編の『英和対訳袖珍辞書』を持っていた。この日本最初の英和辞書はピカードの『英蘭辞書』の蘭語を削ってそこに『和蘭字彙』などの和訳語を入れたものである。収録語数は約三万だった。中村は英漢対訳の書を見るごとにその行間に塡写《てんしゃ》した。中村はまた別に慶応元年（一八六五）九十余日をかけて勝海舟から借りて筆写した英漢辞

書も持っていた。これには中村自身が明治二年桐箱に写本辞書十冊を収め、側面にこう書き添えた由である。「コレハ余ノ精神ヲ費シテ写ス所ノモノ、故ニコレヲ用ント欲スル者アラバ、妄リニ坐間ニ散乱スルコトナカレ」。この書物の末には勝海舟の手紙が貼り付けてあり、「……さては御用立て置き候英辞書、御鈔録御卒業に付き御返却遣はされ、落手候。この書、横浜洋商へ御誂への処云々。仰せの如くこの書は、昨年も参り候儀にて候へども、上海あたり書店には、偶《ひさ》鬻ぐものもこれあり候哉と申し候。……」と入手先の可能性について言及している。

中村は後にはやはり別の西洋人宣教師ロプシャイトの手になる英華字典を利用したばかりか、明治十二年（一八七九）、それが日本で『英華和訳字典』として翻刻された時は校正者として名をつらねた。中村は幕末維新当時の最大の漢学者であったが、同時に日本をリードする英学者の一人でもあったのである。

（1）日本人が英語で書いた論文に Akiko Ohta, "Nakamura Masanao (Keiu) 1832-91 : translator into Japanese of Samuel Smiles' *Self-Help*," in Hugh Cortazzi ed., *Britain & Japan, Biographical Portraits*, Vol. IV, Japan Library, 2002 がある。ただし太田昭子論文を読んでも、平板で、『西国立志編』が明治の青年にアッピールした所以はほとんど説明されていない。となると本文中でライシャワー夫人ハルの無理解だけを指摘したのは私の片手落ちだったかもしれない。

4　慶応二年幕府イギリス留学生

慶応二年幕府イギリス留学生

日本の、というか非西洋諸国の外国留学の歴史は、そのままその諸国の近代化の歴史と重なる。それは留学生が帰国してネーション・ビルディングに貢献したからだが、実はそれ以上に留学生を送り出して外国に学ばねばならぬとする諸国の時代精神が、国内で近代化の原動力として作用したからであろう。日本に先立って西ヨーロッパに留学生を送った国にはロシアがあり、日本に遅れて欧米や日本に留学生を送った国には中国があった。日本の場合、徳川幕府は一八六二年まずオランダへ留学生十四名を派遣した。これは当初、留学先として予定されていたアメリカで南北戦争が勃発したための行先変更であった。次いで六五年ロシアへ六名、そして翌六六年（慶応二）にイギリスへ十四名、翌六七年にはフランスへも留学生が派遣された。

そのイギリス留学生派遣に際して「西洋の善なる者をよく選び学ぶべし、惑溺《わくでき》すべからず」という注意がすでにいわれていた。これは幕末期に日本外交を担当した川路聖謨《としあきら》が、孫の川路太郎に書き送った手紙の言葉で、聖謨はすでに蘭学者に多い西洋かぶれ、当時いうところの「洋僻家《ようへきか》」となることのないよう戒めたのである。外交家の家柄ゆえ、太郎は数え年二十三歳で一行を代表する取締に任ぜられた。またその大役を補佐するよう、数え年三十五歳の中村正直も後から取締として加えられた。その二人を

除く十二名の平均年齢は数え年で十八歳だった。中村が加えられた人選に安堵《あんど》したのだろう、川路聖謨は、中村が昌平黌《しょうへいこう》きっての人物であり、そのような人とともに西洋へ渡る機会を得たことは一身上の大幸であって「誠心誠意之学」を中村から学ぶよう、孫の太郎を諭《さと》している。一行中ただ一人年長者であった中村に、世間がそのように期待し、事実、中村が精神面での保護者の役割も果たしたということもあって、中村の人選は、留学生が欧化に偏することを防ぐための安全弁であったとする解釈もある（石附実『近代日本の海外留学史』ミネルヴァ書房）。というかその解釈が従来は普通であった。しかし中村の渡航は、先に見た留学願書の通り、本人が行きたくてたまらず願い出たからこそ選に加えられたのであった。そして私がひそかに感心するのは、羅山《らざん》以来二百三十数年にわたって昌平黌を主宰してきた林家の当主林学斎が、国家の行末を考え、固陋《ころう》の見《けん》を棄て、手をつくして御儒者中村正直の西航を容易にしてくれた、という隠れた事実である。日本文教の大本山の林大学頭が、学問所の筆頭教授中村に対し儒学でなく洋学を学ぶことを黙許したということは、いってみれば林家が羅山以来の儒家としての株というか特権を失うことである。それはやがて昌平黌の解体そのものに通じることである。しかし中村の恭謙温雅な人となりと漢学者としての実力とがあいまって「林学斎氏は返って斡旋最も勉め」（石井研堂）、中村の西航を容易にしてくれたのだという。私は中村正直という御儒者の英国行きが承認されたこと自体に、当時の中国や朝鮮とは異なる日本の知的雰囲気を感ぜずにはいられない。しかしまたそのような幕府の開国政策というか文化政策の方向転換を感じさせる人選でもあったからこそ、中村の乗船前に「宜しく屠勠《とりく》して後鑑と為さん」などというテロリズムを煽る張札も出たのではあるまいか。

「徳川幕府の英国留学生」について優れた先駆的研究は『歴史地理』第七十九巻第五号に出た同題の

原平三の調査であろう。機械的に調査を重ね博捜《はくそう》しているが、結論が心もとないのは宮永孝の読物『慶応二年幕府イギリス留学生』（新人物往来社）であろう。それらの先行調査を踏まえつつ、次に中村の渡英体験の特質にふれたい。

漢学者の洋行

中村は洋行したことで世界の中の日本や英国について自ずと思いめぐらすことのあった人だが、途中で寄港することで世界の中の中国についても三点測量をするところがあった。三点測量の意味とはこうである。研究対象国である外国を外国語などを学ぶことで自国と結ぶと、知識がばらばらの点でなく線となり外国知識が流れるようにはいってくる。徳川時代に漢学者が知識人であったのは中国と日本を結ぶその線を確保できたからであった。しかし二点を結ぶ線にすがる外国研究は、ややもすれば相手国を主観的に理想化してしまう。その心理的傾向を本居宣長は「漢意《からごころ》」といって批判した。徳川時代の日本にも心情的親中派の「チャイナ・スクール」はあったのだ。だがそれに第二の外国知識が加わると、知識は線から面となり、遠近感覚がつくこともあって、相手の位置や価値を客観的に確認できるようになる。実は二十世紀後半からの飛行機による海外渡航でも人は二点しか知ることができない。それに反し船による欧亜船路の洋行は、船旅自体が大きな教育効果をもたらした。日本人にとって中国と西洋との比較が具体的に可能となったからである。

パークス公使との取決めに基づき、英国海軍付きの牧師兼海軍教師ウィリアム・ヴァレンタイン・ロイドに引き連れられ、一行は英国船で上海に着いた。ロイドは中村の希望を容れ、いまでいえば地方長

官に相当する道台の応宝時の役所に連れて行ってくれた。中村は昌平黌の教授方一同から託された安井仲平の『管子纂註』を手渡した。安井の著書は日本の漢学研究として誇るに足るという自覚があったからだろう。中国語と英語の間の通訳は英国領事館書記官がつとめた。応宝時も日本側に詩文集を贈った。「汚穢《おわい》」(林董《ただす》)の上海中国人居住地域と違って、次の寄港地であるイギリスの植民地香港ではその「絶景」(同)に留学生たちは見とれた。その地ではイギリス伝道協会のジェイムズ・レッグ(James Legge)に面会に行った。一八一五年スコットランドで生れ、一八三九年にマラッカへ教育と伝道のために来たレッグは、阿片戦争の後香港に居を定め、Anglo-Chinese College を主宰し、四書などの儒教古典を英訳して英漢対訳本を出版した。十九世紀イギリスを代表するシノローグ(すなわちシナ学者)である。中村らと面会した十年後にはオクスフォードの初代中国学教授に任命された。アーサー・ウェーリーなどはレッグの中国古典解釈は朱子の解釈を無批判的に踏襲したものと批判的に見ているが、中村はレッグから、というか英語を通して中国古典を読むという視角から、新鮮な感銘を受けたらしい。後年、四書を講義する際、レッグの漢英対訳本を用いて授業もしたようである。漢学も英学も同時に学べて一石二鳥と感じたからでもあろう。

一八六六年十二月一日横浜で乗船し、途中上海、香港、ポイント・ド・ガル、アレクサンドリアで船を乗り換え、一八六七年二月二日イギリスのサザンプトンに着いた。六十四日の船旅であった。船中で中村は十代の留学生の方が英語の進歩が速いことを感じていた。ロンドン到着後しばらくホテル住まいをし、三月六日監督ロイドとともにランカスター・ゲイト十六番地の五階建ての家にはいった。出発当時数え年十七歳だった林董は中村のちょうど真上の部屋にいたが、毎朝五時ごろ中村が八家文や『左

伝』『史記』などを朗読する声を聞いた。その漢籍が見当らないので不思議に思いたずねると「読書に非ずして暗誦したるなり」と答えた、と回想している。林は後に日本の駐英公使として日英同盟を締結し、外相となり、英語で回顧録も書いた人である。中村も懸命に勉強したと『自叙千字文』で述べているが、その文中の「伴侶《はんりょ》ハ秀邁《しうまい》ニシテ」という句には実感がある。船中から英語の進歩がとくに目覚しかったのは数え年十二歳の箕作《みつくり》大六だった。後に数学者、また東大・京大総長、文相等の教育行政家となった菊池大麓である。英語も出来、独立心にも富んだ青年には数え年十九歳の外山捨八——後に総長として東大にハーンを招いた外山正一——もいた。

それでは彼らは監督ロイドの指示におとなしく従って勉学に励んだのかというとそうではない。若者たちは留学生をまとめて寄宿させることで私利をはかろうとするロイドに反撥し、同年七月「日本人のみ多人数集り居り候ては、日本語の雑談のみにて、英語を用ゆること少く、その学術の進みを妨ぐ」と抗議して、それからは分宿することとなった。そのロイドが留学生をまた一緒に集めようとすると、若者たちは十一月イギリスの外相スタンレー宛てに英文で不平を訴えている。すでに六月、外山は『道中並ニ西洋日記』でロイドを「魯奴」と書いている。魯鈍の「魯」と奴隷の「奴」を当てたところに、学生たちの反感が如実に出ているが、こうした不満は一種のナショナリズムのあらわれでもあったろう。川路や中村は監督する立場にありながら若い連中ほど英語で弁も立たず、日英の間にはさまってむしろ困惑したにちがいない。しかしそのような騒動を外国で体験したこともまたイギリス人に対する見方に必ずや資するところがあったであろう。

ところで当初は漠然と五年を目途に留学した十四人であった。それが「大君《たいくん》(徳川慶喜)より御政権

天朝へお帰し遊ばされ候」という報せがパリ経由で一八六八年一月二十八日ロンドンに届いた。川路太郎はその日「実に泣涕《きふてい》至極《しごく》之義也、深く心配す」と記した。中村は後年『自叙千字文』に当時を回想し「桑梓《さうし》（故郷）ニ戦オコリ鴈魚《がんぎょ》寂然《せきぜん》タリ」と書いている。大政奉還は慶応三年（一八六七）十月のことだが、日本から来る知らせは徳川家の家臣の彼らにとってまことに寂しいものとなっていた。なお勉学を続けたが、結局、五月下旬に帰国を決め、六月中旬パリに集り、慶喜の弟徳川昭武に随行してパリ滞在中の渋沢栄一に旅費を工面してもらい、非常な魅力を感じたフランスの「美景勝蹟」を訪れるゆとりもなく、六月十八日パリ発、マルセイユで乗船し八月十三日横浜に帰着した。この一年半の西洋滞在について「イギリス留学は、中途半端な、じつにみじめな結末を迎え」たと評する向き（宮永孝）もある。一見そうだが、はたしてそう評してよいものだろうか。私の見方はまったく違う。この十四人の中から林董のような練達の外交官、外山正一、菊池大麓のような幅のある大学人が出たことだけでも、慶応二年イギリス留学という英才教育特別組は瞠目《どうもく》すべき成果をあげたように思える。昔フランスの比較文学者バルデンスペルジェが自伝中で菊池の英語講演を絶賛したのを読んだとき、視野の広い明治の大学人の存在を感じたものである。

　だがそのいずれの若者にもまして、結果論的に日本に多くをもたらした人は中村正直であったろう。なるほどユニヴァーシティー・カレッジ・スクールへ通った青年たちと違い、なにも特定の専門分野に打ち込むことはなかったが、しかし現地の見聞と綿密な読書によって、中村は東洋人として驚くべき発見をした。中村はイギリスへ行くことによって、民主主義の価値に気づいた東アジアの最初の人となったからである。そしてその意味するところを見事な文章によって日本に伝える人ともなったのである。

5　西洋民主主義の発見者

西洋民主主義の発見者

英国側は第一回国費留学生の日本人たちにいろいろ見学する便宜もはかってくれた。中村はロンドンの「楼閣閎麗」にも「街市洞達《どうたつ》」にも「貨財充塡《じゅうてん》」にも「車馬殷轔《いんりん》」にも深い感銘を受けた。富強にかけてはこの世界で誰が英国に比肩し得るだろうか、と思った。英国人の性格も「俊偉雄剛」と感心した。ここにあげた漢語はいずれも『自叙千字文』に記された印象である。中村が西洋文明の成果に目をみはったのは素直な反応で、中村の良さはナイーヴに感心する点にもあったのではないか、と私は考える。ただし彼の西洋見聞を伝えて興味深い文章は、『自叙千字文』ではない。この種の形式の漢文は常套的表現を多用するために、中村の滞英中の漢詩と同様、記録としての価値はむしろ薄い。それよりはるかに興味深い文章は、同じく漢文記録であっても帰国直後の明治元年ごろに書かれた『諸論』の方である。その中に一旦引かれていながら十五年後『自叙千字文』に再び引かれた言葉の中に、イギリス体験でとくに心に深く刻まれた印象は見て取れる。いま『諸論』を読み下すと次のようになる。そのたたみかける構文の、高らかな響きを聞いて欲しい。これは主権在民の意味に注目した最初の東洋人の声である。

論ニ曰ク、国ニ自主ノ権有ル所以ノモノハ、人民ニ自主ノ権有ルニ由ル。人民ニ自主ノ権有ル所以ノモノハ、其ノ自主ノ志行有ルニ由ル。

「論ニ曰ク」とは後にふれるが、ジョン・スチュアート・ミル（一八〇六―一八七三）の論である。人民民主主義といいながらその実、人民に自主の権のない一党独裁の国でこの文章を読んで聞かせてみるがよい。この堂々たる漢文の論旨に、たとい大陸であろうとも中国の学生の眼は必ずや輝くだろう。もしこれで眼が輝かなければ、その若者は共に語るに値せぬ、つまらぬ人にちがいない。中村は自主の権を失ったアジアの現状についてまず次のように叙した。

試ミニ輿地図《よちづ》ヲ掲ゲテコレヲ観ヨ。自主ノ国幾何《いくばく》ゾ。半主ノ国幾何ゾ。羈属《きぞく》ノ国幾何ゾ。印度ノゴトキハ古ヘ自主ノ国タリ、今ハ則チコトゴトク英国ニ統《す》ベラル。安南ハ古ヘ自主ノ国タリ、今ハ則チ半バ法国《ふらんす》ニ属ス。南洋中ノ諸国ノゴトキ今西国ノ属トナラザルモノナシ。

一八三二年生れの中村は十歳前後に隣国で起きた阿片戦争の思い出をこう記した。

余尚ホ記《き》ス、童子ノ時、清英兵ヲ交へ、シバシバ大イニ捷《か》チ、其ノ国ニ女王有リ維多利亜ト曰《い》フト聞ク。則チ驚キテ曰ク、眇乎《べうこ》タル島徼《たうけう》、女豪傑ヲ出ス。スナハチシカリ、堂々タル満清、反ツテ一箇ノ男児無キヤト。後ニ『海国図志』ヲ読ム。曰フ有リ、英ノ俗貪《どん》ニシテ悍《かん》、奢《しゃ》ヲ尚ビ酒ヲ嗜《たつと》ム、タダ技芸霊巧ト。当時謂《おもひ》テ信然トナス。

「清英交兵、屢大捷」という語順の漢文を読むと、清国軍がしばしば大勝利を収めた、と錯覚される。だがこれはもちろん英国軍が勝ったのである。漢学者の中村は尊敬する清国を後まわしにして「英清」という語順で書くことができなかった。それは今でも通訳で「中日」とはいえても「日中」とはいえない人がいるのと似た、拘束された心理であった。ヴィクトリア女王と聞いて、小っぽけな島国の英国(面積は日本の三分の二)にさては則天武后のような女豪傑が現れたか、と中村少年は驚いた。そして堂々たる大中国の満人にも漢人にもそれに対抗できる男児が出ないのか、と口惜しく思った。長じて魏《ぎ》源《げん》の『海国国志』を読むと、英国人は貪欲で贅沢、酒飲みで形而下の技芸にしか秀でていない、とある。当時はその通りだろうと信じた。だがしかし一昨年ロンドンへ来、滞在二年、おもむろに英国の政治風俗を観察したところ、魏源の著述の真実でないことがわかった。それというのは「今ノ女王ハ尋常ノ老婆、飴ヲ含ンデ孫ヲ弄《ろう》スルニ過ギザルノミ。」

なんというユーモラスな表現だろう。立憲君主制の女王に政治的実権がないことを、中村はこの笑いをたたえた一筆で描いてみせた。では『諸論』の冒頭で説いた人民主権の英国では誰が実際にその権を握っているのか。それは議会、とくに下院である。中村は「百姓《ひゃくせい》ノ議会、権最モ重シ。諸侯ノ議会コレニツグ」と説明した。「百姓ノ議会」が下院 House of Commons、「諸侯ノ議会」が上院 House of Lords の訳語であることはいうまでもない。西洋民主主義を発見した中村はさらに大胆にこう筆を進めた。

『諸論』

上に英明な君主がおり、その君主を忠良な家臣が輔佐すれば、国は栄える、と昔の日本人は漠然と信じていた。それは徳川時代に平和が長く続き、儒教風な統治観が正しいように思われていたからだろう。中国では国が乱れるたびに民衆はひどく苦しんだ。それだから、上に英明な皇帝だか主席だかがおり、その専制君主を幹部が輔佐すれば、天下は太平である、と昔から人民は漠然と信じてきたに相違ない。だが明治元年、イギリスから帰国した中村正直は、およそ儒者にはあるまじい、次のような君主論をまとめた。それが『諸論』の第一節で、それは中村が留学中に学んで獲得した政治的見識を漢文で書いた論である。阿片戦争で清国が英国に敗れたことを聞き知った日本人は「西国ニ英主良輔《りやうほ》アリ、故ニ遠方ニ勢威《せいゐ》ヲ加フ」と思っている。だがそれはとんでもない考え違いで、実際は逆だ、と中村は言った。いまその条を読み下す。

> 西国ノ君、大イニソノ智ヲ用フレバ、則チソノ国大イニ乱レ、小《すこ》シクソノ智ヲ用フレバ、則チソノ国小シク乱ル。載《の》セテ史冊《しさつ》ニ在リ、歴々トシテ徴スベシ。方今西国ノ君、己ノ意ヲ以テタヤスク一令ヲ出スヲ得ズ。己ノ命ヲ以テ一人ヲ囚繋《しうけい》スルヲ得ズ。財賦《ざいふ》ノ数ハ民ニ由リコレヲ定ム。軍国ノ大事ハ、民人ノ公許ニ非ザレバ挙行スルヲ得ズ。

中村は、君主が智恵ある人間で智恵を用いれば用いるほど国は乱れる、と言った。君主の権限は小さければ小さいほど良い。現在の西洋先進国では君主は恣意《しい》的に人一人を投獄することさえできない。予算の権限は民にあって君主にない。対外的軍事活動の開始に際しては民衆を代表する議会の公許が必要

である。そして中村はさらにこうたとえた。西洋の君主とは馬車の御者《ぎょしゃ》のようなものであり、民は馬車の乗客である。どちらへ進むべきかは車に乗る客の意向で決まるのであって、御者である君主は客の意に従い、馬を走らせればよろしい。「故ニ君主ノ権ハ、ソノ私有ニ非ザルナリ」。いいかえると、君主の権とは全国の人民の権がその身に集ったものである、「故ニ君主ノ令スルトコロノモノハ、国人ノ行ハント欲スルトコロナリ。君主ノ禁ズルトコロノモノハ、国人ノ行フヲ欲セザルトコロナリ。」

この説は老子風の無政府主義ではない。政府はきちんと機能しなければならない。中村が説くところは実はミルの『自由論』の要約である。イギリス風の、議会に実権のある立憲君主制を良しとしたからこそ、中村はあえてこれを日本に紹介しようとしたのだ。またそうした中村だからこそヴィクトリア女王を評して「今ノ女王ハ尋常ノ老婆、飴ヲ含ンデ孫ヲ弄《ろう》スルニ過ギザルノミ」と言い切ることもできたのだ。

徳川幕府の崩壊が、このような君主の権限を最低限に抑制してしまう大胆な『諸論』を述べることを可能にした。世が世なら、幕臣である中村は、大君《たいくん》である徳川将軍を乗客の意のままに馬車を走らせる御者にたとえることなどはできなかったであろう。薩長が天下を取った明治元年（一八六八）、日本がこれからどのような新しい政体を取るか、見通しはまだ立っていない。倒幕派の中には天皇親政を主張する者もいたが、天皇が英主として振舞えば振舞うほど日本は乱れるだろう。そのような絶対君主制を認めてしまえば、天皇の名において薩長の人を利することはあっても、旧幕の人にとっては為にならないだろう。

その薩長専制を危惧する思惑《おもわく》もあってのことかもしれないが、中村は『諸論』でイギリス民主主義を

讃えて、衆に選ばれて国会議員となる者は「必ズ学明《あき》ラカニ行ヒ修マレルノ人ナリ。天ヲ敬シ人ヲ愛スルノ心有ル者ナリ。己ニ克《か》チ独リヲ慎シムノ工夫《くふう》有ル者ナリ。多ク世故《せこ》ヲ更《か》ヘ艱難ニ長ズルノ人ナリ」と褒めあげた。中村は「メンバー・ヲフ・パーリメント」を「民委官」と訳している。そうした議員は、権謀術策の徒、神を侮り人の心を欺くの徒、酒色貨利の徒などとはおよそ関係がない、と理想化した。中村は実際に英国下院の議員とも交際しているが、その少数例を一般化し過ぎたきらいがある。というか日本の学者には、漢学者にせよ洋学者にせよ、外国を理想化することで日本人一般に説教を垂れる通弊がある。中村も、西洋を実際に見聞して来た学者という強みに乗じて、そのパターンに進んではまりこんだきらいがあった。

そうした中村は次いでイギリス社会で見聞した良い面を列挙した。それが『諸論』の第二節となっている。キリスト教が社会に及ぼす感化について中村は「其ノ俗ハ則チ上帝ニ事《つか》ヘ、礼拝ヲ尊ビ、持経《ぢきやう》ヲ尚《たふと》ビ、好ンデ貧病ノ者ヲ賙済《しうさい》ス。国中設クル所、仁善ノ規法、殫述《たんじゆつ》スルニ遑《いとま》アラズ」として貧家の子女が通うサンデー・スクールや昼間働く者が通う夜学校の数と生徒数をあげ、しかもそれが民間の寄付金で賄われており、その十中の九は「官府アヅカラズ」と民間の発意を高く評価している。それらは後年の『自叙千字文』にある、「眇蕞《べうさい》タル越裳《ゑつしやう》」、すなわち取るに足らない小さな島国の英国が「ナンゾハカラン規模ノ宏濶《くわうくわつ》ニテ盛昌ナルヲ」。そして宗教の感化影響のあまねく広いことを「真神《しんしん》ヲ虔奉《けんぽう》シ、紀綱ヲ振整シ、徳善ヲ慫慂《しようよう》シ、姦悪ニ堤防タリ」としたのと同種の指摘である。そこでも具体例として「盲唖癲狂」「鰥寡《くわんくわ》孤独」など社会的弱者の救済医療のことをあげているが、中村自身が日本で最初の訓盲唖院《くんもうあいん》を明治八年に設立した一人であることを考えると、ロンドンの福祉施設を見学したことが深

い印象を残したことは間違いないだろう。それに英国側もまた自国の良い面をもっぱら案内して見せた。五年後の日本の米欧回覧使節がロンドンのスラム街やおびただしい娼婦なども観察記録したことを思うと、ヴィクトリア朝英国の良き一面しか伝えない中村はいささかナイーヴに過ぎたようにも思える。それというのも、長い間西洋人も日本人も気がつかずにいたが、当時の識字率については、寺子屋教育が普及していた日本は実は世界で先進国だったという研究が一九六四年に出て世間を驚かすことになるからである（R. Dore, *Education in Tokugawa Japan*）。また中村が注目した「ヴィクトリア期の慈善」については、貧民救済運動を推進せねばならなかった英国資本主義社会の暗黒面にも目を注ぐ必要があるだろう。幕府イギリス留学生がロンドンで学んでいたのとちょうど同じ年、一文無しのラフカディオ・ハーンは将来の見通しもないまま孤独な日々と孤独な夜々をテムズ川の畔で過ごしていた。世の辛酸を嘗め尽くしたハーンは来日後、社会の底辺の悲惨については西洋の方が日本よりはるかにみじめであると述べている。昨今はいざ知らず、少なくとも二十世紀の末までは「恐怖からの自由」に関しては東京や大阪の方がニューヨークやロサンゼルスよりはるかに恵まれていた。ハーンは、年の頃もほぼ同じで同じ一八六七年にロンドンに学んだ外山正一と後年東大でたいへん親しくなったが、ひょっとしてそんな話をしただろうか。ちなみにこの二人は共にスペンサーの大の信奉者で、適者生存・弱肉強食のソーシャル・ダーウィニズムが西洋世界の実相であると観じていた。

だが英国の繁栄にもっぱら感心した中村であった。彼は西洋の政教風俗を激賞した。『海国図志』の英国人にまつわる記述「其ノ貪《どん》ニシテ悍《かん》、奢《しゃ》ヲ尚《たっと》ビ酒ヲ嗜ム」については「是レケダシ西国無頼ノ徒、東洋ニ居ル者ヲ見テ、コレヲ概言スルノミ。ナンゾソレ謬《あやま》レル哉」と魏源の見解を否定した。一部の西

洋人の性行を見てそれを一般化した中国人の中華至上主義的な世界認識は世界の実相を捉えていない、と感得したところに中村の素直さが認められるが、これは当時の中国の漢学のみを尊しとする儒者たちにはいまだ見られなかった長所であった。スエズ以東のイギリス人は英本国のイギリス人とは違う、という指摘は後年さらに広く行なわれるようになるが、これは中村本人が受けた印象なのだろうか。人から聞いたとしても、中村には同感する節があったに相違ない。

「敬宇」にこめられた意味

中村正直の留学目的は、留学願書に書いた通り、他の若い留学生がフィジカルな実学を学ぶことが予定されていたのに対し、それとは異なる西洋の「性霊《せいれい》の学」、すなわちメタフィジカルな学問をすることにあった。中村がそれまで江戸で学んできた東洋の学問は儒学である。これは学問の範疇《はんちゅう》でいえば政事の学問と人倫の学問に相当する。先に願書に書いた中の西洋の「政事の学」については、具体的には英国の議会制民主主義なるものを発見した。書籍的研究としてはミルの ***On Liberty*** を読みこなしたことで、立憲君主政体について深い知識を獲た。この西洋の新しい政治理念はこれからの日本に導入実施するに値すると思われた。中村のミル思想理解のほどは後にふれる彼の訳本『自由之理』を読むとたいへんはっきりわかる。実質一年半のロンドン留学でよくこれほど西洋政治学の思想を咀嚼《そしゃく》し得たと私など感嘆せずにいられない。旧幕藩の政治体制が、世界の中の日本となった開国後の今、もはや新時代に適合し得ないことは明らかとなっていた。そのことは佐幕派にせよ尊王派にせよ、強く感じられていた。それだから西洋の「政事の学」の新知識は、たとい徳川方の学者の手になる紹介であろうとも、維

新後の日本では広く歓迎されたのだ。こうして意外にも中村訳『自由之理』(一八七二)は明治日本に刻印を遺し、わが国に立憲君主制への道を開いてくれる一冊となり、自由民権運動のバイブルとなるのだが、その内容とアジア諸国へのインパクトの差については、厳復《げんふく》の手になる同じ書物の中国訳『羣己《ぐんこ》権界論』(一九〇三)の場合と比較しつつ、また先の第三部で述べたい。

中村が儒者として自分に課したさらに大きな留学目的は、西洋文明の偉大さの背景にある「人倫の学」、今日の言葉でいえば西洋産業文明を創り出したエトスを見つけ出すことである。中村は一行中の最年長者であり、幕府の第一回留学生集団の長として、公式に英国側と接する機会も多々あった。そのような折に、中村は尋ねるべき質問は発したからこそミルの書物にも行きついたのだし、それと同じように問い質《ただ》したからこそスマイルズの書物にも行き当たったのである。一八六八年春、中村がロンドンを去る時、「貴君が探し求めているものはここに書かれている」という趣旨をおそらく述べて Samuel Smiles, *Self-Help* を贈呈してくれたフリーランドとは、松沢弘陽氏の調査(『近代日本の形成と西洋経験』岩波書店)によると、チチェスターから自由党の代議士に出たこともある Humphry W. Freeland(一八一九—一八九二)の由である。この『自助論』を手にして中村は帰りの船に乗った。幕府は瓦解《がかい》し、日本からの送金も絶え、学業半ばでの帰国ではあったが、西洋体験でなにものかを摑んだという達成感はあった。そのためだろうか、「帰舟ハ安穏《あんのん》ニテ」と中村は『自叙千字文』で回顧している。

その船上で中村は *Self-Help* を読み出した。ロンドンで学んだミルの学理的な文章と違って、スマイルズの文章はエピソードが多く、一つ一つの話が短く独立している。それで面白く読めた。漢文の読解力に秀でた中村は英文の読解力にも非常に優れた。彼は後年学生に自分の英文読解力は「ニューシリー

ズ」の小英国史一冊を精読したことによって身につけた、といったと石井研堂が伝えているが、その種の徹底した文法分析をまじえた精読こそが内容理解の語学教育の上では実は今日でも依然として不可欠なのである。中村の英語読解力の程度については、後に彼の翻訳文を原文に照らして検証する機会もあろうが、一年半の留学で読書力にすでに格段の進歩があった。中村は『自助論』の修身訓話に似た話に感銘を受けた。西洋の古今の俊傑とはこういう人なのか。登場人物はいずれも立志伝中の人である。彼らは艱難辛苦に耐え、経世済民の道に励んでいる。中村はそうした西洋の人々にも儒教的徳目と同じものが体現されていると感じた。というか中村が儒者であるからこそスマイルズの説教調の話に感心したのだ、ともいえよう。そして付け足すならば、そんな道徳的な訓戒の話であるからこそ当時の英日の読者には倫理的共感をもって読まれたが、今日の読者には顔をそむけられているのだ、ともいえよう。しかしスマイルズの教えははたして本当に古びたのか。

"Heaven helps those who help themselves."——*Self-Help* の巻頭に掲げられたこの格言を中村は繰返し唱えた。すると「天ハ自ラ助クルモノヲ助ク」という日本語がおのずと口をついて出た。英語の諺は日本語の諺としてもよみがえった。その船上で中村は敬宇《けいう》と号することにした。察するに中村は「宇」を「天」と同義に用い、『諸論』にもあった「敬天」と同じ意味を「敬宇」の語にこめたのだろう。「敬天」よりも「敬宇」の方が発音して言葉に落着きがあり、号とするにふさわしいと感じたに相違ない。こうして漢学者として渡英した中村正直は漢学者でもありながら洋学者でもあるという二本足の学者中村敬宇として日本に戻ってきたのである。

帰国

中村は天性武《ぶ》よりも文を好んだ人で、「自分には争う所は無い」という意味で、自分の書斎を無所争斎《むしょそうさい》と称したほどの平和主義者である。良かれ悪しかれ理想主義者であるといってよい。明治元年夏に帰国して、散切《ざんぎ》り頭につけ髷《まげ》をして上陸した。自分の住みなれた町が江戸から東京へと名を改められることに決まったと知って、世の無情を感じたが、あえて時勢に逆らおうとはせず、八月末、静岡へ多くの旧幕臣と共に都落ちした。勝海舟と親しい仲だったから、勝が主導した平和裡の江戸開城のことなど聞いて納得したのであろう。しかし幕府留学生の中には血気にはやる青年もいて、林董などは北海道の榎本武揚の軍に身を投じたりもした。

徳川氏は静岡に移封されると、藩の子弟を教育するために江戸の旧開成所の教師を藩の学問所の教授に任じた。徳川幕府の西洋文明摂取の姿勢はその学校の名前の変遷にも示されている。すなわち設立当初の一八五六年には蕃書調所《しらべしょ》と呼ばれたが、六二年洋書調所となり、さらに六三年開成所となった。六八年には明治新政府によって開成学校として再興され、六九年には大学南校、七三年ふたたび開成学校と称し、七七年（明治十）東京大学の一部となる。そして中村自身も明治十四年には招かれて結局その教授になるのだが、しかし都落ちした明治元年当時は大岩村の農家に住み、落魄《らくはく》の気分を味わった。昔の大家のお姫様が酒屋の店番をしている姿を見ると、惻《そく》々として悲しい気持が湧く。本人も、漢詩人的なポーズもまじっているに相違ないが「静岡ニ遷住《せんぢゆう》シテ菜《な》ヲ種《う》エ畦《あぜ》ニ灌《そそ》グ」という晴耕雨読の教授生活であった。「勝てば官軍」の世の中である。維新を境として薩長の子弟には明るい未来が開けたが、中村の漢学講義を聴く旧幕の子弟には先はまことに暗かった。ただ富士山だけが窓から美しく見えた。

6　『敬天愛人説』

留学帰国報告

先にも述べたように、中村正直が慶応二年（一八六六）、徳川幕府へ提出した願書には、西洋の「政事の学」とともに「人倫の学」の是非善悪を東洋の儒学との対比において講究し、それに通ずることによってわが国の国益に寄与したい、と留学目的が書かれていた。それでは中村はイギリスで「人倫の学」について何を講究し、何をつかんだのか。

ロンドンへ渡った日本人は中村に限らず、中村の三十五年後の明治三十三年（一九〇〇）に留学した夏目漱石も、ひとしく圧倒された。いちはやく産業革命をなしとげた英国は、当時は世界一の大国であった。開国以来第二次世界大戦にいたる七十余年間、わが国で子供向けの世界国尽《くにづ》くしは「日・英・米・独・仏・伊・露・中」という順で呼びならわしてきた。先頭の日本は自国だから別格で、英国が本当のトップだったのである。その首府ロンドンに来て勉学すること自体が非常なカルチャー・ショックだった。もちろん例外的な日本人もいた。当時まだ数え年十三だった菊池大麓など後年『中学世界』の談話で「さて倫敦《ロンドン》に着いて見ると、その賑かな事、そのおもしろい事、小児心にも丸で極楽へでも来た心地で」ともっぱらその愉快を回顧している。だがそれは子供心だったからこそ手放しに喜べたのである。

西洋の物質文明と精神文明の偉大を前にして儒者中村の心中は複雑だった。漢学者が簡単に手放しに西洋一辺倒になれるわけはない。だが中村は、佐久間象山の「和魂洋才」の思想的感化を浴びた人であったけれども、虚勢を張って東洋道徳をことさらに強調するタイプではなかった。中村はロンドン滞在中に自分たちを英国へ送り出した徳川幕府の崩壊の報に接し、ショックも受けた。外部からは西洋文明の偉大に圧迫され、内部からは帰属感の消滅にともなうアイデンティティーの崩壊を感じたのである。中村は動揺もしたであろう。また動揺していたからこそそれだけ外部の思想に敏感になり、精神の内面にも変化は生じやすかったのであろう。それやこれやで西洋の「人倫の学」についても、受入れやすくなった。中村は、物質面で洋才が和才に勝っていることを認めただけでなく、精神面・日常生活面での洋魂の美をもまた認めた。キリスト教の善なるものをも認め、その人倫の教法を是とした。そのことはすでに中村の帰国当初の漢文にも見えた。すなわち『諸論』では英国国会議員の徳性を「天ヲ敬シ人ヲ愛スルノ心有ル者ナリ。神ヲ慢《あなど》リ心ヲ欺《あざむ》クノ人与《あづ》カラズ」と高く評価し、社会への宗教の感化を「真神《しんしん》ヲ虔奉《けんぽう》シ……徳善ヲ慫慂《しょうよう》シ、姦悪ニ堤防《ていぼう》タリ」と強調した。『自助論』第二編叙にも西国の風俗を総括して「今ヤ神明《しんめい》ヲ崇敬シ志行虔誠」と評した。この「神」「神明」はもちろんキリスト教のゴッドである。

しかし滞英中に西洋文明礼賛者になったからといって、中村が日本を代表する儒者であるということを忘れてはならない。中村は儒教道徳と両立する範囲内でキリスト教道徳を容認しようと苦心したのであって、儒教を捨ててまでキリスト教文明を採用しようとは考えていなかった。中村が明治元年日本に帰国し、静岡に落着いた時、そこで最初に書いた『敬天愛人説』は、洋行した儒者として「人倫の学」

について何を考えてきたかを示す文章である。ただしこの留学帰国報告を読んでもらうべき肝腎の徳川幕府はなくなっていた。静岡の学問所に集った徳川の遺臣たちの影響力はもはや限られていた。とはいえ彼らの間に優れた開明的な知識人がいたことに変わりはない。中村はそこで儒教とキリスト教の双方に共通する、いわば人類に普遍的な教えとして「敬天愛人」を述べたのである。この『敬天愛人説』は短文で、前後二部に分かれ、筑摩書房の明治文学全集3『明治啓蒙思想集』に収められている。しかし昌平黌の前教授が、これこそが万邦に通じる道徳である、と考えた『敬天愛人説』は、当時は広く示されることもなく、世に知られずに終わった。そのことは「敬天愛人」といえば今でも日本では、中村正直でなく、西郷隆盛の言葉とされている一事からも察せられよう。さすがに昭和四十年代半ばに出た小学館の『日本国語大辞典』は初出として明治元年の中村正直を挙げているが、昭和三十年代前半に出た大修館の諸橋『大漢和辞典』は「敬天愛人、天をうやまひ、人を愛する。西郷南洲の語」として『西郷南洲遺訓』を挙げている。それに関係する西郷の語例を引くと、

二一　道は天地自然の道なるゆゑ、講学の道は敬天愛人を目的とし、身を修するに克己を以て終始せよ。……

二四　道は天地自然の物にして、人は之を行ふものなれば、天を敬するを目的とす。天は人も我も同一に愛し給ふゆゑ、我を愛する心を以て人を愛する也。

二五　人を相手にせず、天を相手にせよ。天を相手にして、己れを尽《つくし》て人を咎《とが》めず、我が誠の足らざるを尋ぬべし。

こうした西郷の訓えは多くの日本人の琴線にふれた。ここに出て来る「道」とか「天」は主として東洋的な含意《がんい》で用いられている。「敬天愛人」は西郷という人格が口にしたためにもっぱら東洋的な思想として受けとめられてきた。中には「敬天愛人」の句や天意を畏れる詩句を引いて、西郷の道義の高尚なるを説くばかりか、それを西欧の個人主義倫理の対極にあるものとして称揚する人も見かける。およそこの種の語句は、それを口にする人の教養と体験で理解され説明される以上、一定の固定的な解釈はありえない。西郷隆盛が口にした場合と、金大中氏が韓国大統領として座右の銘として示した場合と、同じ「敬天愛人」でも意味あいはおのずと異なるのである。

静岡で中村から訓えを受けた薩摩藩士最上《もがみ》五郎から『敬天愛人説』を伝え聞いた西郷は、天の思想に共鳴した。しかし最初に提唱した中村は、西郷が合点したのとはやや別様の理解をしていた。中村は西洋的発想を「敬天愛人」の四語にひそかに重ねていたのである。拙著『マッテオ・リッチ伝』(平凡社、東洋文庫)ですでにふれたが、東西の折衷《せっちゅう》こそ、良かれ悪しかれ中村正直の基本的な思想的立場なので、ここでも中村のキリスト教理解の実相を解き明す一助とするためにも『敬天愛人説』について述べることとしたい。

『敬天愛人説』

中村は『敬天愛人説』の前半では儒教古典で「天道」や「天」がどのように使用されているか、また「愛人」がどのように説かれているか実例を引いて示し、儒教の教えとは天を敬し人を愛することである、と読者をまず納得させようとする。そして後半で人倫の根本原則としての「敬天愛人説」を開陳す

る。前半のフィロロジカルなアプローチは、そのための伏線なのだが、次のように始まる。「奉若」とは「受けしたがう」の意味である。

仲虺《ちゆうき》ノ誥《かう》ニ曰ク、欽《つつし》ンデ天道ヲ崇《あが》メ、永ク天命ヲ保ツ、ト。説命ニ曰ク、明王天道ヲ奉若ス、ト。詩ニ曰ク、天ノ怒リヲ敬シ、敢ヘテ戯予《ぎよ》スルナカレ、ト。孟子曰ク、ソノ心ヲ存シ、ソノ性ヲ養フ、天ニ事《つか》フル所以ナリ、ト。

「仲虺ノ誥」と「説命」はともに『書経』「商書」の篇名だが、中村は「天道」や「天」が儒教古典でどのようなニュアンスで使われてきたかをこのような例を計八例挙げて説明する。その例で示されたのは天への崇拝、畏敬の念である。中村はその中に中国の先例だけでなく、日本の貝原益軒の『自娯集』からも例を挙げる。

貝原益軒曰ク、或ルヒト問フ、儒者一生ノ事業、平日ノ工夫ハ何如《いかん》、ト。曰ク、天ニ事フルノミ、ト。天ニ事フルノ道何如、ト。曰ク、仁ノミ、ト。仁ヲ為《な》スノ道何如、ト。曰ク、心ヲ存シ性ヲ養フハ、仁ノ体立ツ所以ナリ、人物ヲ愛育スルハ、仁ノ用行ハルル所以ナリ、スナハチ天ニ事フル所以ナリ、ト。

儒者とは天に事える人である。そしてその定義に続けて中村は「愛人」の使用例を六例挙げる。第一例である『論語』顔淵第十二だけを引くと、

樊遅《はんち》仁ヲ問フ、子曰ク、人ヲ愛ス、ト。

中村はこのように「敬天」「事天」「愛人」の観念がもともと東洋思想、東洋倫理に深く根ざしたものであることを『敬天愛人説』の前半でまず強調した。そしてそのような先哲の言葉を例示することで、漢学育ちの幕末維新当時の日本知識層をまず納得させた上で、後半で今度は中村自身が総合した「天」についての説を次のように披瀝する。

天者《は》我ヲ生ズル者、乃チ吾父ナリ。人者《は》吾ト同ジク天ノ生ズル所為《た》ル者、乃チ吾兄弟ナリ。天其レ敬セザル可ケンヤ、人其レ愛セザル可ケンヤ。何ゾ天ヲ敬スルト謂《い》フ。曰ク、天ハ形無クシテ知ル有リ。質無クシテ在ラザル所無シ。其ノ大外《そと》無ク其ノ小内《うち》無シ。人ノ言動、其ノ昭鑒《せうかん》ヲ遁レザルコト論勿《な》シ。乃チ一念ノ善悪、方寸《はうすん》ニ動ク者、亦其ノ視察ニ漏レズ。王法ノ賞罰、時ニ及バザル所有リ、天道ノ禍福、遅速異ナルト雖モ、而モ決シテ愆《あやま》ル所無シ。蓋シ天者《は》理ノ活者、故ニ質無クシテ心有リ。即チ生ヲ好ムノ仁ナリ。人コレヲ得テ以テ心ト為セバ、即チ人ヲ愛スルノ仁ナリ。故ニ仁ヲ行ヘバ、則チ吾心安ジテ天心喜ブ。不仁ヲ行ヘバ、則チ吾心安ゼズシテ天心怒ル。夫《そ》レ天ハ肉眼ヲ以テ見ル可カラズ、道理ノ眼ヲ以テコレヲ観レバ、則チ得テ見ル可シ。天得テ見ル可クバ、則チ敬セザラント欲スルモ、何ゾ得ベケンヤ。古《いにしへ》ヨリ善人君子、誠敬ヲ以テ己ヲ行ヒ、仁愛ヲ以テ人ニ接ス。境地ノ遇フ所ニ随ヒ、職分ノ当然ヲ尽ス。良心ノ是非ニ原《もとづ》キ、天心ノ黙許ニ合フヲ求ム。故ニ富貴ヲ極メテ驕《おご》ラズ、勲績《くんせき》ヲ立テテ矜《ほこ》ラズ。窮苦ヲ受ケテ憂ヘズ、功名ニ跌《つまづ》キテ沮《とどま》ラズ。禍害ヲ被リ阨災ヲ受クルト雖モ、快楽ノ心、為ニ少シモ損セズ。コレ豈ニ常ニ天ノ眼前ニ在ルヲ見ルニ由《よ》ルニ非ズヤ。天道ノ信賞

必罰ヲ信ズルニ由ルニ非ズヤ。若シソレ天ヲ知ラザル者、人ト争フヲ知ルノミ、世ト競フヲ知ルノミ。知識広ケレバ、則チ一世ヲ睥睨《へいげい》シ、功名成レバ、則チ眼中人無シ。願欲違《たが》ヘバ、則チ咄咄《とつとつ》空ニ書ス。禍患及ベバ、則チ天ヲ怨ミ人ヲ尤《とが》ム。自私自利ノ念、心胸ニ塡塞《てんそく》シテ、人ヲ愛シ他ヲ利スルノ心毫髪《がうはつ》モ存セズ。コレ豈ニ天ヲ知ラザルノ故ニ非ザルカ。是ニ由リテ之ヲ観ルニ、天ヲ敬スル者《は》、徳行ノ根基ナリ。国天ヲ敬スルノ民多ケレバ、則チソノ国必ズ盛ンニ、国天ヲ敬スルノ民少ナケレバ、則チソノ国必ズ衰フ。

中村の『敬天愛人説』の本論であるこの後半を、前半の「敬天」と「愛人」の語にまつわる典拠の例に接した後に読んだ人は、儒者の中村が漢学的伝統に沿って『敬天愛人説』を述べた、と必ずや思うであろう。西郷隆盛もそう感じたであろう。それだから、その種の受取り方もまた東アジアの文脈の中ではいたって自然だったのである。

「敬天愛人」のキリスト教的背景

しかし中村の『敬天愛人説』は西洋的文脈の中で読むこともまた可能なのである。冒頭の、

天者《は》、生《ズル》レ我《ヲ》者、乃《チ》吾《ガ》父也。

はキリスト教の創造主であるゴッドを指す、とも読めるだろう。(問題は「天」とゴッドがはたして等価値語となり得るかだが、その根本的な問題点については後でふれる)。そしてそれに引き続く「愛人説」

はキリスト教の隣人愛を漢文で説いている、とも読めるだろう。そればかりではない、右に引用した『敬天愛人説』の後半の終わり近くにある「敬《スル》レ天《ヲ》者《は》、徳行之根基也。国多《ケレバ》二敬《スル》レ天《ヲ》之民一、則《チ》其《ノ》国必《ズ》盛《ンニ》、国少《ナケレバ》二敬《スル》レ天《ヲ》之民一、則《チ》其《ノ》国必《ズ》衰《フ》」と似た趣旨を中村はすでに『諸論』の第三節にも、またスマイルズの『セルフ・ヘルプ』を読んだ時の感想「書西国立志編後」にも、同文で次のように述べていた。

余又近ゴロ西国古今儁傑《しゆんけつ》ノ伝記ヲ読ムニ、其皆自主自立ノ志有リ、艱難辛苦ノ行有リ。天ヲ敬シ人ヲ愛スルノ誠意ニ原《もと》ヅキ、以テ能ク世ヲ済《すく》ヒ民ヲ利スルノ大業ヲ立ツルヲ覩ル。益々以テ彼土文教昌明、名四海ニ揚ガル者《は》、実ニ其国人勤勉忍耐ノ力ニ由リ、而シテ其ノ君主得テ与《あづか》ラザルヲ知ル。

この『西国立志編 原名自助論』の後書きから察すると、「敬天愛人」を人生の根本義として奉じる人々はスマイルズの『セルフ・ヘルプ』に描かれた西洋の偉人、とくにイギリスの英傑ということになる。とするとこの場合「敬天」の「天」は儒教的な含意であるよりは英語の大文字の Heaven で表されるような「天」と見做すべきであろう。いやキリスト教の神そのものを指している、と解釈しても誤りではないであろう。

静岡で中村は『敬天愛人説』を大久保一翁（一八一七―一八八八）に見せた。大久保は旧幕府の高官で名は忠寛《ただひろ》、識見が高く、幕末期に蕃書調所頭取、外国奉行などを歴任した開国論者で、戊辰戦争では勝海舟とともに江戸城の無血明渡しに努力した。その大久保が「敬天愛人」の説を示され、「此四字は万邦同意かと存候」と返書にしたためた。中村が『敬天愛人説』を薩摩藩最上氏に示したことは『史苑』昭和四十一年一月にこの書翰を掲載した大久保利謙論文に紹介されている。一翁から中村へあてた

手紙のその二には、

旧新約書中の語にても御稿の趣にては聊《いささか》嫌疑も有之間敷候、何の書出候とも其辺は唐土二帝孔夫子も同様と存候、……既に敬天愛人と四字並候西洋物漢訳書中より鈔し置き事に候。且御文の趣にては何の嫌疑も有間敷存候。

とある。大久保一翁はたとい「敬天愛人」の四字の出典がキリスト教の聖書であろうとも別に問題はないだろう、出典が何であれ、中国の古典にも同じような表現がある以上、かまわないではないか、『敬天愛人説』は——開国とはいえ形式的にはいまだ禁教下の明治元年の日本であろうと——なんらの嫌疑もかからないだろう、と返事したのである。中村は一方にはキリスト教の天主説や隣人愛を念頭に置きながら、東洋にも西洋にも普遍的に通じる公約数的な説として、「敬天愛人」を説いたのだ。いいかえると、儒教の徒もキリスト教徒も「天」に事《つか》え「天」を敬する点では同一である、と中村は理解していたのである。

儒教の「天」とキリスト教の「天」

ここで儒教の「天」とキリスト教の「天」を同一視し、ひいては儒教の「上帝」とキリスト教の「天主」や「ゴッド」をも同等視した中村の考えがどこから出て来たか、について推理したい。儒教の古典から「天」にまつわる言葉の使い方を列挙して、儒教の根本義は天につかえることであり、その「天」とはキリスト教の「天」と同じである、という大胆な説を唱えた人はマッテオ・リッチ、漢名を利瑪竇《りまとう》

（一五五二―一六一〇）というイタリア人イエズス会士である。その論は、利瑪竇が漢文著述『天主実義』第二編に書いて以来、中国の「奉教士人」と呼ばれた人たちによって繰返された。「吾ガ（西洋キリスト教の）天主ハ乃チ古経書ニ称スル所ノ上帝ナリ」が利瑪竇が『天主実義』で述べた言葉である。それを読んだ明末清初の士大夫の何人かがそれに呼応し大同小異の定義を繰返した。徐光啓《じょこうけい》は「天主トハスナハチ儒書に称スル所ノ上帝ナリ」といい、馮応京《ふうおうけい》は「天主トハ何ゾ、上帝ナリ」、李之藻《りしそう》は「ソノ教ハ専ラ天主ニ事《つか》フルコトニシテ、スナハチ吾ガ儒ノ知天・事天・事上帝ノ説ナリ」と述べた。

ここで「天」解釈について考えよう。周知のように「天」は『論語』にしばしば出てくる。「五十にして天命を知る」「顔淵死す。子曰く、噫天予《われ》を喪《ほろぼ》せり、天予を喪せり」「君子に三の畏れあり、天命を畏れ、大人を畏れ、聖人の言を畏る」などはよく知られる「天」の使用例である。この「天」には物理的な天、いわゆる空、英語のskyと違って、天命には運命のような語感もあり、さらに運命を越えた超自然的な畏敬すべきなにかが感じられる場合もある。「天」は時には自然の理法のようでもあるが、時には人格神のようでもある。それというのも「天命」には、天命を下す人格神的な主体を予想させるからである。李之藻の句で「天に事える」と「上帝に事える」が並列されていることからもうかがわれるように、儒教では「天」と「上帝」の二語はほぼ同義語である。「皇天上帝」というワンセットとなった表現もあるから、二語は互換性もある。リッチは「天」「天帝」「上帝」を類義語と見做した。これは西洋でもGodとHeavenとを同義語として用いるのと似た現象だろう。

利瑪竇ことリッチは、ルネサンス期のイタリアで人文主義の教育を受けた文献学者として、四書五経を読み、仏教・道教・宋学などの影響を受ける以前の古代儒教には人格神である上帝があって、中国人

はその上帝を敬っていた、そしてその上帝や天はキリスト教の神、デウス、天主と同じである、と主張した。これはリッチが本心から確信したというより、宣教の方便として唱えたものではないかと思われる。リッチの上司で東アジア方面のイエズス会の最高責任者だった総巡察使アレッサンドロ・ヴァリニャーノは、武力によるキリスト教の強制が可能だった中南米やアフリカと違って、東アジアでは別の方策を模索していた。東アジアでは土地の文化を考慮に入れなければキリスト教勢力を伸ばすことはできない。そこでイエズス会士に土地の言葉も習い、土地の習俗と両立する道を探させた。アコモダチオ（近年は英語で inculturation と呼び、法王庁の政策ともなっている）とラテン語で呼ばれた適応政策がそれである。そのヴァリニャーノ路線を推し進めた最初のシナ駐在イエズス会士がリッチで、儒教の「天」はキリスト教の「天主」であるとした。そのような「天」解釈に問題があることはいうまでもないが、しかしその是非はともかく、そのような解釈があったからこそ利瑪竇ことリッチは中国の儒者をひきつけることができた、というのもまた歴史的事実なのである。はたして明末の奉教士人たちは、儒教の上帝や天と同じならば、と思ってキリスト教の天主や天を受入れたのだった。明末清初の中国士人だけではない。実はその二世紀半後の中村もそんな利瑪竇の解釈を踏襲し、明治二年『敬天愛人説』を『請質所聞』で補足説明して、

天トイヒ、神トイヒ（真一ノ神ヲイフ。鬼神ノ神ト混ズ可ラズ）、造化ノ主宰トイフモ、名ハ異ニシテ義ハ一ナリ。

と述べた。思うに中村は昌平黌の御儒者として禁書とされていたイエズス会士の漢文キリスト教関係

著書に目を通す機会があったのだろう。それというのも中村は、引用例こそ別例を選んだが、利瑪竇と同じフィロロジカルなアプローチをすることで、儒教における「敬天」と「愛人」の重要性を立証し、ついで儒教の「天」とキリスト教の「天」の同一性を主張するという、同一の論法を用いているからである。中村が確実に読んだと推定されるウィリアム・マルチンこと丁韙良《ていいりょう》『天道溯源《てんどうそげん》』中の徐光啓関係の文書にも敬天愛人説の原型はすでに「事天愛人説」として出ている。

中村はそのような儒教の天とキリスト教の Heaven を同一視する説について渡英以前から知っていたが、それをはたして承認して良いものか、と内心思いつつ留学生活を送っていたに相違ない。ただ性善良な中村は、利瑪竇が両者の同一性を主張したのは東アジアの知識層である儒者たちをカトリック陣営に取りこむための方便だった、という点までは見通していなかった。それが一年半の英国滞在の後、帰国する船上で Smiles, *Self-Help* を読むに及んで、儒教に由来する「敬天愛人」とキリスト教に由来する「敬天愛人」とは重ねて良い、と確信するにいたった。それというのは『西国立志編』の巻頭に掲げられている「天ハ自ラ助クルモノヲ助ク」の「天」は、中村には原語の Heaven と名は違うが、意味は同じと思われたからである。

試みに「天ハ自ラ助クルモノヲ助ク」と唱えてみるがよい。読者はその「天」になにを感じるだろうか。日本人の多くと同じく私自身はこの「天」に東洋的なものを感じる。すなわち『論語』などに出てくる「天」である。あるいは日常生活の「お天道さま」の「天」である。だが試みに読者も声に出して “Heaven helps those who help themselves.” と唱えてみるがよい。読者はその Heaven になにを感じるだろうか。私はこの「ヘヴン」の語に西洋キリスト教的なるものを感じる。一八五九年に出版された『セ

ルフ・ヘルプ』の巻頭に掲げられたこの格言は、それより一世紀前の一七五八年、ベンジャミン・フランクリンが暦 *Poor Richard's Almanack* に印刷した時は "God helps them that help themselves." となっていた。これと似た諺は十七世紀中葉からイギリスで出まわったらしく、一六八〇年に出版されたアルジャーノン・シドニーの著書『政府についての論』にはこの形で出ている、という。典型的なプロテスタンティズムの勤労倫理である。ところがフランクリン以後、God を Heaven に置き換えた。そのことによって、「ヘヴン」に二度繰返される「ヘルプ」が加わり、同音の「ヘ」音が短い諺の中で合計三回反復されることとなった。その音が耳に気持よく響く効果も手伝って「ヘヴン」で始まる諺の方が世間にひろまったのであろう。そして「ヘヴン」の方が人格神である「ゴッド」よりも理神論者や無神論者をも含むより多くの人に馴染みやすい言葉ともなっていたにちがいない。

儒教の「上帝」とキリスト教の「天主」との間には相当な開きがある。(儒教の上帝は天地の創造主とはいえないからである。)しかし漢語の「天」と英語の Heaven との間の距離ははるかに近い。いいかえると、儒教の「敬天愛人」もキリスト教の「敬天愛人」もたいへん近い。中村は世界に通じる公民としての自分の信条を「敬天」とすることに決めた。その中村が「敬天」と意味を同じくする「敬宇」という号を帰国の船上でつけたことについてはすでにふれた。中村はスマイルズの書物からそのような「人倫の学」についての確信を得たのだと私は推理するのである。

中村は静岡の学問所で将来の展望も開けず、失意の中に落ち込んでいる旧幕の子弟を励ますためにもスマイルズの『セルフ・ヘルプ』を日本語に訳出しようと思った。その巻頭の訳文は、声をあげて読む時、いまなお青年子女の耳を打ち、心を打つ力に満ちている。

天ハ自《みづか》ラ助クルモノヲ助クト云ヘル諺ハ確然《かくぜん》経験シタル格言ナリ。僅《わづか》ニ一句ノ中ニ歴《あまね》ク人事《じんじ》成敗《せいばい》ノ実験ヲ包蔵セリ。

堂々たる書き出しである。明治三、四年当時の日本では禁教令はまだ公式には解除されていなかった。だが世間は「天ハ自ラ助クルモノヲ助ク」の「天」がキリスト教のゴッドと等価の語だとは誰も思わなかった。今でも思わないだろう。それだからこそ『西国立志編』刊行当時、宗教思想上の衝突の問題はまったく起こらずにすんだのである。

7　スマイルズとはいかなる人か

スマイルズとはいかなる人か

『西国立志編 原名自助論』の内容に立入る前に、ここで著者スマイルズについて一瞥しておきたい。サミュエル・スマイルズは一八一二年、スコットランド南部、エディンバラの東およそ二十五キロのハディントンで生まれた。この年はナポレオンがロシアに遠征して敗れた年で、日本暦の文化九年に当たる。スマイルズは中村より二十歳年上だが、中村より十三年長く生き、一九〇四年、満九十一歳の長寿で死んだ。これは明治三十七年で、日露戦争が始まった年に当たる。

サミュエル・スマイルズは父も同姓同名の Samuel Smiles といい、雑貨屋を経営していた。一八三二年にコレラで死んだ。母はジャネットといい、十一人の子供がいた。スマイルズは次男で、ハディントンで小学校を了えた後、一八二六年に町の開業医のところへ五年契約で徒弟《とてい》に出された。開業医の一人が引っ越した際、スマイルズを連れ出してくれた。おかげで一八二九年にエディンバラ大学医学部に登録することができ、授業に出席できるようになった。徒弟の期限が切れると、エディンバラに下宿し、一八三二年に医学部の卒業免状を獲得した。そこでハディントンに戻って開業したが、医者の仕事のかたわら化学、生理学、健康問題などについて公開講演も行ない、また雑誌などに投稿し、医師のとぼしい収入の足しとした。一八三七年に『体育――子供の栄養と扱い方』という書物を七五〇部自費出版

した。結構評判がよくて後に版を改めたという。

しかし医者の仕事の方ははかばかしくなく、一八三八年五月、僅かの資産を処分すると、外国旅行に出た。オランダのライデンに渡り、まずそこで医学の資格試験を受けた。その後徒歩でライン川に沿ってドイツへ行き、また海を渡って英国へ戻り九月にはじめてロンドンを訪ねた。同じ下宿にイタリア独立運動の志士マッツィーニもいて知合いとなった。新聞広告に応じリーズの急進的な機関紙『リーズ・タイムズ』の編集の仕事を年収二百ポンドで引受けた。リーズ市でスマイルズは新聞編集のかたわら選挙権拡大のための政治運動にも積極的に参加した。労働者階級の社会的・知的改良を主張し、産業組織や機械科学の進歩に関心を示した。

一八四〇年六月、スマイルズはリーズからダービーに到る鉄道の開通式に出席し、そこで初めてジョージ・スティーヴンソンに会った。一八四五年末にリーズ・サースク鉄道が計画された時、鉄道会社の社員となったが、それから二十一年間にわたり鉄道経営と密接に関係することとなる。彼は次々と鉄道会社の合併や路線の拡張などの事業に参画し、そのため一八五四年にはリーズからロンドンへ移った。そのような鉄道関係の仕事にもかかわらず、スマイルズはマンチェスター学派の原理に基づく政治的・社会的改革を熱心に唱えた。ちなみに、このマンチェスターを中心に集ったコブデンやブライトたちの一派の主張は自由貿易で、国家は経済問題には出来るだけ介入しない方が良いとする。「自由放任主義」などと訳されるがいわゆるlaissez faire（レセ・フェール）である。いいかえると、各人の自助努力にまかせる方が官が管理するよりも経済は円滑に機能する、という主張であった。スマイルズはまた演壇であるいは文筆で、公教育の必要を説いた。また図書館建設を主張し、国会へ公聴人として出頭、証言し

たこともある。

その種の個人の自助努力にまかせるという発想の根底にあるのはセルフ・ヘルプを良しとする信念だが、しかしスマイルズが当初名を成したのは伝記執筆によってであった。彼は楽天的な男で、自助の努力によって偉大な結果を残した人々の具体例を語り示せば、産業社会の進歩の方向と目標とがおのずと明らかになると確信していた。一八四八年にジョージ・スティーヴンソンが亡くなると、息子のロバートの許しを得、この蒸気機関車の発明者の伝記を書いた。それが大成功を博し、スマイルズは次々とエンジニアたちの列伝を書くこととなる。*Lives of the Engineers*（一八七四）、*Men of Invention and Industry*（一八八四）などはこの方面のスタンダード・ワークとされている。

一八四五年頃からスマイルズは、労働者階級の有志が互いに啓発しあう互助の会で、しばしば講演するようになった。人間いかなる身分の者であろうとも自己に依って万事をなすべきことが話の主旨で、世俗の説教ともいうべき説話であった。スマイルズは偉人の故事を具体的に語ることで若者たちを励ましたのである。講演は各地で歓迎され、好評を博した。その講話に補筆してできたのがスマイルズの主著となる *Self-Help* である。原稿は別の出版社からは断られたが、先に『スティーヴンソン伝』などエンジニアの伝記を出版した John Murray が引受けてくれた。『セルフ・ヘルプ』は一八五九年に出版されるや当時のベストセラーになった。第一年目に二万部、一八六四年までに五万五千部、一八八九年までに十五万部、そしてその後も十二万部売れた。この程度の数は今日の日本のベストセラー売上部数に比べると取るに足らぬと思われるかもしれない。だが当時の英国としては真に記録的な売行きだったのである。ちなみに日本語訳『西国立志編』は、明治を通じて、百万部という空前の売行きを示した。

『セルフ・ヘルプ』が次々と世界の多くの国の言葉に翻訳された様は驚くべきものであった。オランダ語、ドイツ語、デンマーク語、スウェーデン語、スペイン語、イタリア語、トルコ語、アラビア語、日本語、インドの幾つかの言語……そしてスマイルズ自身は知らずに亡くなったが、朝鮮語や中国語にも日本語からの重訳で訳されるのである。なおスマイルズの他の著作や彼の著書のイタリアにおける受容については後に第三部で詳しく述べるので、この略伝ではふれない。

彼は一八六六年にサウス・イースタン鉄道を辞し、以後慈善的な協会の会長などをつとめ、国内外を多く旅し、多くの著作を書き続けた。一八七一年に働き過ぎから脳卒中をわずらい、一年間休養を余儀なくされたが、その後回復し、執筆と旅行を続けた。晩年は主として自伝執筆のためについやした。後に紹介するが、飾り気のない文章で一八九〇年までの人生を叙している。英国の『ナショナル・バイオグラフィー』のスマイルズ小伝はシドニー・リーの手になるが、主にこの自伝に依拠している。スマイルズは一九〇四年ロンドンのケンジントンの自宅で亡くなった。*The Autobiography of Samuel Smiles* は翌一九〇五年に出版された。これは、出版後三年に当たる明治四十一年に鶴田賢次の抄訳もある由だが、私はこの邦訳はまだ目にしたことがない。

スマイルズは一八四三年にサラ・アン・ホームズとリーズで結婚し、二男三女をもうけた。長男ウィリアムズ・ス

サミュエル・スマイルズの肖像（ロンドン国立肖像画美術館所蔵）

マイルズの娘にアイリーン・スマイルズがおり、祖父の伝記Aileen Smiles, *Samuel Smiles and His Surroundings* を一九五六年に出している。彼女は「私の祖父は真にヴィクトリア時代の人間で、ヴィクトリア女王より七年前に生まれ、女王より三年遅れて死んだ」と序に書いた。スマイルズについての第一史料は、本人の自伝と孫のこの伝記であろう。Asa Briggs, *Victorian People* が一九五五年に出、後ペンギン・ブックに収められ、邦訳もブリッグズ著『ヴィクトリア朝の人びと』としてミネルヴァ書房から出ているが、この英国の歴史家はその十章中の一章をスマイルズにあて、思想史的位置づけをしている。また、「*Self-Help* と『西国立志編』」の研究として松村昌家『明治文学とヴィクトリア時代』（山口書店）に一章がある。スマイルズと中村正直の関係を論じた文章には石井研堂、柳田泉、木村毅、G. B. Sansom、高橋昌郎、渡部昇一、前田愛、Earl Kinmonth、亀井俊介、川西進、中尾定太郎、昭和女子大の『近代文学研究叢書』などがあるが、率直に申してまだきちんとまとまった一冊の研究書と呼べるほどのものはない。私の出番があると思う所以である。

第二部　『西国立志編』とその余響

8　都落ち

都落ち

中村正直は静岡に満四年九ヵ月滞在することとなる。そしてこの地でスマイルズの『セルフ・ヘルプ』を日本語に訳すこととなる。明治三年に『西国立志編』という題で訳出されたこの本は、前述のように、日本で人文方面の英語の書物が一冊まるごときちんと翻訳された初めであった。この本こそ日本における西洋文学翻訳の起源と呼んでもさしつかえない。明治十一年（一八七八）の川島忠之助によるヴェルヌや、織田純一郎によるリットンの翻訳などをもって日本における西洋文学の導入の嚆矢と見做す文学史家（森田思軒、柳田泉、島田謹二）は多い。しかし後述するように、私はこの『西国立志編』こそが明治文学の一大源泉であった、幸田露伴などのインスピレーションの源であった、とする者で、その点、先輩諸賢と見方を異にする。もっとも『セルフ・ヘルプ』を訳した中村に文芸意識がさほどなかったのもまた事実ではあったが。いま本書の翻訳成立の事情を振返っておきたい。

中村たち幕府留学生の一行十四名は、旧暦明治元年六月二十五日にインド洋を渡って帰国したが、もはや徳川の御代ではない。名を東京と改めることとなった江戸に住むこともかなわず、中村は八月末に一家で都落ちした。当時このように徳川氏に従って駿府《すんぷ》・遠州・三河へ移住した旧幕の者は、家族婢僕《ひぼく》をふくめて三万八千余人、駿府こと静岡に移り住んだ者は家族をふくめて五、六千人の由である。中村

は十月十五日静岡学問所の一等教授に任命され、漢学を教授した。だが、物質的にも精神的にもたいへん窮迫した徳川方であった。薩長が天下を取った今、自分や家族の者はもとより、学生たちである旧幕の子弟には将来への展望が開けなかったからである。

中村も当初は困惑《こんわく》したようである。その中村が留学帰国報告として『敬天愛人説』をその年に草したのは、自分の生きるよりどころを再確認しようとしたからだろう。中村は困惑の情を型通りの漢詩に記しているが、しかし教授として若者たちに生きる道を指し示そうとした。儒者の務めは、ただ孔子や孟子について語り、中国古典を読むことにあるのではない。この新時代に際し、いかに生きるべきかを自分自身でも考え、かつ人にもその道を説くことにある。かつて王陽明から立志の精神を学んだ中村は、自分が西洋から学んできたことの中にその具体的な道を見出したと感じていた。旧幕の者であろうとも、西洋留学をした者は新知識である。明治初年には貴重な少数者である。静岡学問所では漢学だけでなく洋学も教授されていた。身分の貴賤《きせん》を問わず有志の者の修学が許されていた。時代は新知識が活用されることを求めていた。

中村は、昼間は漢学者として旧幕時代と同じように若者に向け漢籍を講読したが、夜間は洋学者として英書を読んだ。ロンドン留学以来の学問を続けていたのである。そしてそれによって失意の若者たちに向けて立志の道を説こうとしたのである。それだからこそ中村は当初『立志広説』と題してスマイルズの *Self-Help* の翻訳にとりかかったのだ。後世に保存された翻訳原稿には、第三編六葉に「午四月十五日」、最終の第十三編の六丁裏に「庚午十一月九日」と備忘記入があり、翻訳は主として明治三年を通して行なわれたことが知られる。こんなエピソードがある。

政治家だった松村謙三が『時事新報』昭和二十九年（一九五四）五月二日に寄せた「中村敬宇先生遺稿のこと」によると、狩野亨吉博士が他人の保証に立って蔵書を全部売らねばならぬ破目になった。松村がその売り立てを見に行くと「中に埃にまみれて荒縄で縛《しば》った紙くずがある。よく見ると原稿の束で、敬宇中村正直先生の書いたものである。中村先生といえば静岡県出身で明治の文化史上、福沢諭吉先生と並び称せられた人で、この人の『西国立志編』などは時の日本人の血を沸かしたものである。その古原稿にはこの『立志編』をはじめ『キャラクター』（品性論）『オン・リバティ』（自由の理）などの全部の原稿が揃っている。一定の原稿用紙に丹念に毛筆で認められている。これは明治文化の記念すべき貴重なものと思って財布の底をはたいて三百円で買った。家へ帰ってよく見ると実に面白い。中村先生は余程律義な人とみえ、夜の一時頃起きて原稿を書いたらしい。その日付と時間がちゃんと欄外に書き込んである。それが一日も欠けることなく、正月の元日の日付もある。」

しかし訳し始めたころの中村は『立志広説』が書物の形で出版されるかどうか見通しは立っていなかった。ましてやこの『セルフ・ヘルプ』の翻訳書が、旧佐幕派の子弟のみか、新日本のあらゆる層に歓迎され、明治日本の最大のベストセラーとなるなどとはゆめ思わなかった。それがなぜそのように広く読まれるようになったのか。

『立志広説』から『西国立志編』へ

私は文章を読むとき、文体を味わうことが好きである。これは日本語に限らず外国語の文章についても同じである。それだけに外国人の日本研究者で日本人文章家の文体、とくに翻訳の文体を云々する人

がいまだに少ないことを遺憾に思う次第だ。一例をあげよう。私たちが森鷗外に対して覚える喜びは、鷗外の翻訳の文体にも多分に由来している。鷗外の全作品から翻訳作品を引いてしまったなら、鷗外はかなり小さくなってしまうだろう。中村正直についても、代表作が翻訳書であるだけに、それを業績から差し引いてしまったなら、後に残るものは、まるで少なくなってしまうだろう。中村が訳したスマイルズは当時こそは世界各国で読まれた著作家だったが、今日では英本国でも——サッチャー元首相などを除けば——さほど高く評価されないヴィクトリア朝の啓蒙思想家に過ぎない。となれば世間がスマイルズを忘れ、中村を忘れたとしても無理はない。しかしだからといって、中村が訳した『西国立志編』が明治の青春を動かし、それが極東の島国の新しい時代精神となって日本国民の志気をふるいたたせた、という歴史的事実は見逃すわけにはいかない。なぜそのようになったのか。

開国直後の日本人は外国事情が知りたくて西洋知識に渇するがごとくであった。福沢諭吉の『西洋事情』は、初版第一編は、中村一行が英国に向けて出発した一八六六年に出た。その慶応二年だけですでに十五万部出たというから、幕府留学生の一行の中には『西洋事情』第一編に目を通した者も必ずやいたであろう。福沢は明治維新以前に、一八六〇年の咸臨丸のサンフランシスコ渡米をはじめ、すでにアメリカへもヨーロッパへも渡った体験を有する当時の日本における例外的な西洋通であった。それだからこそ『西洋事情』はたちまち海賊版まで出まわる仕儀となったのである。しかしその福沢は、幕末当時にあっては、徳川幕府に翻訳方として雇われた中津藩出身の下級士族でしかなかった。明治維新となり著述家・翻訳家として独立し、また英語を介して新知識を教える慶応義塾の指導者として頭角をあらわすが、福沢の名が天下にあまねく知られるのは明治五年『学問のすゝめ』が出て、前後三百五十万部

という売行きを示して以後である。ちなみに当時の地球上で部数の点で最大のベストセラーの著述家は、西洋人ではなく、日本人の福沢であった。ただし福沢の読者は日本国内に限られていた。それに対して世界十数カ国に訳されて読まれた点で最大のベストセラーの著述家は、英国人のスマイルズであった。

福沢の名が世間に知られるのは明治維新前後からだが、それに対し中村は、福沢より三歳年上でしかなかったが、一八六二年（文久二）昌平黌の御儒者に抜擢された時から、その英名は天下にあまねく知られていた。幕末期日本の最高の漢学者と目されていたからである。そのような名士が、自分自身西洋の地を踏み、国を出てから帰るまで一年八カ月、主としてロンドンで学問研究を積み、帰国して「西洋文明の偉大の秘訣はこの書物の中にある」として英語の書物を日本語に訳して示したのである。しかもそれは日本で英語の書物が一冊まるごときちんと訳された最初でもある。世間がその本に飛びついたのも無理はない。それだけではない。『西国立志編 原名 自助論』には読者の琴線にふれる言葉がちりばめられていた。その文章の文体に力がこもっていたからである。冒頭の一節を読んでみよう。第一編「邦国及ビ人民ノ自《みづか》ラ助クルコトヲ論ズ」の（一）「自ラ助クルノ精神」は次のように始まる。（なお以下の引用では、主として柳田泉校訂の昭和十三年に出た冨山房版に依拠する。ただし原文は読点のみが用いられているので、文の切れ目には新たに句点を用い、会話などには引用符をつけ、改行もした。漢字も当てて書かれていた西洋固有名詞は片仮名のみに改め、それも今日の書き方に改めた。振り仮名とされていた部分を送り仮名にするなど、地の文に移した箇所もある）。

「天ハ自ラ助クルモノヲ助ク」ト云ヘル諺ハ、確然《かくぜん》経験シタル格言ナリ。僅ニ一句ノ中ニ、歴《あまね》ク人

事成敗《せいばい》ノ実験ヲ包蔵《はうざう》セリ。自ラ助クト云フコトハ、能《よ》ク自主自立シテ、他人ノ力ニ倚《よ》ラザルコトナリ。自ラ助クルノ精神ハ、凡《およ》ソ人タルモノノ才智ノ由リテ生ズルトコロノ根原ナリ。推《お》シテコレヲ言ヘバ、自ラ助クル人民多ケレバ、ソノ邦国《はうこく》、必ズ元気充実シ、精神強盛ナルコトナリ。

他人ヨリ助ケヲ受ケテ成就セルモノハ、ソノ後、必ズ衰《おとろ》フルコトアリ。シカルニ、内自ラ助ケテ為《な》ストコロノ事ハ、必ズ生長シテ禦《ふせ》グベカラザルノ勢アリ。蓋《けだ》シ我モシ他人ノ為ニ助ケヲ多ク為サンニハ、必ズソノ人ヲシテ自己励《はげ》ミ勉《つと》ムルノ心ヲ減《げん》ゼシムルコトナリ。是《この》故ニ師傅《しふ》ノ過厳《くわげん》ナル者ハ、其ノ子弟ノ自立ノ志ヲ妨グルコトニシテ、政法ノ群下《ぐんか》ヲ圧抑《あつよく》スルモノハ、人民ヲシテ扶助《ふじよ》ヲ失ヒ勢力ニ乏《とぼ》シカラシムルコトナリ。

開国後、国際社会の競争場裡で、日本が国家としてどうしたら生きのびてゆけるのか、日本人は不安にとらわれていた。また士農工商の身分秩序が崩壊する中で、人間が個人としてどうしたら生きていけるのか、懊悩《おうのう》していた。その時、当代の漢学者の師表ともいうべき人が西洋に留学し、帰国して日本という国家、日本人という個人が新しい資本主義の競争社会で生き抜くための心得は「自ラ助クルノ精神」であると説いたのである。この冒頭の一節は、翻訳というより、中村自身の信条告白であるといってよい。

『西国立志編』の冒頭は、その高らかな口調によって、明治の青年に訴えた。この一節を声に出して読むがよい。朗々と唱するうちに身内から力が湧いてくるではないか。漢文教育を授かった人には、このような漢文訓読体を思わせるめりはりのある文体が、爽快に響いたのである。いま中村の翻訳がいか

なるものかを検証するために第一章 Self-Help : National and Individual の冒頭の英文を引いてみよう。

"Heaven helps those who help themselves" is a well-tried maxim, embodying in a small compass the results of vast human experience. The spirit of self-help is the root of all genuine growth in the individual ; and, exhibited in the lives of many, it constitutes the true source of national vigour and strength.

中村は最盛時のイギリスの首都での人々の暮しぶりを見て「天ハ自ラ助クルモノヲ助ク」の格言の真実を確信したのであろう。A well-tried maxim を「確然経験シタル格言ナリ」と訳した。その漢語の硬い音を響かせる口調には、スマイルズの確信と同時に中村その人の確信が溢れんばかりに感じられる。「歴《あまね》ク人事成敗《せいばい》ノ実験ヲ包蔵《はうざう》セリ」の訳文も具体的であって、原文より迫力があるではないか。ここで「成敗」とは成功と失敗という人間のさまざまな広い経験 vast human experience をさしている。中村はそこで訳者としての彼の発意で解説の一句をさらに挿入するが、それがあたかもスマイルズその人の声であるかのように聞こえる点にも注意したい。「自ラ助クト云フコトハ、能《よ》ク自主自立シテ、他人ノ力ニ倚ラザルコトナリ」。そしていかにも良き教育者らしく、英文にはない「才智」の語を表に出して結論する。「自ラ助クルノ精神ハ、凡《およ》ソ人タルモノノ才智ノ由リテ生ズルトコロノ根原ナリ」。前後関係の中での「才智」の語のおさまり具合の良さからいっても、これは中村の意訳であって、genuine「真正な」の意味を取り違えたと見るべきではないだろう。

スマイルズが言わんとする主旨は、そして中村も同感した主旨は、この冒頭に凝縮されている。この

数行を暗誦すれば自助の精神は会得《えとく》されたといってもよい。後は自主自立して自らを助けた人の実例を次々と述べたまでである。しかしそのエピソードの中には、開国直後の日本人を驚かすに足る清新な実例が数多く出ていた。題名を単に『立志広説』とせず、『西国立志編』として「西国」を中村が強調したところが、いかにも見事に時流に投じた点といえよう。そして『原名自助論』と副題をつけることによって原著の主張を伝えることをもあわせて意図していた。

9　合衆国の大頭領

スマイルズはジャーナリストとして機敏であった。『セルフ・ヘルプ』の初版は一八五九年に出たが——安政の大獄の安政六年である——版が改まるごとに新情報を書き加えた。中村がフリーランドから贈られた本は一八六七年版だったから、時のアメリカ大統領ジョンソンのこともすでに出ていた。リンカーンの暗殺後、一八六五年、副大統領から自動的に昇格して大統領職をついだ人である。スマイルズはもと仕立屋でありながら身を起こした人の例として彼をつけ加えた。

貧賤ヨリ出デタル豪傑ノ人

然《しか》レドモ、裁縫匠《さいほうしやう》ノ大豪傑ハ、アンドルー・ジョンソンニ如《し》クモノナカルベシ。即チ当今合衆国ノ大頭領ニシテ、卓絶《たくぜつ》ノ行ヒ、心思《しんし》ノ力アル人ナリ。邑中《いうちう》ノ長老《アルデルマン》タル時、大会ノ中ニ於テ、立法ノ事ヲ弁論シケルガ、衆中ニ呼《よば》ハルモノアリテ曰ク、「彼ハ裁縫匠ヨリ起レリ」ト。ジョンソンコノ譏《き》刺《し》ノ言ニ答ヘテ曰ク、

「誰ヤラン相公《ジエントルメン》、予ヲ裁縫匠ナリト云ハル事、予《よ》ニ於テハ、少シモ妨ゲトハ思ハヌコトナリ。何《いか》ニトナレバ、余コノ職業ヲ為セル時、良工ノ名ヲ得タリ。又主顧《しゆこ》ノ客ニ約シタル期限ヲ違《たが》ヘズシテ、善クソノ衣ヲ製成《つくりな》シタリ」

ト、言ヒシトナリ。

この田舎の仕立屋の小僧が「自己ノ勤勉ト才能トニヨリテ」一国のPresident——中村はそれをまだ大統領とは訳さず大頭領と記した——となり得た、という話は、開国直後の日本の読者には一つの驚きでもあったろう。いや英国の読者にとっても驚きであったろう。

しかしこのエピソードがいかにも新鮮に映るのは、ジョンソンが裁縫屋の丁稚《でっち》であったことを悪びれもせず、誇りをもって認めている点である。そこで良しとされているのは「約束の期限を違《たが》えぬ」というフランクリン流の美点であり、それにかけては、たとい職人だろうと政治家だろうと、違いはないことが強調されている。そして聴衆の間から飛んだ中傷を、間髪《かんはつ》をいれず切り返し、自己の有利に話を運んだ才覚に、政治家としての片鱗《へんりん》がかいま見られる。

ちなみにジョンソンは一八〇八年に北カロライナ州に生れ、三歳で父に死別、十四の年から裁縫匠の丁稚となり、十八の時テネシーに移り店を開いた。学校教育は受けなかったので、読み書きは結婚後に妻に助けられて習った。右のエピソードも、老練の政治家としてワシントンで自己の政治的閲歴を回顧し「自分はあらゆる段階の議員をつとめた。市会議員から身を起こした」といった途端に、“From a tailor up.”(「彼ハ裁縫匠ヨリ起レリ」)という弥次を浴びたのである。中村は原文の意味を必ずしも全部了解できなかったらしい。とくに「市会議員から身を起こした」という条りのいわゆる分詞構文の完了形having begunを理解できず、その箇所は日本語に訳しそびれた。中村の英語の実力のほどをチェックするのも大事なことだから、参考に原文も掲げたい。

But the greatest tailor of all is unquestionably Andrew Johnson, the present President of the United States——a man of extraordinary force of character and vigour of intellect. In his great speech at Washington, when describing himself as having begun his political career as an alderman, and run through all the branches of the legislature, a voice in the crowd cried, "From a tailor up." It was characteristic of Johnson to take the intended sarcasm in good part, and even to turn it to account. "Some gentleman says I have been a tailor. That does not disconcert me in the least ; for when I was a tailor I had the reputation of being a good one, and making close fits ; I was always punctual with my customers, and always did good work."

ジョンソンは市会議員、州会議員、州知事、下院議員、上院議員、副大統領、大統領と、立法府と行政府の多くの職をつとめた人で、中村訳が伝える印象とは違って、この演説はワシントンで名を成した後のスピーチだったのである。

10　ジェンナー牛痘ヲ発明セシ事

ジェンナー牛痘ヲ発明セシ事

『西国立志編』には年配の英国人にも日本人にも懐かしい話がいくつもある。ジェンナー（中村訳では日納爾＝ジェンネル）の話もその一つで、そのような話から紹介を始めたい。それというのもジェンナーの話はスマイルズ筆の話としてもっとも有名な小伝の一つにかぞえられているからである。なお文中「疱瘡《ほうそう》」とは「天然痘」のこと、「多少ノ」とはこの場合「多くの」の意味である。

医家ジェンナー牛痘《ぎうとう》ヲ種《う》ヱ、疱瘡ヲ防グコトヲ発明セシガ、其説行ハルルマデハ、多少ノ障礙《しやうがい》ニ逢ヒケリ。……

ジェンナー少年ノ時、ソドベリーノ外科医ノ徒弟トナリシ時、一ノ村女アリ。其師ノ家ニ来リ、ソノ疾《しつ》ヲ診視《しんし》スルコトヲ求ム。

「コレハ疱瘡ナリ」

ト言ケレバ、村女答ヘテ、

「ワレコノ疾ヲ得ルコトアルベカラズ。何《いか》ニトナレバワレ嘗テ牛痘ヲ受ケタリ」

ト云ヒケリ。ジェンナーコレヲ聞キテ、忽チ思フニハ、コレヲ用ヒタラバ、疱瘡ノ防ギトナルベシ、

ト。因《よ》リテコノ事ヲ究察セント思ヒ起シ、一日コレヲ其朋友ニ語リケレバ、大ニ嘲笑セラレ、且ツカクノ如キ説ヲ固執セバ、ソノ社中ヲ逐ヒ出スベシ、ト嚇《おど》カサレタリ。

ソノ後ロンドンニ至リ、幸ヒニジョン・ハンターノ弟子トナルコトヲ得テ、ソノ牛痘ノ説ヲ語リケレバ、コノ解剖ノ大家ノ言、大ニ尋常ノ外ニ踰《こ》エタリ。曰ク、「徒《いたづら》ニ思フコトナクシテ、実ニコレヲ試ミヨ。久シキニ耐《た》フベシ。又精細ナルコトヲ要ス」トゾ答ヘケル。ジェンナーコレニ由リテ、勇気益々奮ヒ、遂ニコノ事ヲ講究センガ為ニ、故郷ニ帰リ、二十年ノ間、経験ノ功ヲ積メリ。既ニシテジェンナー牛痘ヲ種ウルコトノ益ヲ確然トシテ疑ガハザルニ至リケレバ、先ヅ己《おのれ》ガ子ニ牛痘ヲ種ヱ試ミ、其後書ヲ著ハシテ、牛痘ヲ種ヱタル人、疱瘡流行スル時伝染ヲ受ケザル二十三案ヲ載セタリ。一千七百九十八年ニ始メテ頒行《はんかう》ス。然レドモジェンナーノ定説ヲ立テシハ、コレニ先ダツコト二十三年即一千七百七十五年ノ事ナリシトナリ。……

ジェンナー、ロンドンニ赴キ、牛痘ノ法ヲ伝ヘントセシガ、医者一人モコレヲ試ミント欲スルモノナケレバ、凡ソ三箇月待チシ後空シクソノ郷ニ帰ル。

コノ時世人ノ説ニ「ジェンナーカクノ如キ事ヲ開キ、人類ヲシテ、牛ノ乳袋《ちぶくろ》ノ病質ヲ受ケシメ、人獣別ナカラシメント欲ス」ト嘲ケリ罵シリタリ。又教師ノ講説ニ「牛痘ヲ種ウルコトハ妖術ナリ」ト公告セリ。又世人ノ説ニ「種痘シタル小児ハ、牛ノ面ニ次第ニ似ル」ト。又説ニ「ソノ瘡ハ牛角ヲ生ズルコトノ徴候ナリ」ト。又説ニ「ソノ小児ノ声ハ牛ノ吼ユル声ニ似ル」ト云ヒテ、コレヲ嫌ヒ悪《にく》ミケリ。

然レドモ種痘ノ事ハ、元来真益トナルコトナレバ、カクノ如キ猛烈ノ詆毀《ていき》アル中ニモ、次第ニコレ

ヲ信ズルモノ出デ来レリ。嘗テ村ノ紳士、其子ニ牛痘ヲ種ヱタレバ、其子門外ニ出ヅル時ハ、村中ノ人コレニ石ヲ投ジ室中ニ追ヒ入レタリシトナリ。大家ノ婦人ダシー及ビ伯爵ノ夫人バークリー、ソノ児子輩《じしはい》ヲシテ、種痘ヲ受ケシメタリ。コレヨリシテ、ソノ新発明ノ事盛ンニ行ナハルベク見エケレバ、狡獪《かうくわい》ノ医者、マタジェンナーノ功ヲ奪ハント欲シ、自ラ発明シタリト訟《うった》フルモノ数人アリケルガ、ジェンナーノ案件終ヒニ勝チヲ得テ、普《あま》ネク時人ニ崇重《すうちよう》セラルルニ至レリ。

ジェンナーハ、天性謙虚ニシテ陰顕《いんけん》トモニ節《せつ》ヲ改メザル人ナリ。ロンドンニ来リ住シナバ、一年一萬金ヲ得ベシトテ、コレヲ招ネクモノアリケレバ、ジェンナー答ヘテ曰ク、「否、吾ガ生ノ晨早《しんさう》ニ於テ我遠僻卑下《ゑんへきひげ》ノ路程ヲ行カンコトヲ求メ、幽谷ヲ欲シテ高山ヲ欲セザリキ。然ルニ今ヤ吾生ノ暮景ニ及ンデ、吾身ヲ提起シテ、名利ヲ求ムルノ具トスルハ、適当セヌコトナリ」ト答ヘシトゾ。ジェンナーソノ生時ニ及ンデ文明ノ諸邦ニ牛痘ノ行ハルルヲ見、又ソノ死スル時恩恵《ベネファクトル》ノ主トイヘル号ヲ遠近ヨリ得タリ。

この話には、空虚な思弁を排する科学精神がたくみに語られている。乳絞りの女のさりげない言葉に経験に由来する真理が潜んでいるのではないか、と若いジェンナーが考えるのがその一である。解剖学者ハンターの“Don’t think, but *try*; be patient, be accurate.”という空理空論を排する訓えがその二である。中村はそれを「徒ニ思フコトナクシテ、実ニコレヲ試ミヨ。久シキニ耐フベシ。又精細ナルコトヲ要ス」と訳した。実事求是《じつじきゆうぜ》の訓えを把握した上での内容の正確な敷衍《ふえん》である。そして実際ジェンナーは故郷に帰って「経験ノ功」を積んだ。この中村訳の場合の「経験」はexperimentの訳語で、誤訳では

ない。後に引くパリシーの場合にも同じ訳語が用いられているが、今日の「実験」の意味である。まずわが子に種痘を試みた、という仁術の実践が、まずわが妻に麻酔を試みた華岡青洲の故事などと同様、読者に訴えた。この医師の晩年の出処進退も、スマイルズによってすでに美化されていたが、それがさらに中村の筆にかかると、さながら高雅な漢詩文を読む心地がする。若き日のジェンナーはひなびた低い小径を行く決心をした。人生の日暮れに際し、いまさら高みに登って世間の名利を求めようとは思わなかった……

種痘法の東漸

ここで医学史的な脇道に寄らせていただく。

一七九八年に公表されたジェンナーの牛痘種痘法は、効能がイギリス議会でも認められ、奨励金も与えられ、一八〇三年普及のための協会がロンドンに設立された。その種痘法が地球上に広まった早さには驚くべきものがあった。日本へは意外にもロシア経由で伝わった。千島でロシア人に捕われた中川五郎治が、五年間のシベリア抑留中に牛痘法を習得して帰国、故郷で人に種痘を施したのである。それは一八一二年というナポレオンがモスクワで敗れた年のことで、ジェンナーが一八二三年に死去するよりはるか前のことだった。「ジェンナーソノ生時ニ及ンデ文明ノ諸邦ニ牛痘ノ行ハルルヲ見」とスマイルズが書いた時（「生時」はここではlifetimeの訳語で、誕生時の意味ではない）、スマイルズの念頭には欧米しかなかったであろう。そしてその見方は正しかったともいえよう。それというのは、ロシア人の厚意で五郎治が貰って持ち返ったロシア語の牛痘書は、長崎のオランダ語通詞でロシア語をも解した馬場佐

十郎の手で、一八二〇年に『遁花秘訣《とんかひけつ》』という題でいちはやく訳されはしたが――「花」とは疱瘡を病んであばた面となった様をいう。天花とは天然痘のこと。その「花」から遁げる秘訣というのが、訳者がつけた題名の意味である。ちなみに『遁花秘訣』は日本におけるロシア語書物の翻訳の皮切りであった――、しかしながらその書籍的知識だけでは、種痘は広く日本全体に行なわれるにいたらなかったからである。

種痘が日本で全国的にひろまったのは、佐賀藩の蘭方医楢林宗建らの進言で、一八四九年にオランダ船で牛痘痂を取り寄せ、長崎では楢林が自分の子に種痘し、佐賀では藩主鍋島閑叟の男の子に、江戸では伊東玄朴が藩主の女の子に接種してからである。一八五七年には幕府は、というか桑田立斎は、蝦夷《えぞ》地で数千人のアイヌにも種痘した。その様は平沢屏山が絵に描いている。安定した労働力確保のための施策ではあったろうが、明治維新に先立つこと十一年も前の事なので、驚かされる。

教科書にあらわれたジェンナー

明治三十六年(一九〇三)版の修身教科書は、私の父が習ったものだが、ジェンナーはこんな風に登場する。

イギリスのジェンナーは、うゑぼーそーのしかたをはつめいした名高い人であります。あるとき、ふとしたことから、うゑぼーそーのしかたをくふーしようとおもひたちました。人にわらはれても、ちっとも、かまはずに、いろいろと、くふーをこらし、二十三年もかかって、とーとー、そのしかた

を、はつめいしました。

このしかたをはつめいしてからも、いろいろと、わるくちをいはれました。それでも、こころざしをかへずに、くふーをつゞけてをりましたので、だんだん、せけんにひろまりました。

いったん、こころざしたことは、かならず、しとげるよーに、こころがけねばなりません。

発音通りに書けと主張する論者は昔もいたらしい。ただこの教科書は文章が稚拙《ちせつ》で内容も論理的とはいえず、意味が薄い。次は明治四十三年（一九一〇）版第二期国定修身教科書で、今度は「志を堅くせよ」という漢学者風な題がついた。私の母が習ったものである。

イギリスのジェンナーはふとした事から、種痘のことを思ひ着きました。人に笑はれても、少しもかまはずに、いろいろとくふうをこらし、二十三年もかかつて、とうとう、そのしかたを発明し、まづ自分の子にうゑてみた上、書物に書いて世間の人に知らせました。

発明をしてからも、ジェンナーはいろいろとわる口をいはれましたが、ますます志をかたくしてくふうをつゞけてをりました。そのうちにこの発明の事がだんだん世間にひろまり、今では我等もそのおかげをかうむつて居るのであります。

前になかった、自分の子に種痘をほどこした上で世間に発表した、という記述がこの新教科書には加えられた。ただし伝説と違って、ジェンナーが一七九六年、最初に成功した人体実験は実はジェームズ・フィップスという八歳の少年に接種してのことだったが、この修身教科書はスマイルズ風の記述を

そのまま載せている。我等もそのおかげをこうむっている、と文末にあるが、日本では明治四十二年に種痘法が公布され、新生児への種痘義務が徹底した。それだけにこの教材はタイムリーな書き直しだったといえるだろう。

私が習った昭和十一年（一九三六）版では題も内容にふさわしく「発明」に改められた。ちなみにジェンナーは、ゲーテと同じ、一七四九年生れである。

種痘《しゆとう》の法《はふ》を発明した人は、ジェンナーといふ医者《いしや》であります。ジェンナーがこれを発明するまでには、長い間、いろいろと苦心をしました。

ジェンナーは、今からおよそ百九十年ほど前、イギリスに生まれました。少年の頃、或医者の弟子《でし》になつてゐました。或日、牛乳《ぎうにう》しぼりの女がしんさつをしてもらひに来ました。其の女は、顔一面にひどい吹出物《ふきでもの》が出て、見るもあはれな様子をしてゐます。ジェンナーは、何といふ気のどくな病気だらうと思ひました。これをしんさつした医者は、

「疱瘡《ほうそう》です。」

と申しました。すると、其の女は、

「私は牛痘《ぎうとう》にかゝつたことがありますから、疱瘡にかゝるはずはありませんが。」

と、ふしぎさうに申し立てました。

ジェンナーは、そばで聞いてゐて、「これはふしぎな話だ。ひよつとしたら、此の女の言ふことには、何か深いわけがあるかも知れない。もしさうであつたら、それを研究《けんきう》して、何かよいちれう法を

発明し、かういふ気のどくな病人をすくつてやりたい。」と考へました。それから人の体に牛痘をうゑて、疱瘡をよばうすることを思ひ立ちました。友達に話をしますと、皆あざけつて、

「つき合ひをやめる。」

とまで言ひました。ジェンナーは、それでもかまはず、二十年余りの間、いろいろと牛痘や疱瘡のことをしらべ、さまざまにくふうをこらしました。其のかひがあつて、とうとうたしかな種痘の法を発明しました。それで先づ、自分の子に牛痘をうゑてみて、それから疱瘡のどくをうつさうとしましたが、うつらなかつたので、其の事を本に書いて世間の人に知らせました。

ところが、世間の人は、此のよい発明を信じないで、かへつて、

「牛痘をうゑられた子供は、顔が次第に牛ににて来て、声も牛のほえるやうになる。」などと、悪口を言ふ者がありました。しかしジェンナーは、此の発明が人々のためになることを信じて、ますます一心に研究を続けました。

其のうちに、ジェンナーの発明した種痘が人助けのよい法であるといふことが知れて、広く世間に行《おこな》はれるやうになりました。今では、私たちも、皆其のおかげを受けてゐるのです。

文章の相違にもかかわらず、三つの教科書には共通点がある。それは挿絵がほぼ同じことで、ジェンナーらしい医者が子供に種痘しようとしている。（そのうち最初のものは明らかに、後述するモンテヴェルデ作の彫像を描いている）。その挿絵を見ると、小学校で種痘を受けた昔を思い出す人もいるだろう。他方、明治の教科書に比べて、昭和初年の小学四年修身教科書は文章が断然いい。執筆者が先行教科書を

昭和 11 年版

明治 43 年版

明治 36 年版

国定修身教科書のジェンナーの挿絵

否定的に参照したことは明らかだ。頭の固い明治の道徳家は志《し》操堅《そうけん》固《ご》や堅忍《けんにん》不抜《ふばつ》をやみくもに強調したが、それに対し、昭和初年の教科書は、物事を叙して過不足なく、話そのものが面白い。「発明」に主眼を置いた書き方は「科学する心」が強調された時代にふさわしい。そして日本語の教科書が良くなった分だけ、実は、元のスマイルズの「ジェンナー牛痘ヲ発明セシ事」に近づいている。原作の大切な要素はほぼ復元されている。原作にあって昭和教科書にないのは貴族の夫人が率先してわが子に種痘させ、世間の蒙《もう》を開いた、ノブレス・オブリージュの条りぐらいだろう。（「牛痘ヲ種ウルコトハ妖術ナリ」と非難したのはキリスト教会の牧師だが、それは中村訳でもただ「教師」と訳されていた）。この教科書を執筆した日本文部省の図書監修官は、中村正直訳『西国立志編』が明治初年の日本では学校教科書として用いられたことを知っていたばかりか、『西国立志編』の愛読者であったに相違ない。

この教科書で習った私たちの世代はおおむね二の腕に種痘を受けた。娘たちの世代は美容を考えて腿に接種した。孫たちの世代は種痘しない。いまの児童向けの図書にはジェンナーは登場しない。そもそも若者は天然痘も痘痕面《あばたづら》もジェンナーも知らない。それは日本

の青年海外協力隊の活動があってのことだが、この地球上から天然痘は、ソマリアの地を最後に、根絶《こんぜつ》されたからである。一九八〇年、世界保健機関は「天然痘根絶〇年」を高らかに宣言した。天然痘が消えるとともに教科書からジェンナーの名も消えた。魯迅の『拿破侖《ナポレオン》与隋那《ジェンナー》』の言い分を応用すれば、大勢の人を殺したナポレオンやスターリンやヒトラーや毛沢東やらの名は残り、ジェンナーの名を覚えている人は少ない。だが、医師ジェンナーにとって最高の名誉は、こうして天然痘が根絶され、彼自身の名もまた忘れ去られたことであろう。

洋学派勝利の一背景

天然痘は一九八〇年地球上から根絶され、種痘も終わり、ジェンナーの名前も忘れられた、と楽天的なことを書いた。だが、天然痘が根絶され、世間が種痘をしなくなったことを逆手にとって、テロリストは天然痘菌を生物兵器に使用するかもしれない、という。いつかそうした恐怖も薄れることを希望して、話を続けたい。

「尊皇攘夷」を唱えて薩長が天下を取ったにもかかわらず、その薩長派を中心に構成された日本の新政府は明治元年、開国和親の新政策を採り、四月、天皇は公卿・諸侯を率い、紫宸殿《ししんでん》で『五箇条ノ御誓文』を宣言した。その中の大方針「旧来ノ陋習ヲ破リ天地ノ公道ニ基クベシ」「智識ヲ世界ニ求メ大ニ皇基ヲ振起スベシ」は明治・大正のみか、途中軍国主義の台頭があったにもかかわらず、戦前戦後の昭和をも貫いて変わらなかった。『五箇条ノ御誓文』こそはその意味で近代日本の大原則である。イギリスの日本史家ジョージ・サンソムは『五箇条ノ御誓文』は憲法以上の重みを持つ大憲章であると『西欧

世界と日本』で述べたが、その通りであろう。昭和天皇もそのことを自覚していたからこそ、昭和二十一年の年頭の詔書でその五箇条を繰返し述べられたのであろう。

ではなぜそのような、西洋に向って開かれた社会が東アジアに出現したのか。それは日本が黒船の武力に怯《おび》えたからか。その恐怖だけではあるまい。西洋の文明に期待すべきなにかがあると日本国民一般が積極的に感じたからではあるまいか。日本人の対西洋への感情はアンビヴァレントであった。すなわち、忌《い》むべき夷狄《いてき》という憎悪の念とともに、敬すべき文明の師という畏怖《いふ》のまじりあった感情複合体だったのである。第二次世界大戦での敗北の後、日本国民がたちまち親米に転じたのも、そのような二面性を持つ心理の底流があったなればこそであろう。それでは一体、幕末期のいつごろから日本では民衆レベルでも西洋文明への信頼や期待が高まったのだろうか。それを検証するために種痘が及ぼした心理的効果について考え、近隣諸国の対西洋への感情との比較で日本の場合を振返ってみよう。

今日の大陸中国で教えると、強烈に中国礼讃を行なう学生に出会うことがある。医学でも、西洋医学よりも中国の伝統医学の方が優れている、とナショナリスティックに主張する。しかしその声高な発言は、科学的成果の客観的認識というより中華の人の主観的自負心という気がする。とくに相手が外人教師だと負けん気でそう言い張りたくもなるのだろう。そんな彼らは時に不遜だが、しかしエリート学生であり、国家幹部として嘱目《しよくもく》されているだけに勉強熱心で、教えていてまことに気持がいい。彼らは感冒で熱があっても薬を飲んで教室に出て来る。そんな時「どんな薬を飲んだ。中薬（漢方薬）かね、それとも西薬かね」とたずねると、必ず西薬である。「君も脱亜入欧だね」と私がいうと、クラスがどっと笑う。私たちはそれからおもむろに魯迅の『私の種痘』を読んで、脱亜入欧には良い面があるとい

う、ごく当り前だが、一昔前には周囲が怖ろしくて口に出して言えなかったことを、あらためて確認したりする。

ところで魯迅の学生たちがいやがって種痘を受けようとしなかった、という『我的種痘』の事件は一九三〇年前後のことだった。旧弊だと笑ってはならない。幕末の日本人にも似たような心理的矛盾と躊躇とはあったからである。たとえば一八七〇年ごろ、三、四歳の夏目金之助は種痘がもとで本疱瘡を誘い出し、あばた面になってしまった。そんな事件が起こる限り、世間が新来の西洋医学に対し警戒心を抱いたのは当然だろう。それに——これが重要な点だが——伝統的な漢方医は、自己の地位保全のためにも蘭方医を排撃した。病人を蘭方医に取られ出した江戸の漢方医たちは一八四九年、幕府の漢方の医官多紀《たき》家を動かして蘭医方禁令を出した。ところが一八五七年、多紀安叔が死ぬと、蘭方医の伊東玄朴らがかたらって、神田お玉池の川路聖謨の拝領地に種痘館を建て、兼ねて同学講習の場とした。その広く民衆にほどこした種痘の効果が確実著明であることが知られると、そうした文明の医療が日本人の気持を漢方医学から西洋医学支持へと転じさせ、さらには西洋科学への信頼と期待、そしてさらには西洋文明そのものへの憧れをも生み出したのである。(この漢洋両医の激烈な対立は日本では日清戦争まで、韓国や中国では二十世紀の後半まで続いた)。いずれにせよ、明治日本の大勢は、文明における中国モデルを捨てて西洋モデルを選んだ。医学や軍事学など形而下の面のみならず、倫理や道徳などの形而上の面でも西洋には優れたものがある、天下の公道は海彼《かいひ》にある、と日本人は感じ始めたのである。それが「日本の西洋への方向転換」、英語でいうところの Japan's turn to the West であった。

このように広く知識を世界に求める意欲は、開国後の日本で堰《せき》を切ったように溢れ出た。そんな時に、

ワシントン国会図書館所蔵『西国立志編』挿絵（右上：アークライト，右下：ワット，左上：オーデュボン）

幕末日本の学問世界の最高権威、昌平黌の御儒者であった中村正直が、西洋で研鑽《けんさん》を積んで、なんと西洋文明礼讃の洋学者となって帰国し、明治三年から四年にかけて『西国立志編』を世に出した。当初は静岡での出版で、木版半紙本十三編から成っていた。しかし前述のように、それこそがまともな英語の書物が本邦で訳出された嚆矢《こうし》だったのである。それは西洋旅案内のような単なる実用的な小冊子ではない。スマイルズという当代イギリスの師表《しひょう》の手になる西洋古今の俊才傑物の伝記集である。中村が解説ともいうべき『諸論』で述べたところに従えば、そこに記された西国の人々は、皆自主自立の志があり、艱難辛苦《かんなんしんく》の末、敬天愛人の誠意にもとづいて、世を済《すく》い民を利《り》する大業を立てた。西洋文明の偉大の由来はこのような人々の勤勉忍耐の力に由る、という。当時の日本人が、そのような西洋立志伝中の人物の事蹟が知りたくて、この書物に飛びついたのは無理もない。種痘の恩恵を肌で感じた新世代はスマイルズが伝えるジェンナーの小伝を感銘深く読んだろう。『西国立志編』は明治十年からは東京で活字出版されるようになったが、書物は売れに売れた。

日本の若者の目はいまや古代東洋の聖賢から近代西洋のヒーローへと向けられるようになった。その近代の英雄たちの中にはかつて東洋にいなかった種類の人たち――産業革命の担い手である新機器を発明創造する人々――もまた含まれていた。西洋の偉大はその産業力にあると思われた。『西国立志編』にはその産業革命以後の競争社会で「士大夫身ヲ立ツルノ骨子」が示されている、という。そして事実、後述するように、この書物は日本が近代産業社会を建設する際に国民的教科書の役割をも果たしてくれるのである。幸田露伴は明治日本の文明開化について福沢諭吉の功績のみが讃えられるのは片手落ちであって、歴史の実情にそぐわないと感じ、明治初年にあっては中村正直の影響感化は、福沢諭吉

のそれを凌ぐものがあった、と昭和八年『明治初期文学界』で回顧している。

明治初年の最大の国民的啓蒙書——それが中村正直訳『西国立志編』が日本の文化史上で占めた地位であった。ただしそれはスマイルズ著『セルフ・ヘルプ』が英国の文化史上で果たした役割や占めた地位と、同じではない。おのずからニュアンスを異にする。その両者はそれぞれ両国の別個の前後関係の中で検討されてしかるべき対象なのである。書物の価値は必ずしも絶対的なものではなく、国情によって変わるものなのである。そしてつけ加えていうならば、スマイルズの影響は英国において大きかったが、日本においてさらに大きかったのである。

11　洋学と漢学のはざまで

洋学と漢学のはざまで

中村はスマイルズの翻訳にとりかかると、第一編を訳し了えた時点で、すでに訳文を後輩や同僚に示した。杉浦愛蔵は中村が安政五年（一八五八）甲府徽典館学頭をつとめた時からの知己で、幕臣として二度にわたり遣仏使節に加わった人だが、その杉浦が訳稿を読んで刊行をすすめた、と跋文「書第一編後」（未刊）に出ている。大久保一翁も目を通して出版を慫慂《しょうよう》したことは書簡からも察せられる。大久保は静岡藩の藩金若干の提供も申出たらしい。原稿の清書は『西国立志編』に限らず後のスマイルズの『品行論』の翻訳も、中村が鉄子夫人に依頼した、といわれている。

刊行の際、中村が懸念したのは、スマイルズの政治思想そのものが世間の反撥を呼ぶということではなかった。そんな内容に関することよりも、こともあろうに漢学者である自分が洋学の書物の翻訳を行なって世に出すことが咎められはしないか、という心配であった。それが幕末期以来、刺客にも狙われたことのある中村の心中にわだかまる懸念だったにちがいない。それは個人的な保身の問題を越えた、西洋の書物が日本で抵抗なく受容されるかどうかという不安であった。中村はそこで慎重に手を打った。明治三年（一八七〇）の初秋には第一編の訳稿を清書すると、昌平黌の先輩で儒学者であり洋学にも理解をもつ古賀謹一郎（増）に序を請うた。古賀家は精里・侗庵に続き三代儒官を出した名門である。そ

の人がお墨付きをくれた。「編中歴《あまね》ク西国ノ辛苦シテ一事業ヲ立ツルノ雋傑《しゆんけつ》ヲ挙グ。予掌ヲ抵《う》ツテ曰ク、彼邦《かのくに》亦此ノ説有ル乎。……士大夫《しだいふ》身ヲ立ツルノ骨子《こつし》、実ニココニ在リ。年少ノ人ヲ鼓舞スル、孰《いづ》レカコレニ如カン」（原漢文）。そして自助の教えは孟子の教えと合致する、とまで書き添えてくれたのである。こうして『西国立志編』は明治三年から四年にかけて駿河国静岡で木版で刊行された。初版には表紙に「官許」と大きな字で印刷されていた。

全十三編から成る『西国立志編』中、第一編は政治における国家ならびに個人の自助の精神を説いた編で、先にふれたジョンソン大統領のエピソードもそこに拾われていたが、貫流する思想は人民主権といってよい。編頭に掲げられた二つの言葉の一つが、ミルの次の一句であることは、その点、たいへん示唆的である。

一国ノ貴《たふ》トマルトコロノ位価《ゐか》ハ、ソノ人民ノ貴トマルルモノノ、合併シタル位価ナリ。
The worth of a State, in the long run, is the worth of the individuals composing it.

一国の価値は、長い目で見れば、その国を形作っている個人々の価値の総計なのだ、とミルは説き、スマイルズも共感した。日本もそうあって欲しいと中村も感じたにちがいない。ちなみに初訳の原稿では「一国ノ貴ミラルルトコロノ位価ハソノ人民ノ貴ミラルベキモノノ合セ集ル位価ナリ」というまどろっこしい文章になっていた。この「貴ミラルル」という言い方を訂正するようすすめたのも大久保一翁で、その書簡も残されている。中村の訓読体のリズムに私たちの胸底に響くものがあるとすれば、それは中村が文章に推敲を重ねたからだろう。かねて多くの漢文古典を訓読体で暗記していた中村には、漢

文訓《よ》み下《くだ》しの語調が血肉化していたのである。

しかし一国の価値は一国を構成する個々人の価値である、というような民の叡智に信を置く民主主義的な発想は、もともと漢字文化圏ではいたって希薄だった。孔子のような君子と小人とを対比する分類は、ニーチェの君主的人間と群畜的人間の二分類と同様、徹底したエリート主義である。無知な民にはすべからく「お上」を信じさせ、それに頼らせればそれでよい、とする。このような中国支配層のオートクラティックな政治理念と、西洋起源のデモクラティックな政治理念とは、およそ正反対の発想だった。「民ハ由ラシムベシ、知ラシムベカラズ」とは『論語』にある言葉だが、その儒教の発想は紀元前数世紀の昔から引き続いて、二十一世紀の今も「党の指導を信頼せよ」という上意下達の方式となってそのまま残存している。総統を直接選挙で選ぶにいたった台湾が革新的であるのに対し、中国大陸はその点、旧態然としている。太古から今日にいたるまで本質的にその点では変化はなかったわけだ。

『西国立志編』の第一編編頭に掲げられたいま一つの言葉はディズレーリで、

世人ツネニ法度《はふど》ヲ信ズルコトハ、分外ニ多ク、人民ヲ信ズルコトハ、分外ニ少キコトナリ。

とある。この法度とは systems の訳語だが、口先で人民民主主義を唱える政治指導者がその実、人民に存外に信を置かないであろうことを、はやくも見透かしたような言葉である。中村もロンドンで生活して、政治システムや人間観や個人の尊厳にまつわる東西の相違を痛感したことであろう。その種の専制主義批判のメッセージは明治五年二月、中村がミルの『自由之理』を訳出することによって、より直接的に日本へ伝えられることとなる。

もっとも『西国立志編』は、民主政治にまつわる啓蒙的読物という側面もありはしたが、単なる政治的パンフレットではない。英国でもそうであったように、日本でもまずなにより文明開化の民衆用教科書として読まれた。裁縫屋の丁稚のジョンソンが弁論の力で大統領の地位にまで上ったというような話は、それがアメリカ民主主義の実態を伝えてくれた点で貴重だった。選挙による政治指導者の選択ということを如実に教えてくれた点、東洋人読者の眼から鱗《うろこ》を落とす効能を持ってはいただろう。しかしいまだに政治は雲の上の人が決定することであって、民衆に選挙権そのものが与えられていない東洋の人たちにとっては、リンカーンにせよジョンソンにせよ、依然として遠い異国のお話でしかなかったであろう。

それでは『西国立志編』の中で、明治初年の日本人にとって身近な、身にしみる話とは何と何だったろうか。その具体例をジェンナーに限らず、さらに三、四述べて、本書が西洋説話集として特筆すべき作品である所以《ゆえん》を述べたい。その話のいくつかは日本人によって読みつがれ、それらはわが国の国語や修身教科書の中に取り入れられてゆく。いや、換骨奪胎《かんこつだったい》されて、日本の文学作品の中にはいりこんでゆく。(第三部でも説くように、イタリアの文学作品の中にもはいりこんでゆく)。そうした個別例を次々に取りあげてこれから分析するが、その前に中村正直の訳本の日本文学史上の位置について一言したい。私は比較文学史家として現行の日本国文学史家の中村正直や『西国立志編』の扱い方について著しく不満なのである。

12　西洋説話集の日本文学史上の位置

西洋説話集の日本文学史上の位置

「和魂洋才」の時代とその一産物である『西国立志編』を日本文学史上に位置づけるに先立ち、「和魂漢才」の時代をまず一瞥して、先にふれた文化の三点測量 comparatisme triangulaire を試みてみよう。

わが国はアジア大陸の東に位置する列島として、大陸渡来の文明の余沢《よたく》を浴びた。日本には天竺《てんじく》（インド）や震旦《しんたん》（中国）の古代説話が伝わった。それらは『今昔物語集』の約三分の一を占め、日本国文学史上の貴重な遺産となっている。十二世紀の前半に成立した『今昔物語集』は、中心は仏教説話だが、世俗説話も全体の三分の一以上を占め、古代社会の各層の生活を生き生きと伝えている。文章は訓読文体と和文体とを巧みに混用している。

そのような先例を念頭に、スマイルズ原著中村正直翻訳『西国立志編』を日本文学史上で再評価するなら、次のような点が浮かび上がるのではあるまいか。すなわち、十九世紀の後半、わが国が西洋に向けて開かれたとき、西洋渡来の文明の余沢を浴びた。日本には西洋の説話が『西国立志編』という形で伝わって来た。プロテスタンティズムの勤労倫理に裏づけられた話が中心だが、世俗説話が多く、西洋世界の各層の生活を生き生きと伝えている。文章は主に訓読文体だが和文体をも巧みに混用している。

これらもまた当然、日本の国文学史上の貴重な遺産と私には思われるのだが、原著者が英国人である

ことがはっきりしているためか、また必ずしも文学作品として認定されなかったためか、前田愛などを除けば、日本の国文学者によってないがしろにされてきた。しかしこれは『今昔物語集』の天竺部や震旦部が日本文学史上の遺産であるのと同様、やはり再評価されるべきわが国の文学史上の一遺産なのではあるまいか。日本文学大系とか日本思想大系などにきちんと収められてしかるべき古典であると私には思われる。『今昔物語集』の説話は上田秋成や小泉八雲、芥川龍之介など後代の作家に物語の種を提供したが、『西国立志編』中の説話も実はそれにおとらず多くの話の種を蒔《ま》いた。それは明治・大正・昭和の三代の学校教科書、児童文学、演劇、小説に及んでいる。発明家の伝記などについてはそうしたジャンルそのものが『西国立志編』によって日本にもたらされたものである。以下にその実例を示すことで私見の正当性の裏づけとしたい。

13　陶祖パリシー

西洋の聖賢の書

『西国立志編』を介する影響伝播の典型的な例として陶工の話をまず取りあげよう。スマイルズはフランスのパリシーやイギリスのウェッジウッドなどの「陶工大家」の苦心談を語るに先立ち、イタリア・ルネサンスの陶工の故事を道徳的訓戒の意をこめて紹介した。これは『十訓抄』などの説話に道徳的訓戒が含まれることと軌《き》を一にする。ルーカ・デラ・ロッビアは仕事に精出し、「木花《かんなくづ》ヲ籃ニ入レ、深更ニハ足ヲ其中ニ入レテ、凍寒ヲ防ギシトナリ。」

そんな話を聞くと、夜中は印刷所の紙屑を籃に入れ、それに足を突っ込んで暖をとった、というラフカディオ・ハーンの北米時代が想起される。しかし中村の漢文訓読調の訳文で読むと、もともとはヴァザーリが『画家・彫刻家・建築家列伝』で語ったフィレンツェの陶工の精進《しょうじん》の話が、さながら昌平黌時代の同僚や弟子たちが回顧する若き日の中村自身の精進の話を思わせてならない。儒者中村の訳筆にかかると、ルーカはさながら睡眠を惜しんで科挙の試験準備に打込む蛍雪《けいせつ》時代の書生でもあるかのようである。訳文の漢語表現がそのような連想を呼ぶのだろうか。しかしそれにしても、そこに東西の倫理的共感が働いていることもまた疑いなく確かであろう。明治の青少年は『西国立志編』の次のような一節にも奮起したのだ。九歳の新井白石は夜手習いをしていて眠気をもよおすと縁側に汲んでおいた桶

の水をかぶって目をさまし手習いの日課を果したというが、ルーカもまた眠らずに努力した、というのである。なおここで「勉強」とは「力を尽くしてつとめる」の意味である。

ルーカクノ如ク勉強ナルコトハ、怪シムニ足ラズ。何《いか》ニトナレバ、何ノ芸術ニ拘《かか》ハラズ、寒暑飢《かんしょき》渇《かつ》、ソノ他不快ノ事ニ耐《た》フルノ力アラザルモノハ、決シテ卓犖《たくらく》ノ名ヲ成スコト能ハズ、サレバ、ソノ身ヲ安逸ニシ、世間ノ楽ミヲ受ケナガラ、ソノ技芸ノ衆ニ超エンコトヲ欲スルハ、大キナル誤リナリ。蓋シ、技芸ハ睡眠ニ由リテ得ラルベカラズ。必ズ常ニ警醒シ、察視シ、労苦スルニ由リテ、進益ノ功ヲ得ベクシテ、大名亦タコレニ随フコトナリ。

少年時代に画家を志したスマイルズはイタリアの地に憧れた。彼は詩人ロバート・ブラウニングと同じ一八一二年の生れで、ブラウニングもルネサンス・イタリアを詩の主題とすることの多かった詩人だが、二人はともにヴァザーリの愛読者だったのである。だが中村が漢語を用いて描き出したルーカの印象と、今日私たちがヴァザーリの『画家・彫刻家・建築家列伝』を直接読んで受けるルネサンスの芸術家の印象と、あまりにも隔たりがあるではないか。

だが明治時代には、gentleman という英語に「君子」などの訳語を当て、ヴィクトリア朝の観念を儒教道徳の観念に結びつけた。それでもって解釈しようとした。両者を等価語とする工夫によって、西洋は日本に入って来たのである。中村の訳書は『西国立志編原名自助論』にせよ『西洋品行論』にせよ、いってみれば新たな聖賢の書として日本で迎えられたのである。その間の機微《きび》にふれて北村透谷は「彼（中村）は其の儒教的支那思想を以てスマイルの《ママ》『自助論』を崇敬したり」（『明治文学管見』）と評した。

すると原著者スマイルズその人がいつしか聖人君子の風を帯びて読者の目に映じ始めた。さながらBritish Coufucian とでも呼ぶべき相貌を帯び始めた。スマイルズ自身が「自助論原序」でこう述べたと中村は伝えている。

コノ書ハ、前人ノ行状ヲ載セタレバ、読者必ズ前人ノ労苦ヲ経、試験ヲ積ミ、難事ニ耐ヘテ、大業ヲ成就スルヲ観テ、奮発ノ意ヲ生ズベキナリ。

いかにも道学者風ではないか。それでは「前人ノ行状」の一例を見てみよう。

陶祖パリシー

一八四四年にその著作全集が刊行されて以来、フランスでは十六世紀の陶工ベルナール・パリシーを語ることが流行した。スマイルズもそれに目を通したのだろう、再版されたアグリッパ・ドビニェーの筆になる伝に依拠して『セルフ・ヘルプ』中にBernard Palissy を取りあげた。これまでと同様、中村訳の固有名詞筆記法（培那徳・巴律西、ベルナード・パリツシイ）は、漢字書きは取らず、片仮名書きも今日風に改めて、いまここに紹介したい。なお中村はいかにも啓蒙家らしく無教育の読者にも留意して、難しい漢語に右側に音読みのルビを振るだけでなく左側に意訳のルビも時々添えた。先ほどのルーカ・デラ・ロッビアの文中にある「卓犖」について、右側に「タクラク」とルビを振り、左側に「ヒイデル」と意味を説明するなどがその例である。以下の文でも「過活」には左側に「スギワヒ」と意訳を添えている。今日の「なりわい」の意味である。「懸空」には「テガカリナク」と添えている。（いずれも

本書の引用では省略した)。

パリシーハ一千五百十年フランスニ生ル。ソノ父母、甚ハダ貧シカリシ故、郷校《スクール》ノ教ヘヲ受ケタルコトナシ。サントニ住シ、玻璃《はり》ニ画《えが》クコトヲ業トナシ、マタ、地ヲ測量スルコトヲ以テ、過活ヲ為シケルガ、妻子アリテヨリ後、コレ等ニテハ、口ヲ餬《のり》スルニ足ラザリケリ。コノ時フランスノ磁器、粗《そ》醜《しゅう》ニシテ、栗色ナリケレバ、パリシー因《よ》リテ上好ノ陶器ヲ造リ出ダサント思ヒ立チシガ、一日イタリーノ名工ルーカ・デラ・ロッビアノ製スル美麗ナル磁盃ヲ観《み》シカバ、ソノ心益々コレニ傾ムキタリ。モシパリシーヲシテ、単独ナラシメバ、必ズイタリーニ旅行シ、ソノ秘伝ヲ探《さぐ》ルベキニ、妻子ニ羈《き》セラレタル身ナレバ、ソノ事モナシガタク、暗中ニ模索《もさく》シ、懸空ニ思想シテ、五色ヲ焼キツクル薬、並ビニ白色ヲ発スル薬ヲ看出《みいだ》シテ、精好ノ陶器ヲ作ルベシト、日夜コノ事ヲゾ務メタリケル。

十六世紀当時のヨーロッパの文化的先進国であったイタリアへ留学できなかったから、パリシーはさまざまの実験に独力で着手する。

パリシー……薬材ヲ聚メ、砕キテ粉末トナシ、又土器ヲ買ヒ、薬ヲ塗リテ、竈《かま》ノ中ニ焼キケルガ、ソノ経試中《あた》ラズシテ、徒《いたづ》ラニ薪柴《しんさい》、薬物、時日、工夫ヲ費ヤスノミナリ。然レドモ、パリシーハ、コノ秘密ヲ看出サザル中ハ、決シテ中止セズト志ヲ定メタリ。始メテ作レル竈ハ、善カラザリケレバ、又改タメテ戸外ニ作リ、コノ竈ニ於テ、幾回《いくたび》トナク、許多ノ薪ヲ焼キ、許多ノ土器ヲ費ヤシテ、貧困ニ迫《せま》リ、妻子ヲ養ナフコトモ得ザルニ至レリ。

パリシーはやむを得ずガラス絵を描き、土地測量などして銭を稼ぐ。しかしすぐまた一大実験に使ってしまう。それはこんな試みだった。

パリシー……三百余ノ土器ヲ買ヒ、薬料ヲ塗リ、玻璃窯《はりよう》ニ入レテ、コレヲ焼クコト、四時バカリニシテ、出ダシ視レバ、三百ノ中ニテ、薬ノ焼キツキタルモノ一箇アリ。熱サ退ゾキ硬クナルニ及ンデ、次第ニ白色トナリタリ。抑《そもそ》モコレマデ、他色ノ焼キツキタルモノアリシガ、白色ハ、コノ時始メテノ事ナレバ、パリシー大イニ喜ビ、走リ帰リテ、コレヲソノ妻ニ示ス。……

パリシー成就ノ期《とき》ニ近カルベシト思フニヨリ、ソノ家ノ傍《かたはら》ニ玻璃窯ヲ作リシガ、自ラ磚石《せんせき》ヲ運ビ、自ラ築造ノ事ヲ為シケル故、七八箇月ヲ費ヤシケリ。ソノ竈、既ニ用フベカリケレバ、自ラ埿土《でいど》ヲ以テ、許多ノ土器ヲ作リ、薬料ヲ塗リテ、コレヲ竈中ニ入レテ、火ヲ着ケタリ。一昼夜ノ間、竈辺ニ坐シテ薪柴ヲ加ヘタリシガ、薬料未ダ焼キツカズシテ、旭日ノ光、ソノ顔ヲ照スニ至レリ。時ニソノ妻少シバカリノ朝食ヲ持チ来リ、パリシーニ与ヘケリ。

その実験はしかしながら失敗に終わる。蓬頭垢面《ほうとうこうめん》、身体枯痩《しんたいこそう》のパリシーは失敗しても諦めない。幸いに友人がいて、借財して、新試験の道具を取り揃え、また実験に取りかかる。

ヤガテ火ヲ焚キ始メタリ。熱気熾《さか》ンニナリケレドモ、薬料未ダ焼キツカズシテ、薪柴スデニ乏シクナリタリ。イカニシテカ、火力ヲ減ゼザラシメント、案ジ思フニ、園ニ木牆ノアリケレバ、コレヲ引キ抜キテ、竈中ニ投ゼシガ、薬料未ダ鎔銷セザリケリ。

薬料（すなわち釉《うわぐすり》）がいまだに溶けて焼き付くにいたらない。それで庭の垣根や支えを引き抜いて片端から火中に投じた。後十分間、火力がこの高温度で続くなら実験は成功する、と確信したパリシーは「ナニホド貴キモノナリトモ、薪ニ用ヒナント、遂ニ家ニアルトコロノ椅子ヲ壊《やぶ》リ、コレヲ火中ニ投ジタリ」。

ソノ妻子ハ「パリシー狂病ヲ発シタリ」ト號《さけ》ビ逃ゲ走リシガ、コノ最後ノ火力ニ由リテ薬料始メテ焼キ付キタリ。尋常栗色ノ缸瓶《こうへい》ナリシガ、竈ヨリ出シテ、冷カナルニ及ビ、変ジテ白色トナリテ、光沢ヲ発セリ。是レソノ経験ノ始テ成就セルモノナリ。

このパリシーは一五九〇年新教徒として改宗を拒んだため、バスチーユで獄死した。彼の著作の紹介としては渡辺一夫に「ある陶工の話」があり『ルネサンス雑考』に収められている。それによると陶器製造の苦心談は『森羅万象賛』*Discours admirables de la nature*という一五八〇年に出た第二著作の第十章「陶工術について」にあり、文章が簡素平明である点フランス文学史にも載せられているくらいだという。

またパリ西南のセーヴルにはかつて陶器陳列館があって、パリシーの像が立っており、その入口には“FRAGILIA ET PERENNIA”の三文字が刻まれていた。「か弱くして永久なるもの」の意味である。その銘がそこを訪れた一東洋人の気に入った。かつて中国や朝鮮で名器を前にして感じたところのものとぴたりと合ったからである。だが一たび館内に入るや、驚いた。フランス陶器のあまりの装飾性に「而して能弁なるもの」とその人はつぶやくように付け足した。パリシーの陶器について大正十三年、

そんな印象を随筆『セエヴル陶器館』に記した人は木下杢太郎である。

そんなベルナール・パリシーであった。だから、もしかりに彼のデコラティフな陶器がいちはやく日本に舶来されていたとしても、趣味性の違いから、わが国ではさほど評判とはならなかったであろう。しかしパリシーは日本ではつとに有名となった。それは彼の陶器ゆえではなく、右に引いた『西国立志編』中の彼の故事が明治初年以来しきりと喧伝《けんでん》されたゆえである。ではその話が日本近代文学史の中でどのような姿を取って現れるのか、以下にそのさまざまな変容をたどることとしよう。

14　陶祖藤四郎

職人への関心

明治の日本でスマイルズ原著中村正直訳の『西国立志編』は、一面では、福沢諭吉の『学問のすゝめ』などと同性質の書物として並んで読まれた。封建的身分社会が崩壊し、日本が近代産業社会に向けて変貌し始めた時、これらの書物は誰もが努力すれば世俗的成功をかち得る可能性を指し示してくれたからである。しかし中村正直訳の『西国立志編』は、他面では、佐藤一斎の『言志録』や洪自誠の『菜根譚』などと同種類の処世修養書としても読まれた。スマイルズの訳書が『言志四録』と同じ出版社から並んで出されたことは前にもふれた。私はまた儒教倫理とヴィクトリア朝イギリスの勤労倫理の間には共通性が認められる、という面にもふれた。しかしそうはいっても、立志の人として陶工の例がスマイルズの手で引かれたことそれ自体にある新しさが感じられた。それというのはそもそも工人という階級は、世界的に地位が低かった。また同じく東アジアとはいいながら、日本が範とした中国ではその地位が日本に比べて低かったからである。

一体スマイルズの『西国立志編』の挿話中で、産業社会の建設に有益な話は同書第二編にまとめられた発明家や企業家のエピソードである。産業革命後の世界はエンジニアリングの時代であり、その時代の新しいヒーローはエンジニアたちである。その中産階級の技師たちの讃歌をうたったところにスマイ

ルズの本の、ヴィクトリア朝を代表する書物としての新鮮味があった。またそこに東洋の精神修養書とは異なる、独特な価値もあった。しかし明治初年の日本人読者には、国内に電燈も電信も鉄道もまだ敷かれぬうちは、国外の電気とか蒸気機関とかの機械の発明にまつわる話は、馴染みが薄かった、というか、そもそも見当がよくつかなかった。それが次第に理解され始めるのは、わが国にも電柱が並び鉄路が敷かれ始めた明治十年代以降のことである。それに反し明治初年の日本でも第三編に集められた西洋の陶工の苦心談は、わが国にも焼物の伝統が徳川時代を通じて各地に根づいていただけに、即座に合点された。そしてそこが日本というお国柄の有難いところだが、職人という人たちの努力や苦心を多とする気持が社会にあった。日本人は、上の武士階級からして、手を使うことを必ずしも卑しいこととは見做さない。その点が「君子不《ハ》レ器《ナラ》」という自負心をもつ士大夫支配の社会と認識を異にしていた。

一面にそんな職人気質を尊ぶ流れもあり、他面に新しいもの好きという風潮もあってのことに相違ないが、中村訳が出揃った翌年の明治五年（一八七二）には、パリシーの伝ははやくも京都で舞台にかけられた。その演目は『其粉色陶器交易』といい、そこには「そのいろどりとうきのかうゑき」とルビが振られていた。劇化した作者は佐橋富三郎といった。

『其粉色陶器交易』

芝居はざっとこんな調子で進行する。前に紹介したイタリアのルーカ・デラ・ロッビアの陶器を見て主人公パリシーが発奮した逸話がここでも繰返される。巻の中でパリシーは舞台に登場し「思入れ有つて陶器をいろ〳〵見て、元の所へ直し、又本を読む事有つて、しんき成るこなし、宜しく有つて」、

アア意太利《イタリー》の国より渡つたる、アノ陶器を見てよりも、此の国にてはなぜに此の色出ぬものぞ。是こそ国の恥辱ならんと、心尽せし甲斐もなく、しん夜にものを尋る道理。ア、長のとし月此の心苦、それに引かへ妻や子は何をあだてに養なはん。

とくさくさした心境を洩らす。芝居は伝統的な歌舞伎調で、台詞も七五調の浄瑠璃だが、それでも舞台には西洋人や西洋犬まで登場する。というか『其粉色陶器交易《そのいろどりとうきのかうゑき》』は日本で舞台に初めて犬が登場したことで知られる作品である。名前をカメというが、これは英米人が犬に向って"Come!"と声をかけたのを犬の名前と勘違いしたからだという。新時代の芝居らしくト書にはパリシーの妻は「法蘭西《ふらんす》国の女の拵《こしらへ》にて」と指定されている。佐橋は「巴律西《ぱりつし》の妻」を「琴霊夫」と名づけ「きんれいふ」と読ませた。これでは西洋婦人の名前としていささか違和感がある。『明治文化全集』第二十巻に復刻された印本の挿絵を見ると、その漢字名のごとく、西洋婦人というよりは中国婦人のいでたちに近い。とくに息子の西律子はまるで中国風の服装である。

劇中の人間心理も従来の徳川社会の枠を出ない。『西国立志編』では名前すら示されなかったパリシーの妻が前面に出て来たのは、作者佐橋が芝居をお涙頂戴に仕立てようとしたからである。すなわちパリシーは昼夜心をこらして焚きつめ、妻子は貧に泣く、という筋で、彼らの貧窮を怪しんで咎めに来る目付役人はボッチャーといった。これは『西国立志編』ではパリシーに次ぐとされたドイツの陶工大家の名前を佐橋が借用したままでである。中村正直がドイツ人名を正確に読めず、それで Böttgher (ベットガー) がボッチャーとなった。飢えに泣くパリシー家では妻が犬のカメを殺して夕餉《ゆうげ》の卓に供そうとす

佐橋富三郎著『其粉色陶器交易』挿絵（『明治文化全集』第二十巻文学芸術編より）

るのを、息子がおしとどめようとする（挿絵参照）。西洋犬が登場して異国的雰囲気を添えたのは、なんとそんな場面を見せるためのシナリオだった。佐橋が描くパリシーは、原作以上に偏執的な職人気質の男で、妻が差出す食事さえも「エエ仕事の邪魔になるわ」と突き返す。妻はうらみながらも傍へ寄り、

いかに病の業《ごふ》とはいへど、いつぞやよりのおまへの有さま、コレ此のよふに陶器をば取り集め、あるいは薬石炭と、薪《たきぎ》の費《つひえ》は数しれず、初の頃は貯《たくはえ》の、小金も出していたなれど、夫《それ》よりしては貯尽き、薬のあたへにせん方なく、当ぶんいらぬその品は、みなそれぞれに売り代呂《しろ》なし、せん方尽て爰《ここ》やかしこに買懸《かひがか》り、心にあらぬぶさたと成り、そのことわりさへいひかねしが、またぞその上に此の程より、その日のたつきにこまり果て、わたしや此の西律子がとやかうして、親子三人くらしているのも夢うつゝ、ア、情ないおまへの有りさま、病の業か造物者の御ばつ成るか、ヱ、ふがひない、パリシー殿。

と迫るが、パリシーは「エ、又しても、又しても、聞きとふもないそのくり事」と突き放す。そして

自分は栄耀遊興でこのようなことをしているのではない。「せめては此の色出さんものと、或は薬或は焼付け、昼夜の心苦も国の面目」と高飛車に出る。日本ではこのように妻子をも顧みず仕事に打ち込む男がどうやら尊ばれたらしい。

だがやがて薪が不足し、パリシーは半狂乱となる。これが芝居の山場である。

エ、是《これ》はや焚《たき》ものにつきたるか、今すこしたき詰《つ》めなば、此のとし月、心をくだきし事乍ら、たとへ薬はやき付《つか》ず共、薪木《たきぎ》尽《つき》れば水の泡、エ、コレ何ぞなきや。

そこで浄瑠璃がパリシーの狂おしい振舞いをうたう。「と、見まわせば、かたへに有り合ふ茶碗の棚、是さいわひと引《ひつ》ぱづし、斧をもつて手ごろに割り、竈《かま》の下へぞさし付《つけ》れば、またもへたつけむりより、むねのもへたつ妻と子が」先ほど突き返された食事を取り揃えて、垣の外に現れる。だが血走ったパリシーは妻のやさしい声に傾ける耳をもたない。子供が差出す食事を載せたへぎ（折板）にきっと目を留めて、

「食事に有らぬ薪木の供物《くもつ》、調度を乗せしその儘に、竈の下へ」

と抛りこむ。夫のあまりの仕打ちに妻はその場で胸に刀を刺し、自害して果てる。しかしパリシーがボッチャーにまさに捕縛されようとしたその時、竈の内から青い煙が立ちのぼる。さては陶器が焼き付いたかと蓋を開け、「取り上げ見ればこはいかに、今ぞあらはすせいしつの美《び》れいの色にパリッシイ、是《これ》はと斗《ばか》りにものをもいはず、しばしあきれて詞《ことば》なし」。妻もそこで目をかすかに開いてほほえむのだが、私には妻の自害など余計な付足しとしか思われない。世間のこうした人間関係への好みにはおそら

くサド・マゾヒズムも秘められているのだろう。こうして佐橋作のメロドラマは陶器の完成と夫人の成仏でもって終わりとなる。

いさみ立《た》つたる悦《よろこ》びは、実《げ》に法蘭西《ふらんす》のせとものは、此の人よりの始まりと、世々に名のみぞひろめける。

「正面西洋塗りの壁付け、上の方硝子張り、下の方石組の外国塀」——こんな舞台装置はフランスの十六世紀風というよりアジアの西洋人居留地風だろう。物質的にはそんな西洋まがいを舞台にしつらえるのはお安い御用だった。だがそこに登場する人物の内面の感情は、伝統的な日本の劇中人物のステレオタイプを抜けていない。演劇はその時代の大衆感情に訴えねばならぬ以上、そこに盛り込まれる倫理感情もまた伝統的なモラルでなければならなかったからだろう。その教えとは何か。それは徳川期以来日本人が口にしてきた、

「精神一到何事カ成ラザラン」

という儒学風精神主義である。事実、佐橋富三郎の脚本の巻頭には墨痕あざやかに朱子のこの言葉が大書されている。ではヴィクトリア朝イギリスの倫理と東アジアの儒教倫理とは異質であったのか。そうではあるまい。「堅志《けんし》」perseverance はプロテスタントのスマイルズが好んで説いた教えの一つであった。それは漢学的価値観にそのまま重なるものとして受容された。それは受容に際して誤解されたと見るべきではない。東西において道徳的価値観に通底する面があったからこそ、中村正直訳すところのパリシーは日本でも立志伝中の人物として京都の舞台の上にものぼったのだ、といえるだろう。

明治元年の『五箇条ノ御誓文』が国際社会に向って広く開かれた日本を国是として国際主義の宣言を発しているのに対し、明治二十三年十月三十日に公布された『教育勅語』は、およそ国際間の協調に言及していない点において、醇乎《じゅんこ》たる国家主義の宣言であるといえた。それは前者のやや他者本位のインターナショナリズムに対する反動としての自己本位のナショナリズムの主張といえた。しかしそのようなリアクションが生じたについては、明治十年代を通じて見られた日本の過度の欧化熱にも責任なしとはいえなかった。明治の精神史の上での中村の評価の変動もこの時代の大勢と無縁ではないのだが、ここでは国民の教科書としての『西国立志編』の扱われ方にふれたい。

明治初年の日本には日本製の自前の学校教科書はまだ出揃っていなかった。そうした事情も手伝って『西国立志編』が各地の学校で教科書として用いられた。中学校では英語の時間だけでなく地理も歴史も数学も英語の教科書で教えられた。しかし日本の教育を外国製教科書や外国書物の翻訳にまかせきってよいものか、という疑念は、当然湧くべくして湧いた疑念であろう。明治五年、文部省は学制を施行するや教科書編成掛をおいた。明治六年、西村茂樹が文部省編書課長に就任した。といっても当時の文部省には教科書を国定化する意図はさらさらなく、民間の教科書の編集刊行を奨励した。そして明治十三年、翻訳書は教科書として不適当という判断を示し始めた。明治十六年、文部省は小学校、中学校、師範学校などの教科書採択の際、あらかじめ文部省の認可を必要とする旨指示した。そうした方針がいかなる意図に出たものか、またどこまで徹底したかわからないが、いろいろな思惑が働いて、『西国立志編』は次第に教室から斥けられた。そしてそれに代わって日本人の手になる教科書が次第に採用され

るにいたった。ただし興味深いのは、日本製学校教科書に『西国立志編』の影響が色濃く見られる点である。

どのように姿を変えて伝わったか。すでにジェンナーの話の際に明治・大正・昭和にいたる教科書文章の変遷の例を見た。ここではスマイルズの陶祖パリシーの話に刺戟されて明治二十六年、『帝国読本』に「陶祖藤四郎」が登場する様を見てみたい。

古ヨリ一業ヲ起シ、一事ヲ創ムル者ハ、心ヲ外ニ移サズ、一向其事ノミニ専ナルモノナリ。今我国ノ陶器ノ祖ナル、瀬戸ノ藤四郎ノ伝ヲ見ルニ、其志ノ厚カリシ事類ナカリキ。

藤四郎ハ……大和ノ国諸輪《もろわ》ノ庄・道蔭村ニ生レ、幼ヨリ孝心深ク、又土器ヲ作ルヲ好ミ、自ラ一種ノ妙アリキ。サレドモ己ハ其工ノ支那《しな》ニ及バザルヲ歎キ、常ニ往キテ学バントシタリシガ、未ダ志ヲ得ズ。

日本の教科書だから日本人の陶工が当然選ばれる。イタリアの陶芸に憧れたパリシーがフランス固有の陶芸を作り出した話が、ここでは中国の陶芸に憧れた藤四郎が日本固有の陶芸を作り出した話に置き換えられる。ただしこの『帝国読本』ははなはだしく文芸性に欠けている。教科書は、藤四郎が貞応年間とある僧侶――実は道元である――に従い入宋、製陶の法を学んで奥義を得て帰国、瀬戸に仕事場を開いたことを次のように叙して終わる。

ソレヨリ諸国ヲ巡リテ、彼国ノ陶土ニ合フベキモノヲ、求メタレドモ得ズ、偶々尾張ノ国、東春日

井郡瀬戸村ニ到リケルニ、カネテ求ムル土アリケレバ、コレコソトテ打チ喜ビ、ヤガテ其処ニ窯ヲ築キテ、焼キ初メタリ、是ヨリ瀬戸焼ノ名、ヤウヤウニ聞エ、今日ニ至リテハ、焼キ物ヲ指シテ瀬戸物トイフニ至レリ。サレバ、瀬戸ノ村人ハ、其徳ヲ高シトシ、慶応二年、其地ニ碑ヲ立テ、「陶祖春慶翁之碑」トゾシルシケル。

この執筆者はおそらく東日本の人だったのだろう。「焼キ物ヲ指シテ瀬戸物トイフ」と述べたが、それは関東の言い方で、西日本では「唐津《からつ》」と呼んだ。唐津は名のごとく外国貿易の港町で、昔、陶磁器は朝鮮半島や大陸から輸入された。また肥前《ひぜん》の陶器は唐津の港から輸出された。それで九州はじめ西国では陶磁器を指しておのずと唐津とか唐津物と呼んだのである。

こうした呼び名一つにも文明伝来の径路は示唆される。スマイルズも書いていたが、西洋では陶芸はルネサンス期にはイタリアが先進国で、陶器はイタリアからフランスへ送られた。イタリアのファエンツァは今にいたるまで名産地だが、その Faenza をフランス語ではファイアンスという。その土地の固有名詞を小文字で始めた faïence はフランス語では焼物を意味する。同じことは英語についてもいえる。英語で小文字で始まる china は「中国物」すなわち陶器を指し、チャイナは明代・清代の中国からヨーロッパへ輸出された貴重品だった。それにまつわるチャールズ・ラムの随筆 'old china' をなつかしく憶えている人もいるに違いない。

15　名工柿右衛門

名工柿右衛門

初めに『西国立志編』のパリシー伝があって、それを種に『其粉色陶器交易《そのいろどりとうきのかうゑき》』が舞台にかかった。ついで陶祖《とうそ》パリシーに触発されて、教科書に瀬戸の陶祖藤四郎が登場した。ところで日本の焼物の二大産地が東の瀬戸に対して西の有田である以上、こうなれば肥前有田が黙過されるはずはない。はたして明治も末には歌舞伎座の座付作者榎本虎彦が今度は有田の陶祖を主人公に芝居を仕組んだ。それは『名工柿右衛門』といい、大正元年（一九一二）、東京歌舞伎座で初演されたが、十一代目片岡仁左衛門の当り狂言として知られる。そしてこの『名工柿右衛門』も実はスマイルズ原作中村正直翻訳『西国立志編』中のパリシー伝の焼き直しなのである。

スマイルズが伝えるフランスのパリシーはルネサンス・イタリアのルーカ・デラ・ロッビアに負けぬ陶器を作ろうとする。『帝国読本』の藤四郎は宋《そう》の陶器に負けぬ瀬戸物を焼こうとする。それと同様に榎本虎彦の柿右衛門は明《みん》の万暦赤絵《ばんれきあかえ》に劣らぬものをわが手で拵えようとする。『名工柿右衛門』はその後、昭和五年（一九三〇）に春陽堂から出た『日本戯曲全集』第三十四巻に収められるが、その筋は次の通りである。

柿右衛門は十五年来、伊万里《いまり》で焼物の実験に打込んでいる。柿右衛門が名人貧乏である様は、佐橋富

三郎のパリシーと同様で、座付作者の榎本が、その筋の先輩の佐橋が書いた『其粉色陶器交易』を意識していたことは、間違いない。佐橋の場合、陶工の妻がせつなくて自殺するが、榎本の場合、陶工一家の暮らしぶりがみじめで姉娘は陶器問屋有田屋の伜との仲が悲恋に終わり自殺する。しかし貧乏にも不幸にもめげず、陶工柿右衛門は芸術創作に精進する。主人公は第二幕で初めて登場する。

（……此の時開戸をあけて、酒井田柿右衛門、老いたる拵へ、仕事着にて考へ乍ら出で来り、柿の木を見上げて）

秋が来れば、自づと柿まで色がつく、然かも其の色が生々《なまなま》として、目が覚めるやうぢや。造化の力と人間の業は、かうも違うたものか知らん。

こんな台詞を作中人物にいわせたことで、作者榎本はいかにも日本らしい雰囲気を与えることに成功した。（そのために生じた柿右衛門伝説という歴史歪曲《わいきょく》については後にふれる）。たわわに実る赤い柿に夕日が映える光景は日本人の美的感覚に訴えるからであろう。

この歌舞伎座での舞台でも山場はやはり大詰めの有田皿山丸窯の場である。今日も薪代《たきぎだい》の金策《きんさく》に町に出たものの、柿右衛門は空しく帰宅する。妹娘のたねが「父《とう》さん、どうで御座んしたえ」と聞くと、

何処へ行つてもことわられた。町の人はわしが事を気違ひぢやと言うて笑ひをつた。わしが此の南河原へ始めて窯を築いた頃は、此の有田はさびれ果て、見る影もなかつたを、南京焼の秘伝を教へ再興した有田の繁昌。此の土地に取つてはわしは恩人ぢや。その柿右衛門を気違ひ呼はり。ああ義理も

恩も無い世の中ぢや。

ひたすら赤絵の焼付けを試みては失敗を繰返す柿右衛門は、狂人扱いされて誰からも相手にされない。そのあたりはパリシーの境遇に似ている。ただし榎本の柿右衛門は妻に先立たれ、鰥夫という設定になっている。だが帰宅して窯の火が消えかかっているのを見、柿右衛門は激怒する。

二人は何をして居つた。此の窯の火が消えたら、柿右衛門が望も消え、命も消えるを知りをらぬか。

弟子栗作と妹娘たねを叱責しつつ、柿右衛門はあたりの古木を片端から引き抜いては窯にくべる。火勢はそれほど盛んにならないが、それでもその時の火のおかげで金色銀色の赤絵の皿が一枚見事に焼き上がった。そしてこの一国者の柿右衛門の赤絵の発明に花を添えるように、芝居はおたねと栗作がはれて結ばれることで目出度く終わるのである。（なお蛇足だが、かつての自国産の磁器は「粗醜ニシテ栗色ナリケレバ」とパリシー伝にあった。それが榎本虎彦の念頭に残って、鈍な弟子には栗作の名がつけられたのに相違ない）。

柿の色

酒井田柿右衛門が外国モデルに依拠《いきよ》せず、夕日に映える柿の色に魅せられ、自分自身の工夫を重ねることによって独自の色合いを発明したとするこの柿右衛門伝説は、日本の文部省が大正七年、榎本虎彦の『名工柿右衛門』に基づいて書き直した文章を国定国語教科書に採用するに及んで全国的に流布した。

国定国語教科書の柿右衛門の挿絵と樫田三郎著『改訂初代陶工柿右衛門』表紙

国民文化創造の物語を教科書執筆者は書きたかったのであろう。この尋常小学校国語読本巻十の「陶工柿右衛門」は、昭和八年には「柿の色」と改題され、同一内容が文語体に改められ、第二次世界大戦後まで三十年以上にわたって、延べ四千万人ほどの小学校五年生に教えられた。ちなみに国定教科書の挿絵にのった縁側に腰掛ける柿右衛門の姿は、もと『演芸画報』に出た片岡仁佐衛門演ずる柿右衛門と似ている。教科書挿絵とまったく同じ姿は昭和九年、自治館から出た樫田三郎著『改訂初代柿右衛門』の表紙である。中年の柿右衛門がゆったりと縁側に両手をついて休んでいる。背後の障子も、縁先の踏石も、左手の柿の木もほぼ同じ配置である。「陶工柿右衛門」はこう始まる。

窯場《かまば》から出て来た喜三右衛門《きさゑもん》は、縁先に腰を下して、つかれた体を休めた。日はもう西にかたむいてゐる。ふと見上げると、庭の柿の木には、すゞなりになつた実が夕日を浴びて、珊瑚《さんご》珠のやうにかゞやいてゐる。喜三右衛門は余りの美しさにうつとりと見とれてゐたが、やがて

「あゝ、きれいだ。あの色をどうかして出したいものだ。」

とつぶやきながら、又窯場の方へとつて返した。日頃から自然の色にあこがれてゐた彼は、目のさめるやうな柿の色の美しさに打たれて、もう立つても居ても居られなくなつたのである。

喜三右衛門はその日から赤色の焼付けに熱中するが、いくら工夫をこらしても、目ざす柿の色の美しさは出て来ない。この教科書執筆者は榎本虎彦の戯曲だけでなく『西国立志編』のパリシー伝も読んでいたと察せられるが、同じような実験の反復と失敗と世間の軽侮《けいぶ》が次のように記される。

……毎日焼いてはくだき、焼いてはくだきして、歎息する彼の様子は、実に見る目もいたましい程であつた。

困難はそればかりで無かつた。研究の為には、少からぬ費用もかゝる。工夫にばかり心をうばはれては、とかく家業もおろそかになる。一年と過ぎ二年とたつうちに、其の日の暮しにも困るやうになつた。弟子たちも此の主人を見限つて、一人逃げ二人逃げ、今は手助する人さへも無くなつた。喜三右衛門はそれでも研究を止めようとしない。人は此の有様を見て、たはけとあざけり、気ちがひと罵つたが、少しもとんぢやくしない。

研究に没頭する人の振舞いと世間の彼らに辛くあたる態度は、洋の東西を問わずほぼ同じだから、先の「パリシー狂病ヲ発シタリ」と同じ情景がここでも繰返された、という人もいるかもしれない。しかし単なる偶然の一致だとは思われない。教科書の話の次の場面のごときは、榎本の舞台よりもスマイルズのパリシー伝の情景に、よほど近い。こうして実験を反復するうちに五、六年はたった。

或日の夕方、喜三右衛門はあわたゞしく窯場から走り出た。

「薪は無いか。薪は無いか。」

彼は気がくるつた様にそこらをかけ廻つた。さうして手当り次第に、何でもひつつかんで行つては窯の中へ投込んだ。喜三右衛門は、血走つた目を見張つて、しばらく火の色を見つめてゐたが、やがて「よし。」と叫んで火を止めた。

そして教科書執筆者の文才が発揮されるのは次の一節である。

其の夜喜三右衛門は窯の前を離れないで、もどかしさうに夜の明けるのを待つてゐた。一番鶏の声を聞いてからは、もうじつとしては居られない。胸ををどらせながら窯のまはりをぐるぐる廻つた。いよいよ夜が明けた。彼はふるへる足をふみしめて窯をあけにかゝつた。朝日のさわやかな光が、木立をもれて窯場にさし込んだ。喜三右衛門は、一つ又一つと窯から皿を出してゐたが、不意に「これだ。」と大声をあげた。

「出来た出来た。」

皿をさゝげた喜三右衛門は、こおどりして喜んだ。

かうして柿の色を出す事に成功した喜三右衛門は、程なく名を柿右衛門と改めた。

始めに夕日に照り映える柿があり、結びに朝日に喜ぶ陶工の姿がある。名前の由来まで書き添えていかにも真実な印象を与えるこの話は、印象深い教材と呼べるであろう。現に有田の酒井田家の門前には江戸時代の初めに初代柿右衛門が夕日を浴びるすずなりの実に見とれたという柿の木も生えていて、赤絵磁器の酒井田柿右衛門のいわばトレード・マークともなっている。何人かの作家もその柿の木について結構な宣伝用の随筆も書いている。しかし佐賀県の調査によると、この柿の木の樹齢は比較的若いらしく、現在の木は十九世紀前半に生えたという推定である。十七世紀前半の初代柿右衛門よりは二百年以上も遅いわけだ。そうした時差は初代柿右衛門が見たのは先代の柿で、今の柿は二代目だ、といいつくろって辻褄を合わせることもできないわけではない。商売上手な後世の人の中からはそうした小細工も平気でする人も出るだろう。だがそうした後からの説明で繕うことは、知的不誠実をまぬがれないのではあるまいか。いままでの説明からもわかるように、国定教科書の「名工柿右衛門」はパリシー伝の焼直しというのが真相だからである。

ほかにもそんな教科書の書き方に手厳しい不満を表明した人がいた。瀬戸の加藤唐九郎は「陶祖藤四郎」の系譜に連なるとされる製陶を家業とする家の出の大家だが、昭和四十六年、徳間書店から出した『やきもの随筆』で「陶工柿右衛門」の謎を論じ、

この話でいう柿の色とは、磁器の上絵付けの赤色で、ふつう私たちが「赤絵」と呼んでいるもので

す。赤絵というのは、古く中国の宋の時代から始まって明時代に発達したものです。……清朝になってからふたたび花を咲かせようとしていました。ちょうどそのころ、日本で柿右衛門が赤絵に手を染めたわけです。……柿右衛門は、この中国の赤絵を日本で最初にとり入れた人でした。それであるのに、こういう長い歴史をもった赤絵の伝統を無視して、柿の実の色を見て作ろうと発心したなどというのは、あまりにも幼い文学的な話のこしらえ方であって、私どもとしては、なんとも納得がゆきかねるわけです。

とずばりいかにも実作者らしい不満を表明した。「幼い文学的な話」は明治末年、榎本虎彦が当時流行の写生の美学に釣られてこしらえたもので、文学青年の気味なしとしない教科書執筆者もそれを踏《とう》襲《しゅう》したのである。日本における赤絵の導入はもともと商業的な動機に発することであって、「柿右衛門」は本来、芸術陶器ではなく日常什器《じゅうき》だったのであろう。それなのに初代柿右衛門があたかも芸術陶芸家のように教科書に描かれていることも、またそもそもその話がパリシー伝の焼直しであることも、加藤唐九郎には面白くないことだった。唐九郎は「陶祖藤四郎」についても架空の人物であるという説をとなえた人だが、この国定教科書の「名工柿右衛門」だけでなく『帝国読本』の「陶祖藤四郎」もまた『西国立志編』に触発されて書かれたものであることは、知らなかったようだ。

国定教科書のこの書き方については加藤もふれた次の不満を私も強調したい。宋に始まり明・清に花を咲かせ日本にも伝わった中国の赤絵の長い歴史は、榎本の『名工柿右衛門』ではまだ言及されていた。それが大正・昭和の文部省小学教科書では無視された。そして日本人の独創

性のみが強調された。私自身は昭和十八年、五年生の時、国語読本で「柿の色」を習ったが、その文語文は次のように結ばれていた。

柿右衛門は、今より三百余年前、肥前の有田に出でし陶工なり。彼は、其の後いよいよ研究を重ね、工夫を積みて、遂に柿右衛門風と呼ばるゝ精巧なる陶器を製作するに至れり。其の作品は、ひとり我が国にもてはやさるゝのみならず、遠く西洋諸国にも伝はりて、名工のほまれ甚だ高し。

このような国語教科書の結語に対して読者諸賢はどのような感想を抱かれるであろうか。私は日本を過度におとしめる戦後の教科書もたいへん嫌いだが、ナルシシスティックに日本のみを褒めあげた戦前の教科書もまた好きではない。柿右衛門風が西洋に輸出されたことは確かに事実だが、しかし『西国立志編』に端を発する陶工伝の系譜をたどった後にこの国語教科書を読みなおすと、私のようなへそ曲がりには、「パリシーひとりフランスにてもてはやさるるのみならず、その故事、遠く日本に伝はりて柿右衛門伝説と化し、名工のほまれいよいよ高し」という感想が浮かぶのである。

16 幸田露伴の『鉄三鍛』と『蘆の一ふし』

幸田露伴の『鉄三鍛』

『西国立志編』の影響を通俗的な演劇の翻案や教科書に辿っても、そんなものは文芸作品として取るに足らず論ずるに及ばない、と嗤《わら》われるかもしれない。それなら幸田露伴（一八六七―一九四七）の場合はどうだろう。若き日の露伴は、生きる上でも文章を書く上でも、スマイルズの感化を全身に浴びた人だった。

初めに『鉄三鍛』という明治二十三年（一八九〇）一月発表の短編を紹介したい。少年向けの話の冒頭にこんな句が掲げてある。

男《を》の児《こ》は赤裸《はだか》百貫《ひやつくわん》の生金《なまがね》
　　浮世の火に錬られ槌《つち》に打たれ
　　　礪砥《といし》に磨かれて其後《そののち》は
天晴《あつぱれ》の業物《わざもの》鋩光《ばうくわう》天を衝《つ》く宝劒《はうけん》一口《ひとふり》

鉄は鍛え抜かれて初めて天下の名刀となる。徳川期に行なわれ、明治期に引き続き広く行なわれた格言に「艱難《かんなん》汝ヲ玉ニス」があったが、同様の趣旨である。西洋人スマイルズの自助努力の強調も、そう

した日本的な覚悟の中に受けとめられた。

『鉄三鍛』の主人公は三たび鍛えられるべき生金《なまがね》である。だから鉄造という寓意《ぐうい》的な名前がつけられている。年は数えで十二歳、この春まで小学校に通っていた。それが日雇い人足《にんそく》の父が病に臥したために、自分が働きに出た。なにせ子供のこととて、もっこを担ぐ腰が定まらず、銭《ぜに》がうまく取れない。親を飢えさせるにしのびず、ついに乞食に出る。少年は石碑の蔭に隠れて往来をうかがうが、通行人に声をかける勇気が出ない。人間、赤の他人には物乞いはしない、とアーノルドはロンドン西部の女乞食を詩に叙して述べたが、東京下谷《したや》で物乞いしようとする少年の前には次のような人々が現れる。

……黒き縮緬《ちりめん》の羽織着て供の男に花持《もた》せ通る女あり、やさしさうなる様子なるに、駈出して仁慈《なさけ》をと思ひしが、乞ふといふ勢なく躊躇《ためら》ふ間《ひま》に行過ぎたり。珠数《じゅず》を片手に持ち、火を付けたる線香一把《いちは》を片手に持ち、杖もつかず通る婆《ばゞ》あり、此に泣き付かんと気を注《つ》げれば、何か口の内にてブツブツ云ひながら行く其顔付、小言《こごと》でも云ひさうなれば其儘止《と》まりぬ。次に来りしは洋服の官員風、山高帽子立派に髯《ひげ》うるはしかりしが、此には恐れて近寄り難く、唐桟《たうざん》の羽織二子《ふたこ》の着物着たる男の来たるに、今度こそはと飛び出《いだ》して傍まで行きしが、我顔ヂロリと見られて思はず逃出し冷汗かきける。少時《しばらく》して木綿無地の道行《みちゆき》着たる老人《としより》の通るに、愈々と心定めて、涙ながら御恵《おめぐ》み下されと慄《ふる》え声に云ひ切る途端、

「鉄造ヤイ」と背面《うしろ》から呼ばれ、ギョットして振向くと、この春まで共に机を並べた学校友達である。その村井が蔑《さげす》むように、「鉄造おのれは乞食をするのか」と詰問する。満面火となって逃げ出す背後から大声で、「馬鹿野郎、意気地なし、働かずに銭《ぜに》取る気か」と罵る声が聞こえた。二、三町夢中で走っ

て鉄造は息をついた。罵られたのは口惜しいが、相手の非難に道理が無いわけではない。自分としても働こうとは思っているが、働くべき仕事がないから苦しんでいるのだ。そこで少年は腹をくくる。「宜《よ》しッ、我《われ》銭を得んと……思ふより恵投《めぐみ》を得んと思ひしなり、これが恥辱を受けし基《もと》なり、銭を得んと思ふより働かんと思ひさへすれば誰かは我を罵り得べき、我男《を》の児《こ》として乞食せんとせしは残念至極、一生の誤り」。そう思い直し、とにかくまず働くことと決心し「働けば銭其中《ぜにそのうち》にあり、銭を得れば親を養ふ事其中にあり、労働《はたらき》、労働《はたらき》」という考えに立ち返って、天を憚らぬ大声で叫ぶ。「働かうよ、働かうよ、我を使へ、我を使へ、天道我を殺さずば我を使へ、我を働かせよ、乞食にはあらぬぞ、銭貰ひにはあらぬぞ、我を使ふ人はあらぬか」と半狂乱で叫ぶ。今日の読者にとってもこの少年の就職要求はストレートに過ぎて突飛だが、明治の道行く人も「発狂《きちがひ》」という。それでも鉄造は大道を会釈なく大股に歩いて叫び続ける。「昨日より食断《しよくた》え心疲れたる身の命かけての男《を》哮《たけ》び、流石に小供ながら丈夫《をとこ》なりけり」。

そして鉄造が叫び続けると、実際に門は開かれる。そんな楽天的な結びはあまりに安直で、文学になりきっていない。私に限らず今日の人はそう難ずるだろう。だが二宮尊徳の『報徳記』やスマイルズの『西国立志編』に励まされて育った二十二歳の露伴は、意志のあるところに道ありと信じ、自己の信念を性急に次の結びの中に示した。

谷中《やなか》の閑静を愛して住んでいた学者がいたが「齢《とし》は五十の上に出でゝ利慾の念薄く道徳高く、当世に仰がれ玉ひし御方《おんかた》なるが」、たまたま二階の窓から何心もなく外面《そとも》を眺め居ると、「乞食にはあらぬぞ我を使へ」という呼び声に不思議を感じ、家に呼び込んで訳を聞き、少年の志を良しとして次のように諭《さと》

す。

今の齢《とし》にて汝《そなた》の労働《はたら》くべき事は学問なり、これを能《よ》く読みて行末大きに働くべし。……労働《はたらき》の報ひは汝自《みづか》ら天の無尽蔵《むじんざう》より受くべし。

そういって谷中の学者は『西国立志編原名自助論』に多少の金を添えてくれた、という話で結ばれる。実際の人生で、こんなデウス・エクス・マキナ式の救いの手が差し伸べられるとは思われない。こんな急場しのぎで話を終えてよいものか、という不満は大人のみか年少の読者にも残ったことと思われる。

『蘆の一ふし』

幸田露伴が書いた『鉄三鍛』は自助の信念を披瀝《ひれき》した少年向けの文章だった。そこには著者の立志の精神が露骨に出て、文学作品として体裁をなしているとはいいかねる生硬さがあった。だが同じ作者は三年後の明治二十六年三月、『蘆の一ふし』を書く。この若き日の露伴文学の傑作といわれる作品は、『西国立志編』に触発された明治文学の一種と間違いなく呼びうるであろう。

明治維新以後の日本は改革開放の新時代だった。それは「御一新」以前に比べれば明らかに自由競争の原理が支配する社会である。作者はそれを「働き勝」と呼んだ。

職業《しごと》持ちしものは明治の聖代《みよ》となつてから以来《このかた》、株とか家筋とかいふものの利かずなりて全く銘々の働き勝《がち》なれば、中々無益口《むだぐち》など叩いて居られる世界でなしと、誰も彼も引締《ひきしむ》る根性磨く手腕《うで》、……

こうして始まるこの小説は、株仲間の「株」という旧幕時代の専売権の消滅や、「家筋」という封建社会の階級秩序の瓦解《がかい》とともに到来した、競争社会の興奮と不安を伝える。

大阪、高津《こうづ》の釜貞《かまさだ》は以前はその地でただ一軒の鉄瓶の蓋の仕上師《しあげし》として知られていた。昔気質《かたぎ》のこの職人は、明治になっても古風を墨守《ぼくしゅ》する。蓋の型も変えない。生き方も変えない。正直一途に手堅く仕事をしていれば、人間必ず酬われるものと信じこんでいる。だが時代は変わった。新八と太七という二人の新手が現れて、釜貞の独り占めの仕事を脅《おび》やかし始めた。二人のよそ者は虹蓋《にじぶた》と称する派手な蓋を作り、世間がそれを珍重し出したのである。こうなると釜貞の商売は振るわない。家族は次第に居食い、売り食いに追いこまれる。妻は夫に日ごろの意地は捨てて虹蓋を作るようにすすめるが、釜貞は応じない。十六の倅に向って逆にこんな説教をする。

これ長次聞け、細工人《さいくにん》といふものはな、各自《めいめい》一流の操《みさを》を立《たて》て、鍛冶でいはば備前《びぜん》は備前鎌倉は鎌倉で手筋を乱さず、彫刻《ほりもの》見ても知れ奈良の獅子と後藤の獅子とは違ふぞ、流行廃《はやりすた》りは世の常驚くに足らず、米屋が何《どう》あらうと薪屋が何あらうと其様《そんな》事に心を取られて細工の仕様替へやうといふ如き卑劣《けち》な了簡持つては汝《おのれ》碌な奴にはならぬぞ。

釜貞は機嫌斜めだ。女房は、それなら自分たちの流儀はそれなりに取って置いて、虹蓋ができるなら、それを作ってまず生計を立ててはどうか、とすすめるが、「真実《まこと》虹蓋作るに造作なけれどとは痩我慢《やせがまん》の強がり、出来やう筈の無きに其を明けては猶云はれず」。それが真相であってみれば、商売不振を挽回する手立てはない。二途《につち》も三途《さつち》も行かなくなった釜貞は、京都の親戚へ無心に行く。だが当てにしてい

た親戚が死んでしまい、途方に暮れ、もはや家に帰ることもならず、別の職を求めて京都に居残る。新時代の競争に敗れた釜貞は人生の敗者となった。

だが倅の長次は黙って負けていない。競争仇《がたき》と同じものか、それより良いものを製作して、奪われた問屋も取り返そうとし、実験を繰返す。

長次は楽な思ひもせず夜も寝《いね》がてに工夫して、一ツ地金《ぢがね》を磨きては焼き、焼損じては又磨き、或は緑礬《りよくばん》、或は丹礬《たんばん》、或は塩、或は灰汁《あく》と、大抵金属発彩《およそかなものいろだし》に用ゆるほどの薬品の幸ひ彼隅《あの》此隅に残りあるをば持出《もちいだ》しては、分ちつ合せつ溶かしつ煮つして百方千般《いろいろさまざま》用ゐ試むれども、終《つひ》に似寄りしものさへ出来ず。

この光景に『西国立志編』のパリシーの実験の反復を思い出す人もいるだろう。しかし露伴は自分のタッチで長次を描いて行く。少年は自分がまだ身長が低く、子供としか見えないことを奇貨として、競争相手新八が薬品を買いつける店舗へ出掛けてこんな真似をする。会話を括弧にいれて引用すると、

「新八方《かた》からまゐりましたが例《いつも》の薬を下され」といへば、此様な小童《こども》の深き心を懐けりとは思ひも寄らぬ薬舗《くすりや》の男の「丹礬でござりまするか」と何気なく答ふるを「いや其では無い」「それならば緑礬でござりまするか」「いやそれでも無い」「あゝそれならば何か〳〵」と先方《さき》の知つたるだけを云はせて「それでも無いそれでも無い」と云ひ切り、最後に「何か」と反《かへ》して問はるゝ時頭を掻き〳〵、「実はつゐ忘れました、戻つて聞て又来ませう」

こうして自分が知らぬ薬を新八・太七がひそかに用いているのではないかと、年にも似ぬ知恵を働かして探るのだが、虹蓋製法の秘訣はつかめない。少年はついに相手の工場へ様子を窺いに行く。しかし肝心の色彩発揮《いろだし》は奥でしていると見え、見当がつかない。折しも大阪の朝は雪である。

一日《あるひ》寒気凛々として膚《はだへ》を砭《いしば》りするをも厭《いと》はず、太七が家の前を何気なき態粧《さまよそほ》ひて通りしに、一寸程は既《はや》積りしに猶ちらちらと雪降りやまで、破れ足袋に雪水の浸み透れば足の指氷りて力無く、我が下駄の歯に挟《はさ》まりし雪に思はず踏み反《かえ》して、横鼻緒《よこはなを》をばぷつりと断《き》る途端に転び倒れける。太七が家の対面《むかひ》の商家の男二三人して雪掻き居しが、これを見るより他《ひと》の難義を慰みにして、どつとばかりに笑ひ立《たて》たれば、笑ひ立てられて長次痛さと悲しさと口惜《くや》しさとに声せし方《かた》を睨みつけつゝ立上るに、其顔付を可笑《おかし》とてか又々哄然《どつ》と笑ひ囃《はや》す二度の大きなる笑ひ声に、粗造の格子へベタ張りに反故《ほご》を粘《は》りつけたる戸の閉《た》てありしをがらりと開けて、何事ならむと職人一人太七が細工場より顔を出《いだ》し、長次が雪に塗《まみ》れしを打見てこれも同じく笑ひしが、天意は実に測られず、此時長次は立上りさま図らずも太七めが工場《しごとば》の奥の方より一種の異臭の、いと幽《かす》かにも微吹《そよふ》く風に連れ立ち来《だ》りて鼻を撲《う》つをば覚ゆるや否、たちまちはッと合点することあり、身体《みうち》の痛楚《いたみ》も笑はれし口惜しさも一時《いちじ》に忘れて、下駄を其まゝ一目散に走り出づれば、また後には笑ひの声の一段高し。

長次は狂えるごとくわが家に駆け込んで叫んだ。

「母様《かゝさま》々々、銕漿《おはぐろ》、銕漿、母様、銕漿、若い銕漿です」

長次は、太七の仕事場から洩れた銕漿の匂いに虹蓋製作の秘密を察知したのである。アルキメデスは

定理を発見した時「ユーレカ！」と叫んで素っ裸で走ったというが、露伴の記述も発見の機微を描いて見事といえよう。こうして虹蓋の製作に成功した長次はさらに鮮やかな鉄蓋も作り出し、太七・新八との競争に打ち勝った。

「めでたく利運を復し獲て親子夫婦楽しく世を経《へ》しとなん」

この『蘆の一ふし』には、

露伴曰く、此篇小説とはいふものゝ実際架空の談にあらず、篇中の人歴々猶存せるのみか仮りに名づけて長次とせし人の製作品の如きは読者に或は希代の珍品として秘蔵せらるゝ方もあらむ。

という「後書」が発表の三ヵ月後に出た。世間はそれをまともに受け取った。モデルは露伴の友人で楠公の銅像を鋳造した岡崎雪声その人だという、露伴名義の文章さえ昭和三年（一九二八）には現れた。しかし露伴没後、その『名工出世譚』なる文章は弟子筋の代作と認定され、『露伴全集』第三十巻に参考文献として小さな活字で収められている。そんなまがいものを生み出すほどこの「後書」はまことしやかだが、しかしそれはいってみれば枠小説（nouvelle à cadre）の枠に相当するフィクションだったのである。露伴は長次の発明苦心談がパリシーの苦心談の換骨奪胎《かんこつだったい》であることを世間に気づかせまいとして、そんなミスティフィケーションをも試みたのではあるまいか。

17 『文明の庫』

『文明の庫』

幸田露伴が『西国立志編』の陶工大家の伝に感銘を受けたことは、実は『蘆の一ふし』に限らず、他の作品からもうかがうことができる。それは『文明《ぶんめい》の庫《くら》』（一八九八）である。

「文明」は、二十一世紀のいまでは手垢に汚れた言葉となってしまった。それだから「反文明」などという主張が、内容を深く吟味されることもなく、格好いい言葉として唱えられたりもしている。しかし明治初年に福沢諭吉らが開化を説いた時、civilization の訳語としての文明は、なんと明るく未来を指し示してくれたことだろう。スマイルズが健筆をふるった十九世紀は、科学技術の進歩はとりもなおさず人類の進歩であり、それによって人類の破滅が到来するなどとは予測だにされぬ楽天的な時代であった。西洋の優位は西洋文明の進歩に信を置き得たからでもあった。

後から来た東洋人であっただけに、西洋の新文明に接し、そんな進歩主義により一層熱中した日本人でもあった。夏目漱石などの例外者は、進歩は一面では退歩だといちはやく気づいて、産業文明発展の明暗に不安をおぼえた。だが世間はそうした漱石の悲観を、彼一流の逆説と受け流した。明治の人たちは坂の上の白い雲を見あげて一斉に進んだのである。中村正直訳『西国立志編』に触発されて大和田建樹（一八五七―一九一〇）は『少年立志編』を書いた。渋江保（一八五七―一九三〇）は『万国発明家列

伝』を著わした。いずれもスマイルズに刺戟されて世に出た数多くの類書の中に数えられる。そんな時代、漱石と同じ年の露伴はいちはやく文壇に登場、文明史の啓蒙家として活躍した。露伴もまた『西国立志編』に励まされた一人だった。後年はいかにも東洋風と目される露伴だが、進歩がまだ希望であった当時は、彼は文明の一チャンピオンというか、きわめて素直な旗振りだったのである。

露伴は明治三十一年、年少の読者に向けて『文明の庫』を著した。このタイトルがいかに清新な魅力に富んでいたかは後代の人にはなかなかわかりがたいであろう。明治とともに歩んだ三十一歳の露伴は、その「緒言《ちよげん》」で文明の恩恵を説く。その際、進歩の例証としてまず陶器をあげたことは、『西国立志編』から深い感銘を受けた人だったからである。文明史観の明快な信奉者としての露伴の発言に注目し、「緒言」を読んでみたい。文明とは人工努力の産物であり成果である。露伴は素朴に人間中心的な見方を披瀝する。

人の世にあるほどのものは、如何なる幺微《かすか》なるものも、所以《ゆゑ》無くして忽然《こつねん》と此の人の世に現れ出で来れるものにはあらず。こゝに茶碗あり。此の茶碗は、所以無くして世に現れ出で来りしものになるべきや。否《あらず》。またこゝに小刀あり。此の小刀は、所以無くして世に現れ出で来たりしものなるべきや。否。茶碗も、小刀も、天より墜ち下り来れるならず、地より湧き出で来れるならず。必ず此の茶碗此の小刀を造り出ださんと働きたる人ありて、さて後、それらの人々の心により手によりて、はじめて人の世に現れ出で来れるなるべし。此の茶碗の外面《そとも》の底を見るに、五助と記《しる》しあり。されば此の茶碗は、五助といふ人の手より造り出だされて、こゝに我が或は茶を飲み或は湯を飲まんとする時の用を

なせるなるべし。……かくの如く茶碗も小刀も、造れる人ありて世に出で来れるにて、所以なくして忽然と世に出で来れるにはあらず。……この理を推して、地《つち》、水、空気、日月《じつげつ》などいふ天然のもののほかのさまざまのものは、皆ことごとく、造る人なくして世に現れ出で来れるならぬを知るべし。

そして露伴は結論の第一をまず述べる。「人間《ひとのよ》のものは必ず人の手によりて造り出だされたるものなり。」

自然状態そのままの中にいる動物とは異なる、人間の営みを著者はこのように人造の努力として定義した。この営みこそが文明であってみれば、この文明に異を立てることは難しい。馬や犬には自分で造り出したものはなく、文明はない。そして文明のないものには反文明を唱えるような贅沢はもとよりあり得ない。露伴は次いであらゆる品には初めにそれを創り出した者がいると説く。その発明者の例もふたたび茶碗から引かれる。

此の茶碗はまことに五助といふ人の手より造り出されたるなれど、猶よく考ふれば、此の瀬戸焼といふものを造りはじめんとしたる人と、造りはじめたる人とのありたればこそ此の茶碗も五助の手より造り出されたるなれ。さなくば如何《いか》でまた忽然として五助といふ人の手より現れ出で来るべき。遠くは六百余年ほど前に加藤四郎左衛門藤原景正といへる人あり、近くは文化の頃に加藤民吉といへる人ありき。四郎左衛門は瀬戸に陶器をはじめて造りて世に出し、民吉はまた磁器をはじめて其地《そこ》より世に出しゝ人なり。これらの人々ありて後、五助といふ人もかゝる佳き品を造り出すなり。これらの人々無くば、五助といふ人かゝる佳き品を造るべくもあらざらんもまた知るべからず。……これを思

へば、此の一つの茶碗は、陽《あらは》には五助の手に成り、陰には四郎左衛門民吉等の功によりて、さて後こゝに現れ出で来れりといふべし。

こうして露伴は「新機器ヲ発明創造スル人」の礼讃者として、結論の第二を述べる。「人間《ひとのよ》のものは必ず造りはじめし人ありて造り出されたるものなり。」

『文明の庫』の「緒言」は、懇切丁寧に論を積むことで、人間の進むべき道としての文明を平易に説く。この一篇の文明讃歌は、文明開化の時代を生きてその恩恵に浴した人の心熱《しんねつ》ともいうべきものを感じさせる。露伴はそこで結論の第三を述べる。「人間《ひとのよ》の幸福《さいはひ》は必ず人によりて造られたるものなり。」

その幸福の中には形のあるものだけでなく、制度のような発明も含まれる。「例へば郵便の制度《さだめ》の如きは、其の制度といふもの小刀、茶碗、衣類の如くに目に見ゆるにはあらねど、其の制度あるがために、我等は遠きところの友に些少《わづか》なる価《あたひ》をもて事を告げ情《こゝろ》を知らすことを得るの幸福を享くるなり。」この文明としての制度という見方は、後にふれる中村正直が『西国立志編』第二編叙に記した文明史観にそのまま呼応する。中村と同様露伴も、旧と新とを比較することで、人類の幸福へ向けての進歩を肯定する。

人の世の幸福《さいはひ》の多くして厚き世を文明の世といひ、幸福乏《とも》しくして薄き世を未開の世といふ。今の世は文明の世なるべきや、未開の世なるべきや。我等が心の中の望みより云へば猶足らぬところある世にはあれど、これを往古《いにしへ》に比べ見るにまことに幸福の多くして厚き世なれば、文明の世なりと仮に称《とな》ふとも誰かは否《あら》ずと云はん。

著者にとって歴史意識とは何か。それはこのように現在の恩沢の数々の由来を尋ねたい、という気持に発する感謝の念である。そのような心根を良しとして、露伴は断言する。「文明史を知らんとおもふは人の情《こころ》の正しく美しき働きなり」。そうした明るい歴史把握は、戦後日本で支配的だった、いじけた擬似インテリ風の左翼の暗い怨恨《えんこん》史観や夜郎自大な右翼の歴史幻想とは色どりを異にする。露伴にとって歴史とは人類の幸福が一つふえ二つふえてきた過程だから、「文明史は即ち幸福の歴史なり。」

人間の幸福は必ず人によりて造られたるものなれば、幸福の歴史は、人の幸福を造りいでゝ世に遺《おく》れる功労《いさを》を記さんもとよりなるべし。されば、「文明史は人類《ひと》の功績の記録なり。」

The pursuit of Happiness

スマイルズが記したパリシー以下の発明者の伝も、そのような人類の功績の記録だった。そのように説く『文明の庫』の著者は、年少の人に、これからどちらを目指して進めばよいか、という実践的な問いにも答えようとする。私たちは明治という時代にあって、もはや先祖たちとは同じ生活をしていない。とすれば私たちの子孫が世に生きる様も私たちとは当然違うだろう。ただその種の問題については抽象的に思弁しても、歴史上の自分の位置がわかろうはずはない。「空《あだ》に物を思ひてのみ自ら覚り知らんこと難《かた》し。」それよりも、

上《かみ》つ代の人々の世にありし状《さま》より今の世の状をまで、よく弁へ知り、またよく比べ量りて、さて後僅に覚り知るを得べきことなり。人間の幸福の歴史といふべき文明史は、幸福の少かりし古より多き

今に至るまでの間のさまざまの推移変遷《うつりかはり》を記さんこともとよりなれば、「文明史は人をして自己《おのれ》の位《をり》置《どころ》を覚り知らしむるものなり」ともいふべし。

幕末維新の志士たちが感激して読んだ歴史書は頼山陽の『日本外史』だった。明治の少年にとって歴史書とは『源平盛衰記』などの軍記物か『十八史略』などの漢籍であった。それなのに露伴は、日清と日露の両戦役の間にありながら、戦記類の価値を否定する。

戦史の上には墳墓《はか》の大《だい》なる人いたづらに多し、文明史の上には長く死せずして働く人多し、戦史の上には今も我等に影響を与へざる人多し、文明史の上には今の我等に徳沢《めぐみ》を遺せる人多し。まことに、「文明史は愉快の書なり」といふべし。

露伴の文明史讃歌は軍国日本を否定して、ほとんど反時代的な口吻さえ感じさせる。その露伴はさらにこう言い切る。「文明史の裏面《うら》は直に践むべき道義《みち》の教訓《おしへ》なり。」

そのように説く実践的歴史哲学者としての露伴は産業発展を謳歌し、発明発見物語を次々に書いた。『文明の庫』では陶器や和紙や仮名の発明に加えて銃器の改良までが肯定的に紹介された。露伴は明治三十四年（一九〇一）には『蒸気船の発明者』を、明治四十二年には『鉄の物語』を書いた。才気煥発の著者は、パリシー伝に触発されて『蘆の一ふし』を書いて以後、その次には発明物語集としての『西国立志編』をモデルに、『東国立志編』ともいうべき作品を構想したのだ、ともいえよう。それが『文明の庫』と化したのだと私は見るのである。それは日本人による発明の功績の物語なのである。

しかしその一篇々々の話もさりながら、「緒言」に示された歴史観が私には興味深い。露伴の見方は一見ナイーヴだが、実は意外に西洋的というかアメリカ的なのである。世間は従来、西洋に留学した鷗外・漱石との対比で露伴を東洋の伝統に連なる文豪として位置づけてきた。しかし西洋に渡る機会に恵まれなかった青年だったからこそ、逆に西洋を理想化する程度も強かったのだろう。人間の幸福を追求する権利を説き、アメリカ独立宣言に **The pursuit of Happiness** を書き込んだ人はジェファソンだが、露伴は知らず識らずの間にそんな考え方を己のものとしていたのである。明治時代、進歩は希望となり、しかもまだ希望であった。露伴は彼自身の血肉と化した言葉で「緒言」の結びに次のように繰返す。

著者は……いさゝか自ら期するところあつて、「人間《ひとのよ》のものは必らず人の手によりて造り出されたるもの」なること、「人間のものは必ず造りはじめし人ありて造り出されたるもの」なること、「人間の幸福は必ず人によりて造り出されたるもの」なることを明かし、「人の情《こゝろ》の正しく美《うるは》しき働き」に乗じて「幸福の歴史」「人類の功績の記録」とも称へんには称へ得べきものを編み、「今の人をして自己の位置を覚り」、「清くして健《すこやか》なる愉快を感じ」、且つ「直に践むべき道義の教訓」を古人の精神《こゝろ》、言葉《ことば》、行為《おこなひ》の中より認め得せしめんとするのみ。

こうして一たび執筆方針が定まると、博覧強記の露伴である。後は陶器の巻にせよ紙の巻にせよ、流れるごとく『文明の庫』の執筆は進んだ。——ただしその出典を明示しない百科全書的知識の披露は私の学理的趣味には合わない。それでも神話的な時代から始まる日本の製陶史の中で釉薬《ゆうやく》の法を日本に導入したという加藤藤四郎の事蹟など特筆されている。——そして「陶器の巻」は日本の窯業《ようぎょう》の将来

を展望し、次のような警告と激励で終わる。

明治は前代とは甚だ異なりて、従来は日本の内の陶器なりしもの今は世界の中の陶器となりて、従来は日本の内の窯業者なりしもの今は世界の中の窯業者となり、而して従来は日本の中の評によつて其地位価値の定られしもの今は世界の評によつて地位価値の定らるべきものとなれり。日本内の競争に止《とゞま》らず世界内の競争となれり。外国の智識技術をも我之《これ》を取《と》つて以て我用となし得べき代りには、我が邦の智識技術をも彼また取つて以て彼が用となさんとするに至れり。……交通の関係は至つて便なり、経済の関係は至つて敏なり、一国の文明は直に世界の文明に影響する世となれり。我が邦は世界の文明を吸集するのみにて足るべからず、将《まさ》に世界の文明にも光明を贈与すること無かるべからざる世となれり。いたづらに我邦に加藤景正呉祥瑞《ごしよんずゐ》あるを誇るなかれ、西洋にもまたパリシーの如き感ずべき窯業者あり。嗚呼誰か立つて日本の陶器を世界に冠たらしめ、日本文明の光輝に世界の人民をして浴せしむるものぞ。いたづらに前人の余沢に浴して、自ら立つて人を益することを知らざるは、大《だい》丈夫《ぢやうふ》の欲するところにあらざるなり。

開国したことでわが国の窯業もまた世界的な資本主義体制の中に組み込まれた。露伴はそのことをきちんと自覚していた。いまや国際的にも「働き勝ち」の苛烈な競争社会に突入していた。それは明治のグロバリゼーションでもあった。そうした文明史的展望を語る露伴の念頭にあったのが、スマイルズ著『西国立志編』だったことは間違いない。『文明の庫』の巻頭に「陶器の巻」が据えられたことも、その巻がパリシーの名を引いて終わることも、両者の密接な関係を示唆して、いかにも象徴的と思われる。

職人から技術者へ

『西国立志編』の中で日本人がいちはやく理解したのは西洋でも、技術者の話ではなく、陶工など職人にまつわる話であった。そのパリシーなどの名工伝がわが国でどのように翻案されたか、教科書から幸田露伴の場合まで吟味してきた。若き日の露伴は『蘆の一ふし』の釜貞・長次父子に限らず『五重塔』の十兵衛など職人気質を描いて秀逸である。職人仲間の張り合いや名人気質《かたぎ》、夫婦の情愛や親分子分の絆《きずな》を叙する露伴の筆には張りがある。それは読者もひとしく認めるところだろう。

ではそこに描かれる職人はただ江戸伝来の旧弊な人たちかというと、そうはいえない。西国立志伝中の人々の発明努力に感銘を受けた露伴である。過去向きの姿勢で、職人たちを描くはずはなかった。『五重塔』の愚直な十兵衛に即して考えてみよう。この大工はただ単に旧弊な前時代の職人だろうか。のっそり十兵衛は世間の忠告や助言を聞かない。援助の申出は一切断わる。他人の好意をむげに斥け、恩知らずの汚名も蒙る。天才どころかそれほど才能もない十兵衛だが、しかしこの非凡なる凡人は、独力で五重塔の建立に専心する。そんな大工十兵衛の自主独往《じしゆどくおう》は、パリシーの不撓不屈に感銘を受けた著者露伴が新たに創り出した明治の人間像とはいえないだろうか。福沢諭吉が唱えた独立自尊や、中村正直が説いたセルフ・ヘルプの精神が、旧幕以来の職人気質と融け合って、一面では頑固で古風だが、他面では新しい気象の人物として登場したのではなかったろうか。そしてそうした人たちは、露伴の作品の中のみならず、明治の社会の中にも実際に登場するのである。

西洋でも産業革命とともにかつての職人たちはエンジニアへと変貌していった。となればわが国の大工たちの中から技術者や発明家が登場してきたとしてもなんら不思議ではない。日本の産業国家への発

展も現場ではそんなステップを踏んでいた。世間は露伴の作中の職人は過去の人で、明治の近代化と無縁と思いがちだが、それは読者が職業差別や学歴区別の色眼鏡でもって明治文学を読んでいるからである。産業技術のモダナイゼーションは、なにも明治になって新設された工部大学校や工業専門学校の卒業生によってのみ担われたわけではない。帯を締めていた丁稚《でっち》の鉄造や長次や十兵衛がやがてベルトを締め、作業服を着た時、彼らの中から日本工業化の尖兵も現れたのである。そしてその大工から叩き上げた人の中には、スマイルズの書物に刺戟され、自助の努力でもって発明王となった人も現実に出て来たのである。いまそのような経緯も探ってみよう。

18　豊田佐吉伝とジョン・ヒースコート伝

日本の織機王

『西国立志編』との関連で、日本で逸することのできぬ名前は豊田佐吉（一八六七―一九三〇）であろう。佐吉は慶応三年に生れた。私が子供のころの昭和十年代、日本で発明王といえば豊田佐吉ときまっていた。佐吉は、アメリカの発明王エディソンやイギリスの織機王《しょくきおう》ヒースコートと同様、小学校もろくに終えず、働きに出た。はじめ大工をしていたが、織機の改良に打ち込み、明治三十年（一八九七）、豊田式木製動力織機を発明、海外諸国の特許も獲得した。佐吉をさらに有名にした「自動織機」の話は昭和十年代の小学四年の国語教科書には次のように出ている。

彼は、ほとんど其の一生を織機の改良にささげた。大正十三年、彼は遂に世界無比の自動織機を発明した。それは、たて糸が切れれば自動的に運転が止り、よこ糸が無くなれば自動的にこれをおぎなふ仕掛になつて居る機械で、一人で四五十台を取扱ふことが出来る。

発明熱心の佐吉はある朝、図面を片手に一散に工場に走った。「おい、誰も居ないか」。だが工場はがらんとしている。そこで初めて元日と気づいた。ちなみにこの結びのエピソードは文部省の図書監修官であった井上赳が、昭和八年（一九三三）に出た正伝『豊田佐吉伝』に依拠して教科書に取り入れたも

のである。日進月歩の技術の世界で、特定の発明を「世界無比」などと固定化して呼ぶのは、弱者の強がりの弊がないとはいえない。それは昭和初年の愛国者井上の誤ったお国自慢だったが、それはさておくとしよう。

今日「豊田」「丰田」ないしはTOYOTAの名前は世界に知れわたっている。アフガニスタンでタリバンが捨てていったトラックにもその名は記されていた。このようにTOYOTAを今日有名にしたのは自動車によってであって、織機によってではない。豊田佐吉は昭和五年に死んだが、豊田一族はその後を継いで、豊田自動織機製作所のほかに、二代目豊田喜一郎が自動車会社を発展させ、ついに世界の一大メーカーとなったからである。一九九〇年代には、そのトヨタ自動車株式会社の一族から三代目の豊田章一郎が経済団体連合会の会長に選ばれた。後発国の産業化は、織機製作や繊維産業から起こり、軽工業から重工業へと進むという。過去一世紀余にトヨタがなしとげた世界大の躍進は、その発展法則を目のあたりに具現化したものといえるだろう。しかし豊田グループの人々にとっては豊田佐吉と自動織機製作は特別の意味を持っている。以前、愛知県刈谷《かりや》市の豊田自動織機製作所内にあった豊田佐吉翁記念室は、一九九四年、名古屋栄生トヨタ産業技術記念館の一隅に移されたが、そこへ足を運ぶ人の中には外国人も少なくない。さらには佐吉の生まれ故郷、静岡県吉津《よしづ》村（現在の湖西《こさい》市）に保存されている旧家を訪れる人もいる。そこには小学校の国定教科書に「自動織機」が載って以来、それに乗じて出されたおびただしい数の子供向け『豊田佐吉伝』もあわせて展示されている。それを要約して豊田佐吉翁記念室から立派な『ごあんない』が出ていた。

豊田佐吉伝

その『ごあんない』には「豊田佐吉生い立ち」が次のようにとりまとめられていた。

豊田佐吉は慶応三年（一八六七）二月十四日、静岡県敷知郡吉津《よしづ》村字山口（現在の湖西市山口）に生まれました。父は伊吉、母、えい。当時の吉津村山口は、東海道から外れた湖西の寒村で、実家は農業のみで生計を立てることができず、伊吉は大工仕事にも身を入れていました。

佐吉は、読み書きを学ぶため、寺子屋（妙源寺）に入りましたが、……佐吉の学問らしい学問を受けた期間は、寺子屋から下等小学課程を終える十二歳までのわずかであり、その後は、文字通り自力、自習で発明に必要な学問を修めたのです。

……佐吉は、長男のこととて、当然父の大工仕事を手伝うようになり、当時腕の良さで聞こえた伊吉と共に、近在の小学校や家屋の普請《ふしん》にあたりました。かつて佐吉が同志の青年と共に夜学会を開いたといわれる観音堂の梁《はり》には、現在に至っても墨色《ぼくしょく》も鮮やかに、その普請にあたった伊吉、佐吉親子の名が棟札《むなふだ》にとどめられています。

……発明家を志したのは、たまたま父と同行して普請に行った隣村の新所小学校の佐田先生から「専売特許条例」の話を聞いたことがきっかけでした。……人間の頭の中から、これまでにないものを考え出す「発明特許」は、若い血をたぎらせるに充分な対象でした。

また、佐田先生から貸してもらった英国のサムエル・スマイルス著、中村正直訳の『西国立志編』も、佐吉に発明への関心をかきたてました。独立独歩で道を切りひらいていた欧米の三百人余りの偉

人の中で、とりわけ佐吉の注意を引いたのは、ジェームス・ハーグリーブの項です。大工で織物をやっていたハーグリーブの織機の改良に打ち込んだ物語は、同じ境遇にある佐吉の胸を大きくゆさぶりました。同じく大工の息子で蒸気機関を発明したジェームス・ワット、さらに水力織機を発明したリチャード・アークライト、動力織機を世に出したエドモンド・カートライトなどの話に、佐吉の発明への思いは、いよいよつのるばかりでした。……

湖西市の豊田佐吉記念館で出している『郷土を愛し国を愛した豊田佐吉翁』というパンフレットは、佐吉の生地をその生時にふさわしく吉田領山口村と正確に記している。ただ後で問題とする「佐田先生との出会い」の節には豊田佐吉翁記念室のパンフレットと同じ趣旨が次のように出ている。

特に『西国立志編』という本に載っている紡績機を発明した大工のジェームス・ハーグリーブや同じく大工の息子で蒸気機関を発明したジェームス・ワットの話は、若い佐吉の心を強く動かした。

ハーグリーブは正確にはハーグリーヴズないしはハーグリーヴズで Hargreaves と綴る。一七二〇年頃生まれのイギリス人で、一七六四年、最初の紡機 spinning jenny の発明者として知られる。綿や羊毛を梳く機械の改良者として生産を倍化させたハーグリーヴスは産業革命の先駆者の一人であった。その一七六四年はワットが蒸気機関を発明した年に当る。そんな技術者立志伝中の人であってみれば、『西国立志編』に読み耽ったといわれる佐吉少年がハーグリーヴスの伝に心動かされた、という紹介はいかにももっともらしい。ただ解せない点があった。それは案内のちらしやパンフレットがすべて「ハーグ

リーブ」と最後の「ス」を落していることである。そこに豊田佐吉伝説の真偽を解き明かす鍵がひそんでいたのだが、それについてはまた先でふれたい。

ジョン・ヒースコート伝

日本の織機王が豊田佐吉なら、英国の織機王はジョン・ヒースコート（John Heathcote 一七八三―一八六一）だろう。ヒースコートと豊田佐吉の関係を語るに先立ち、『西国立志編』が伝える彼の伝を紹介したい。なお織襪機《しょくべつき》とは靴下を織る機械を指している。ヒースコートの生地がレスターシャーになっている訳本もあるが、原書そのものに版によって異同や訂正があったせいではあるまいか。

ヒースコートハ、一千七百八十四年（天明四年）ニ生ル。ダービーシャーノ小農ノ子ナリ。郷塾ニ入リテ、読書作文ヲ学ビケルガ、幾何モナク機架ヲ作ル工人ノ家ニ学弟トナリケリ。コノ時、ヒースコート童子ナリシガ、巧ミニ匠具ヲ使ヒ運ラシ、マタ織襪機ノ委曲ニ通ジ、マタ経糸《たていと》ヲ理スル機関ノ錯綜セルモノヲ了解シ、暇アレバ、コノ機器ヲ修補セント欲シ、心ヲ用ヒケリ。

十六歳ノ時、スデニバッキンガム・レース及ビ法蘭西レースノ如キ上好ノレースヲ織ル機器ヲ造リ出サント思ヒ立チケリ。蓋《けだ》シコノ時、手ヲ以テ織リタルガ故ナリ。サレバヒースコート織襪機ヨリ転化シテ織線帯機ヲ造ラント欲シ、始メテ経糸ヲ理スル架子ヲ修改シ、コレニヨリテ、レースニ似タルミッテン（手袋ノ一種）ヲ造リ出シタレバ、益々自ラ勧励発奮シ、コレヲ成就セントテ工夫ヲ下シケリ。……

ヒースコート二十一歳ヲ踰《こえ》タルトキ、婦ヲ娶《めと》リケレバ、ノッティンハムニ赴ムキ、工食ノ家ヲ求メテ過活シケル、ソノ間ニ網《あみ》ノ如クニ糸ヲ編ミ結ビタル線帯ヲ織ル機器ヲ発明セント欲シ、心肝ヲ砕キケリ。コレニヨリテ始メテバッキンガム・レースト名ヅクル上等ノ品ヲ、手ヲ以テ織ルコトヲ習ヒケル。何《いか》ニトナレバ、手ヲ用フル運動ノ情状ヲ会得セザレバ、手ノ如キ運動ヲ為ス器械ハ、造リ出シガタシト思ヒシ故ナリ。其他種々ニ工夫ヲ用ヒ、多少ノ経験ヲ積ミ、久シキヲ経テ倦マズ、難キニ逢ウテ屈沮《くつそ》セズ、屢々解悟ヲ発スルノ助トナセリ。且ツソノ工夫ヲ為セル間、後来必ズ成就ノ時アルコトヲ確信シテ、困勉ノ功ヲ積ミケリ。其人トナリ、言語簡默ニシテ淡薄ヲ以テ自ラ奉ゼシト云ヘリ。ソノ妻、常ニソノ夫ノ志業ノ成ルヲ望ミ、久シクソノ夫ニ代リテ憂慮シタリケリ。多年ノ後、……殆ンド成就ニ至リヌベキ比《ころ》ナリシ、或ル土曜日ノ夜、ソノ妻、ソノ夫ノ顔ヲ見ツ、

「イカニジョン、機器ハ用ヒラルルヤウニ成リ候フヤ」

ト問ヒケレバ、ヒースコート答ヘテ、

「否、アン、我マタ再ビ改メ作ラバヤト思フナリ」

ト云ヘバ、ソノ妻、流ル、涙ヲ押ヘ得ズ、声ヲ出シテ潸然《さんぜん》ト泣キケリ。其後数十日ヲ過ギテ、ヒースコート欣然自得《きんぜんじとく》ノ色アリテ、狭キ一条ノ網ノ目ノ如ク編ミタルレースヲ持チ帰リテ、コレヲソノ婦ノ手中ニ置キケリ。コレ即チソノ機器成就シテ、始メテコレニテ織リシモノナリ。

中村正直の訳筆には愛妻家であったと伝えられる正直の夫婦愛が感じられる。ちなみに原文にはジョ

ンとかアンとかいうヒースコート夫婦の名前は記されていない。ロンドンで暮してイギリス人の夫婦が名前で互いに呼びあう様を愛情のあらわれと羨ましく感じた中村が“Well, will it work?” “No.” という会話の訳文に勝手に「イカニジョン」「否、アン」と書き足したのである。こんな訳者の悪戯もいかにも微笑ましく思われるのである。ひょっとしてヒースコートの妻の名はアンではなく訳者中村が勝手につけたのではないか、と思うのだが、まだ確かめるにいたっていない。

19　専売特許条例

発明と特許の関係

『西国立志編』中のヒースコートの伝記は三要素から構成されている。

第一は先に紹介した織機の発明である。中村正直はその原英文を適宜はしょって上手に紹介した。第二は特許権確立にまつわるエピソードで、織機の発明に劣らぬ重要な話である。第三は織機の普及など機械化の結果、仕事を奪われた手織り職人たちによる織機機械破壊運動の話である。ラッドを首魁《しゅかい》とする一派、いわゆるラッダイトが徒党を組んで蜂起した史実が語られている。ただしスマイルズにとって機械化による産業化の推進はひたすら善として把握されたから、打ち壊しのラッダイトの運動はもっぱら悪としてネガティヴに記述された。しかし大英帝国の植民地と化したインドでは、イギリスからの安い大量生産の衣料品の輸入によって現地の手織りの伝統産業は壊滅し、インド社会全体が悲惨な目に遭う。ガンディーがいつも手車をまわして糸を織っていたのは、そんな英国の産業主義に対する抵抗運動の象徴的なしぐさであった。しかし明治日本にとっては、産業化は至上命令として受取られ、その意義を疑う人は少なかった。それだから、『西国立志編』の日本人読者でこの第三のエピソードに注目した人を私は見たことがない。ここでは第三の話はこの程度にしておいて、ヒースコートと豊田佐吉の関係を、織機の発明と特許の二つの点から探りたい。

ヒースコートが英国の織機王であるなら、豊田佐吉は日本の織機王であろう。それでは彼らと並んで世界各国にそれぞれ織機王がいるのかといえば、そうしたことはない。たとえば中国の織機王などという発明家がいたことは聞いたことがない。張謇《ちょうけん》（一八五三―一九二六）は紡績工場をはじめ各種企業をおこしたが、豊田佐吉よりは渋沢栄一などに比べられるべき実業家だろう。しかしだからといって中国が発明と無縁な国だったわけではない。それどころか古代中国は四大発明を誇った。漢字・紙・火薬・磁石の発明がそれである。それなのに近代中国には世界に広く知られた発明家が存在しない。発明の話もほとんど聞かれない。それはなぜか。それは近代において発明家が出現し存在し得るためには、それにふさわしい環境が必要なのだが、中国には長い間それが欠けていたからであろう。その環境とは、専売特許の権利が確立し、知的所有権が保護されることである。それがきちんと保証されない限り、たとい発明家が苦心しようとも、発明家の功績はその当人になんら永続的な利益をもたらさず、功績はすぐ他人にコピーされ、盗まれてしまうからである。そのような劣悪な環境下では発明へのインセンティヴは期待できない。生まれるべき発明家も誕生せずに終わってしまうだろう。

それでは産業革命の先進国イギリスではその間の事情はどうだったのだろうか。実は織機の発明に関する特許でいちはやくトラブルにまきこまれた人はほかならぬヒースコートその人だったのである。そしてそのヒースコート事件こそが専売特許権の確立にも貢献したのである。『西国立志編』にはその係争が次のように記されている。ちなみに「専売」の語の左側には「ホンケウリモト」という説明のルビが振られていた。

凡ソ新機器ヲ創造スル人ハ、専売ノ免許ヲ受クルコトナルガ、ソノ免許ヲ受クルトキニ当リ往々コレヲ争ヒ妨グルモノ出来《いでき》テ創造者ニアラズト誣告《ぶこく》セラル、、ソノ例《ためし》少ナカラズ。

ヒースコートの場合、彼が発明した自動織機について「発明者は自分だ」と誣告する者が二名あらわれた。その二名が内輪もめしたことから、その過程でヒースコートの権利が侵害されていることが判明し、ヒースコートは幸いにも自分の特許が認められることとなった。その裁判で彼の弁護を引受けてくれた「状師」はコプレイ（John Copley）といい、後にリンドハースト卿となった人である。

（コプレイ、ヒースコートノ）供詞ヲ覧畢《みをは》リテ、曰ク、「我イマ子《し》ノ為ニ、コノ案ヲ伸理《しんり》スルコト能ハズ。何《いか》ニトナレバ、我コノ機器ノ運用ヲ諳《そら》ンゼズ。ソノ曲直ヲ明弁スルコト能ハズ。サレバ我直《ただ》チニ工場ニ至リ、コノ機器ニ通暁シテ、然ル後ニ力ヲ尽シテ、子ノ訴案ヲ伸理スベシ」トテ、遂ニソノ夜信船ニ乗リテ、ノッチンハムニ下リケリ。其翌朝、コプレイ織線帯機器ノ中ニ身ヲ置キ、レースヲ織ルコトヲ学ビケルガ、既ニシテ巧ミニ、ボッビンネットレースヲ織ルコトヲ得、且ツ機器ノ理、并《なら》ビニソノ委曲ニ通暁スルヲ得タリ。

サテ陪審聴訟ノ期《とき》至リケレバコプレイハ、ヒースコートヲ伸理センガタメニ、ソノ機器ノ法子《ひながた》ヲ把《と》リテ、コレヲ容易ニ運転シ、コレヲ発明スル所以《ゆゑん》ノ次第ヲ明白ニ講解シケレバ、法庁ニ坐セル大吏ヨリシテ、陪審ノ人ニ至ルマデ、及ビソノ席ニ聚リ観ル者、驚キ感ゼザルモノナカリケリ。コレニ由《よ》リテヒースコート創造者ナルコトニ定マリ、免状ヲ受クルコトヲ得タリ。

理非曲直《りひきよくちよく》が法廷でこのように明らかにされた様は劇的である。中村正直がロンドンにいたと同じ時期の慶応三年（一八六七）、栗本鋤雲はフランスに渡ったが、同行した日本商人が訴えられた。栗本はそれではからずもパリで裁判を傍聴する機会を得、日本の御白洲《おしらす》から類推していた糾問と違って、取調べが静かに行なわれ、判決がナポレオン法典に従って下される様に「実に驚嘆欽羨《きんせん》に堪《た》へざるなり」と『暁窓追録』に感想を記した。『西国立志編』の読者もヒースコートが特許権を獲た様を読んで、西洋ではこのようにして発明に由来する排他的専用権――当時の町人言葉でいえば「株の許し」――は認められるのか、と文明の実態を如実に感じたにちがいない。

ところで明治三年（一八七〇）の日本には専売特許どころか、裁判関係の新しい語彙《ごい》すらまだ存在しなかった。裁判制度そのものが未整備だったからである。当然、中村は法廷の様を訳すことにただならぬ困難を覚えた。中村は第一の訳語（ここでは鍵括弧《かぎかっこ》内に示す）を補足するに、第二の訳語（ここでは丸括弧内に示す）をもってした。今日の日本では難しい漢語表現の右側にルビが振られるが、前述のように『西国立志編』には漢語の右側だけでなく左側にもさらにくだけた言葉でルビが振ってあり、それが第二の訳語となっている。それはいかにも啓蒙家中村らしい配慮といえた。その訳者の説明に従って解説するとこうなる。

いまなら弁護士と訳すべきコプレイは「状師」だが（クジシ＝公事師）とも説明されている。ヒースコートが提出した準備書面は、英語では brief だが、「供詞」と訳して（クチガキ＝口書）と補足した。「陪審聴訟」は（タチアイノサバキ）、「法庁」は（シラス）である。ヒースコートは「誣告」（オシツケソショウ）されたが、コプレイが「伸理」（アカリヲタテル）をしてくれたお蔭で特許の「免状」（カブ

ノユルシ）を得た。特許権使用料は英語でroyaltyという。いまの日本でもそのままロイヤルティーということが多いが、中村は「税銀」と訳した。これはもちろんお上にではなく特許権所有者に支払われるべきものである。なお右の中村の訳文中で誤訳は「ソノ夜信船ニ乗リテ」とあったが、原語のnight's mailは「信船」（ヒキャクセン）ではなく、夜行の郵便馬車であったろう。

「技術は盗め」

ヒースコートや豊田佐吉が発明家として世に立つことができたのは、ひとえに専売特許条例があったお蔭である。

特許とは、ある人の考案による工業的発明の専用を、その人またはその人の承継者に与える行政的行為だが、この条例が実際にきちんと行なわれているか否かが、文明国と非文明国とを区別してきた、といっても過言でない。他人のオリジナルな発明を勝手にコピーしない、させない、という文明の作法こそが、特許の精神であり、かつこれは狭く学問世界の倫理であるばかりか、広く知的社会の倫理でもある。文明国の書物や新聞雑誌に引用の出典が明示されるのもその精神のあらわれである。日本のアカデミアの世界はまだしもましだが、ジャーナリズムの世界はその点で欠けるところ無しとしない。というか甚だしく欠けている。（思うに、日本の新聞が誤報を垂れ流してきちんと訂正しないのは、その種のルールが守られていないからであろう）。そうした法律的保護や倫理的雰囲気の希薄な国では、一方に職人の秘伝墨守があり、他方に無断引用お構いなしの厚顔無恥《こうがんむち》がまかり通る。もっとも学問の世界でも職人芸が尊ばれ、「学問は盗め」などの教えが、美徳として囁かれている。こつの会得《えとく》は大切だから、その言葉

にある真実がこめられているのも事実ではあるが。

そのような日本人の「技術は盗め」という感覚は、先に読んだ幸田露伴の『蘆の一ふし』にも実は露骨に出ていた。スマイルズが描くところのパリシーはあくまで自力独行の末に発明した。それに対し少年長次は、家運復興のためには手段を選ばない。商売仇新八の虹蓋製法の秘密を文字通り嗅ぎつけ、相手にまさる製品を拵えてしまう。しかもいけないことは、作者露伴がそのことを「快き」話として肯定的に評価していることである。前田愛はその感覚を「幸田露伴における立身出世主義」という一文で批評し、長次に「自ラ助クル精神」は息づいているが、それは市民社会の倫理に結びつく自主独往の精神とはいいがたい、とした。

だが明治以来、わが国の企業家やエンジニアの多くが心がけてきたことは、まさに長次ばりのやり口ではなかったか。内外の先進産業の企業秘密をなんとかしてわが物とし、それを改良工夫することで、相手を出し抜きたい——それがかつての日本の「追いつき、追い越せ」という合言葉と化したのだろう。そんな技術立国であったことを振返ってみれば、他人の発明や発見について、その独創性 originality や優先権 priority を尊重する態度にいちじるしく欠けるところがあった。もっともそれはなにも日本に限らず、後発国一般の不可避的な宿命だったのかもしれないのだが。

専売特許条例

西洋でも昔から知的所有権が尊重されていたわけではない。欧米の市民社会を過度に理想化することなく、実態を見てみよう。発明に関するパテントは英国では十七世紀から認められた。米国では一七八

七年、憲法が議会に専売特許条例を立法化する権限を付与している。アメリカの特許庁（パテント・オフィス）は一八三六年に創立された。だがアメリカでは当時から認められていたはずの著作権は、実際には一向に尊重されなかった。その例としてほかならぬスマイルズの英文著書の海賊版出版のことが挙げられる。十九世紀後半、世界的ベストセラーであった *Self-Help* や *Thrift* は、著者の許しを乞うでもなく、著者に印税を支払うでもなく、北米で売りに売られた。たまりかねたスマイルズは訴訟を起した。英国の司法権の及ぶカナダでは海賊版を合衆国に売り込んでいたベルフォードなる出版業者から一八七五年に印税取立てに成功したが、合衆国では生前ついに取立てることができなかった。アメリカの本屋が自ら労することなくスマイルズが書いた自助論や倹約・節倹を説いた書物を無断出版することで儲けているかと思うと、スマイルズは腹に据えかねたことであろう。スマイルズの『自伝』には一八八四年の条りに copyright を論じた一節があり、「ニューヨークのハーパーズはまだしも些少の額をよこした」とあり、それに比べるとニューヨークのハイランドは「英国で出版される最良の書物に飛びつき、著者と連絡は一切せず、もちろん著者の仕事に対して報酬は支払わず、このような海賊出版でもって米国最大の出版社の一つにのしあがった。英国作家の頭脳でもって巨万の富を築いたわけである」と憤慨している。アメリカ合衆国が十九世紀の末年にいたるまで著作権保護のベルヌ条約に加わろうとしなかった背景には、新大陸のアメリカが旧大陸のヨーロッパに文化的に遅れていると感じていた当時の米国人の間に、その種の無断出版は大目に見てもよいではないか、という気持もあってのことではあるまいか。

なおスマイルズは日本で『セルフ・ヘルプ』の訳が出ていたことは承知していた。一八七三年に中村は人を介して訳本を届けた。そのことはスマイルズの『自伝』にも出ている。しかしスマイルズは日本

語訳から金を取ろうとは思わなかった。このような別世界で自分の本が訳されて読まれていることを嬉しく思う気持が先に立ったからであろう。それにスマイルズは、自著の翻訳が日本で百万部という、英本国における原著の二十五万部の四倍の売行きに達するとは、夢にも思わなかったからであろう。

日本では専売特許条例は太政官《だじょうかん》布告で明治十八年四月十八日に公布された。日本は文明国の仲間入りをしたいと思っていたから、それでその法制化を急いだのである。当時農商務省に勤務して、商標登録並びに発明専売規則の作成に当った人は、若き日の高橋是清《これきよ》で、日本初代の専売特許所長も高橋であった。その顚末は『高橋是清自伝』に詳しい。高橋が一八八五年、外国を視察してまわったところによると、特許行政では新大陸のアメリカが断然ヨーロッパを引き離して進んでいた由である。『牧野伸顕回顧録』には高橋がパテント・オフィスの重要性を説き、巨額の予算を取って特許局の庁舎を建てた。ところがあまりに宏壮なので、それが農商務省の本館となり、特許局はその三階に追い込まれてしまったいきさつが書いてある。二・二六事変の前、牧野は最晩年の高橋と談たまたま特許条例制定に及んだ。牧野が半世紀前を回顧して「私はあの時は実に弱った。特許法について何も知らないので、『エンサイクロペディア・ブリタニカ』等を調べてようやくその概念を得た」と語ると、高橋も頭を搔いて大声で「実は我輩もそうだった」といったという。

だがそれでも専売特許条例が布告され、日本できちんと機能するにいたったのは、『西国立志編』があらかじめ広く読まれていたことによって特許の観念が日本にすでにかなり広く知れ渡っていたからに相違ない。ヒースコートの話が日本における特許の普及に一役も二役も買っていたであろうことを、牧野と高橋の二人がどこまで自覚していたかはわからないが。

20　佐田先生

新所学校

日本歴史学会編集の吉川弘文館「人物叢書」は普通、正確な記述で知られている。その中の『豊田佐吉』(一九六二)は楫西《かじにし》光速教授の執筆だが、同書十四ページには特許条例の話がこう出ている。

明治十八年四月十八日……父にしたがって隣村の新所《しんじょ》小学校の職場で(大工)仕事をしていた佐吉は、佐田先生から特許条例の話を聞き、強く心を惹きつけられた。

新所小学校は当初、新所学校といった。明治十六年(一八八三)十月十五日の開校には、竹山謙三が郡長として開校の祝辞を述べた。竹山謙三は私の家内の曾祖父に当り、竹山本家に保存されている祝辞草稿には、いかにも殖産興業の時代の人らしく、学校を「知識の製造所」と呼んでいた。調べてそう私に教えてくれたのは本家の郷土史家竹山恭二氏である。学校へ続けて通うこともならず、向学心に燃えていた豊田佐吉少年が、父伊吉の手伝いとして隣村の新所小学校へ働きに来、窓の外から佐田先生の発明物語に耳を傾けた、という話は当初、私にはまことに奇縁に思われた。

しかし明治十八年四月十八日、太政官布告で特許条例が公布されたその当日、田舎ですでにその話を先生から聞いたというのは、話がいささかうまく出来過ぎてはいないだろうか。楫西氏が出典を記して

ないのも気にかかった。豊田佐吉記念館のパンフレットに限らず子供向けの豊田佐吉伝にいつも出て来る、佐吉が佐田先生から『西国立志編』を頂戴した話ははたして本当なのだろうか。そもそも佐田先生は実在したのだろうか。――年号が平成に改まったころ、私が東大で、講義の折にそんな疑念を洩らした。すると研究生だった池田野恵さんが豊田佐吉記念室に立寄ってくれた。そして『西国立志編』が展示されていると知らせてくれた。私も念のため当時は刈谷にあった豊田佐吉翁記念室まで出向いた。

ガラス・ケースの中に『西国立志編』は陳列されていた。しかしよく見るとそれは東京博文館蔵版第二十一版という明治末年の本である。これでは明治十八年、佐田先生から頂戴して佐吉が発奮した『西国立志編』ではあり得ない。管財係に私がそういうと「あ、最初の本はきっと人に貸してなくなったので、佐吉が買い直したのでしょう」とすぐにその場を取り繕った。ちょうど有田の酒井田家で、初代柿右衛門が柿の実に映える夕日に霊感を得たとする伝説にあわせて、門前の柿を「これがその柿の木」といった。しかしそれでは樹齢が合わない、と指摘されると「あ、最初の木は枯れたので、今のは二代目です」といとも気安く辻褄を合わせたようなものだろう。別に悪気はないのだが、歴史的信憑性《しんぴょうせい》もまたないのである。失礼ながら『西国立志編』もそんな愛社だか愛家精神に富める誰かが記念室のために古本で買ってきただけのことではあるまいか。

佐田先生については、土地に伝わる教員名簿や書類に名前があれば、実在は確認できるはずだが、どうやら見当らないようである。さては美談はフィクションだったのか。だが佐田先生は子供向けの豊田佐吉伝には必ず登場する。それればかりか学問的厳密さで知られる吉川弘文館の『豊田佐吉』にも登場する。そしてその佐田先生が佐吉に専売特許条例の話をしたことになっている。念のために私は子供向け

の豊田佐吉伝を片端から読んでみた。そして次第に薄ら寒さを覚えた。それというのは、少年向けの伝記も、豊田佐吉翁記念室の『ごあんない』も、湖西市の豊田佐吉記念館のパンフレットも、すべて前に出た子供向け読物のリライト、ないしはリライトのまたリライトでしかなかったからである。こうなると、写された方も、元はといえば別の本を写しているのだから、苦情もいえないだろう。先人の著作を丸写ししたのだから、著作権とか知的所有権に対する配慮はおよそ見られない。それでいて、どの本にもこの本にも、特許の権利や独創的発明の意義が繰返し説かれている……

佐田先生

私の戸籍調査によると、佐田先生がこの世に出たのは、豊田佐吉死後一年の昭和六年（一九三一）八月十五日、場所は東京市京橋区銀座西七丁目三番地興風書院、この架空の人物の名づけ親は與良《よら》松三郎という名古屋の新聞人のようである。與良が助手たちの手を借りて世に出した『豊田織機王』に佐田なる人物は初めて登場する。與良は彼自身が『西国立志編』の愛読者であったためか、それとも日本の織機王豊田佐吉がおのずと英国の織機王ヒースコートを想起させるためか、この日本最初の豊田佐吉伝執筆に際して、佐吉の生涯をヒースコートの生涯になぞらえて描いたのである。その模倣的創作の様は、先に見た陶工パリシーの苦心の実験になぞらえて陶工柿右衛門の苦心の製陶が描かれた様にすこぶる似ていた。

そんな『豊田織機王』のお話を拵える過程で、與良は佐田先生が教室で『西国立志編』を生徒に読んで聞かせた時、大工手伝いの佐吉が窓外で立ち聞きをしたことにしたのである。佐吉伝説の起源となっ

たエピソードは次のように書かれていた。授業が終わった後、教員室の扉をコツコツ叩く者がいた。以下與良松三郎著『豊田織機王』から引用する。

佐田と呼ばれた若い先生が起つて行つて扉をあけると、十八九の若い大工が立つてゐてお辞儀をした。

「何か用かね。」

「ハイ、一寸先生にお伺ひしたいことがございまして……」

「何だね。僕でよければ……」

「あの、変なことをおたづねしますが、特許条例とかおつしやつてゐましたのは先生でございますか。」

「さうだ。だが、君はどうしてそれを知つてゐるね。」

「すみません。実は私が廊下を通りかゝりますと、ふつと先生のお声が耳に入つたものですから……」

「で、用件は？」

「実はその特許条例とかについて、先生のお話が承りたいんで……」

「ふむ――」と、佐田先生は暫くマジマジと青年の顔を見つめてゐたが、やがて肯いて、

「さうか。入り給へ。」

と、青年を教員室へ導き入れ、自分の席の傍《かたはら》へ、椅子を与へてかけさせた。

「君の名は？」

「山口の豊田佐吉と申します。」

「あ、さうか、夜学会なんかやつてる変り者の大工さんが君か。」

そこで佐田先生は佐吉に発明の意義を説き、次いで生徒たちにイギリスの産業革命の世界史的意義を説く。その中にこんな話もまじっていた。

「……そこで機械が発明された概要をお話すると、英国で新発明の最も早く現はれたのは千七百六十四年にブラツクバーンの機屋《はたや》であつたジェームス・ハーグリーヴスといふ人が考案した紡績機械《ぼうせききかい》であつて、これは従来の手挽車《てびきぐるま》が糸を一本づゝ取る代りに、同時に八本づゝ挽《ひ》く小型の機械でありましたがハーグリーヴスは妻君《さいくん》の名をとつて、その機械をジェニー紡機と名づけました。」

これは與良が『西国立志編』を離れて補足した産業革命にまつわる知識である。地の文に「講義の題目が佐田先生得意の壇上なので、先生はいつの間にか本から眼を放《はな》して」とあるのは、そのことを示唆している。しかし與良松三郎の『豊田織機王』を基にリライトした後代の作家たちは、ハーグリーヴスも『西国立志編』にその伝が詳しく登場する発明家の一人と信じていた。リライトした人々は『西国立志編』にハーグリーヴスが詳述されているかいないか、直接『西国立志編』を一読して確認するだけの労すらも取らなかったのである。そればかりではない。池田宣政が昭和十四年與良の『豊田織機王』を基に『織機王豊田佐吉』を大日本雄弁会講談社から出した時はまだしも「ハーグリーブス」と書いてい

たのだが（「ヴ」を「ブ」としたのは子供向けにやさしく書き換えたまでである）、戦後は「ス」を落として「ハーグリーブ」と書く版が、ポプラ社「子どもの伝記全集」などをはじめ世に出まわり、豊田佐吉翁記念室も湖西市もそれに依拠して安直にパンフレットを作った。それだから、「ハーグリーブ」の名は、日本における一連の **plagiat** ともいうべき、上品にいえばリライト、はっきりいえば盗作の証拠ともなっている。

昭和十二年、「自動織機」の話が小学校四年の国定国語教科書に載った。その教材の一部は「日本の織機王」の項ですでに引いた。こうして教科書にひとたび名前が載り、豊田佐吉が有名になると、子供向け出版社はそれを図書販売の絶好の機会と見做し、豊田佐吉の伝記を売りまくろうとする。日本では小学中学の国語や歴史の教科書に限らず、副読本も、伝記も、年少読者市場のシェア獲得を最優先にする「売らんかな」の商業主義によって毒されている。中には同一筆者の手になる戦前版、戦後版、小学校低学年用版、高学年用版の『豊田佐吉』もある。競合する出版社の担当者は、他社にマーケットの独占や寡占を許さぬためにも、同じ佐吉の大同小異の伝記を書かせた。その際、その豊田佐吉伝が本当の佐吉を描いているかどうかは、もはや問題ではなかった。何点かの共通する話題——パリシー、ワット、スマイルズ、『西国立志編』、新所学校、佐田先生、発明、織機、特許、夜学会——そうしたトピックが一応出揃ってさえいれば、後は勝手に書いてもらって、それで良かった。

戦後の日本は貧しかった。リライトの機会を与えられた人が、『西国立志編』もチェックせず、先行の豊田佐吉伝を書き直したのは、その業界ではごく当たり前のアルバイトでもあったのだろう。（一人その間の事情を率直に述べて、コピーして伝記を子供向けに書いたと、私の問い合わせの手紙に答えられた方

もおられた）。しかしそのような他人の著作をコピーして憚らぬ慣行に、時流に媚びて右往左往する、日本の教育図書文化の卑しさが感じられてならないのである。

夜学会

湖西市が出したパンフレットの裏表紙は、豊田佐吉の旧家の近くにある観音堂が夕闇に浮かぶ写真である。そこには、次のように書かれている。

佐吉は、少年時代から知識欲が大変旺盛で、向上心・勉学心は同年代の若者を、はるかにしのいでいました。これからの時代は、勉強をしなければとその必要性を説き、村の青年を集めて毎晩観音堂で夜学会を開きました。

観音堂は、今なお佐吉邸から南へ少し行った小高い木立の中に建ち、静かなたたずまいをみせています。観音堂の梁《はり》には、現在に至っても墨色《ぼくしょく》も鮮やかに、その普請《ふしん》にあたった伊吉佐吉親子の名前が書かれた棟札《むなふだ》が残っています。

棟札が本物であるだけに、この話も本物であるかのような印象を与える。池田宣政はかつて取材に行った時、佐吉と少年時代に親しくした円蔵とか吾吉とかの村人にも会った、といい、夜学会の話は事実であったように後年語っている。

しかし「佐田」先生が、豊「田佐」吉の中の二つの漢字を逆にしただけの架空の人物であったとしたら、夜学会の話も、半ばは真実だとしても、半ばは與良松三郎がやはりスマイルズから拝借したフィク

ションだったのではあるまいか。與良が昭和六年、『豊田織機王』にまず書いた夜学会の話は、スマイルズ「自助論第一版序」の次の一節に発している、と私は推察する。一八五九年、スマイルズは十五年前を回想して『セルフ・ヘルプ』の成立をこう説明した。

極メテ卑賤《ひせん》ナル少年二三人、或年ノ冬ノ夜、相会シ、互ヒニソノ知ルトコロヲ語リ合ヒ、学問ヲ交易シテ、知識ヲ開キ、進益ヲ得バヤト思ヒ立チタリ。始メテ会合セシ場所ハ、ソノ結ビシ社中ノ一人ノ貧シキ住家ナリシガ、幾程モナク、其外ニ、又同志ノ者加ハリ、ソノ場所忽チ席ヲ入ルヽニ足ラヌコトトナリタリ。既ニシテ、夏日《かじつ》炎暑ノ天トナリシカバ、同社ノ朋輩、コノ家ノ外ナル広庭ニ集マリ、ソノ朋輩ハ、園中ニアル小亭ヲ囲ミ、露ニ暴《さら》サレテ、坐ヲ占メ教師トナレルモノハ、ソノ小亭ニ在リテ、算題ナドヲ出シテ、夜中ノ教課ヲ授ケタリ。天色晴朗ナル夜ハ、更深《ふけ》ルマデ、カクシテ業ヲ勤メシガ、或時ハ、一陣ノ驟雨俄カニ降リ灑《そそ》ギ、石版ニ書シタル数目ヲ洗ヒ去リ、已《や》ムヲ得ズ、其夜ハ、散会シテ、各々不興ニ思ヒシコトモ間々アリケリ。

その会に乞われてスマイルズが行なった講話を集めたのが『セルフ・ヘルプ』の書物だという。それでは日本に夜学会はなかったのか。いやもちろん浜名湖近辺にも夜学会はあった。夜学会は研修社と名づけられ、明治二十一年（一八八八）、佐吉の名前は会計（正）として出ていた。しかし多くの佐吉伝に出て来る同志佐原五郎作の名前はその名簿になかった。地方史の熱心家の中には佐原五郎作の不在を不審に思う人もいるようだが、なかったとしても不思議ではない。豊田佐吉伝の夜学会の話そのものも半ばは史実に基づくが、半ばは『西国立志編』の夜学会の話に基づいてフィクション化されていた

からである。

美談は美談を呼ぶ

スマイルズの「自助論第一版序」にはさらに次のような逸話も添えられている。彼が青年有志に自助の教えを講話してから何年か経ち、そのことを半ば忘れかけていたころ、

或夜忽チ一人ノ客、鋳鉄場ノ工場ヨリ、新タニ来ルモノト覚《おぼ》シキモノ、訪《と》ヒ来リ、我ニ語ツテ、「某《それがし》ハ今工人ヲ使ヒ、富饒《ふにやう》ナル人トナレリ、抑モ昔年、先生懇《ねむ》ゴロニ、我輩ヲ教誨《けうくわい》シ玉ヒシコトヲ憶ヒ出シ、感恩ノ情ニ堪ズ、某生涯ノ路ヲ行キ、利運ヲ得タルハ、実ニ先生ノ訓導ノ力ニ頼レリ、先生ノ吾輩ヲ勧勉激励シ玉ヒシ精神ニ負《そむ》クマジト、常々志ザシ、遂ニ利達ヲ致シタリ」ト言ヘルヲ、聞キシコトノアリニキ。

かつてスマイルズの講演を聴いて発奮した若者が、産を成した後、自分の今日あるは先生のおかげである、と旧師のもとに謝意を表しに来た、というのである。美談であろう。

ところで興味深いのは、夜学会の話と同様、この話もまた日本で類話が繰返されていることである。類話というより実際の行為として繰返されていることである。明治十五年『仮名読西国立志編』に中村が寄せた序にすでにこう記されていた。文中の家道隆富とは大倉組が栄えて財閥となり、岸田の目薬「精錡水《せいきすい》」がよく売れたことをさしている。

大倉喜八郎・岸田吟香二氏、カツテ余ニ向ヒテ感謝ノ意ヲ陳ジテイヘラク、其ノ家道隆富、今日ノ盛ヲイタスハ、『西国立志編』ヲ読ミ、感発興起スル所有リテ、勤勉忍耐ノ気象ヲ養フニ由ル也ト。

そして『敬宇詩集』第四巻には、大倉が中村に謝意を表して白檀《びゃくだん》の火鉢を贈ったことがうたわれていた。後年その漢詩を読んだ井上哲次郎博士が大倉男爵に問い合わせたところ、大実業家はこう答えた、と井上は昭和十八年に出した『懐旧録』に録している。

あれは事実であります。自分は『西国立志編』によつて発奮努力して今日あるを致したのである。それで或る時、先生を向島の別荘に招待して御馳走をした。そしてその時その事情を述べ、感謝の意を表したのである。そして最後に御礼の印として貴下に差し上げるものがあります。それは外ではない、白檀の火鉢であります。かう云つてその火鉢を先生に見せたのであるけれども、これは後から送り届けます、かう云つたところが、先生はひどく喜ばれて、その火鉢を馬車に載せて帰途に就かれた。

その白檀はなんでも鬱陵島で伐採して大倉が持ち帰ったものだという。

話は話を呼び、時にフィクションがまざるが、しかし美談はまたこのように美談を呼び、実話ともなる。児童向けの豊田佐吉伝で語られる夜学会の話は、スマイルズの夜学会の話に呼び出された拵え物のお話だろうが、しかしそのような夜学会が浜名湖畔の村でも実際に開かれていた。佐吉たちは実際、しばしば観音堂に集まっていたのである。それでは佐吉は本当に『西国立志編』を読んだのか、というとその肝腎の点の真相はわからない。新所学校の佐田先生が実在しなかったこと、佐田先生が佐吉に『西

国立志編』をくれたという美談が後世のさかしらの拵えものであることは間違いないが、しかしだからといって若き日の佐吉が『西国立志編』を読まなかった、という証拠にはならないからである。

『豊田佐吉翁に聴く』

その真偽とりまぜて流布された佐吉伝説の中で確実にいえることは、たといそれが明治十八年四月十八日という特許条例布告の当日ではなかったにせよ、また佐田先生の口から聞いたのではなかったにせよ、佐吉が専売特許についてはかなり早くから聞き知っていた、という大切な事実である。原口晃『豊田佐吉翁に聴く』（昭和六年）は貴重な証言で、その三七ページ以下に次のような若き日の回顧が佐吉本人の口から語られている。

自分は、慶応三年の春二月、遠州は浜名郡吉津《よしづ》村の一農家の長男として生れた。当時の事で、今日の如く、立派な学校があるでは無し、教育といふ教育などは受けずにすんでしまったのぢゃ。幼少の頃は、世間の小供と同様に、一通りのやんちゃはやったらしいが、十七八歳の頃から、妙にいろんな事を考へ出した。別に是《これ》といふ動機などのあった訳ではないが、小供ながらにも、何かお国の為になることをせなければ、折角男に生れた甲斐がないといふ様なことを考へたものであった。時には白昼障子を閉め切って、其中に一人黙然《もくねん》として坐り、気を落ち付けて、物を考へる稽古までしたこともあった。されど何一つ纏《まと》まった考へはつかぬ。只漫然と何か一つ何か一つと、明けても暮れても、考へ続け思い耽けるのみであった。

或る時は、荒地《あれち》の開墾《かいこん》をしたら、世の中の為になるだらうとも考へたけれども是は、只土地其ものを切り拓くのみで、別に国益とも言へまい、どうかして海の只中に、大きな島でも造って、今まで無かった土地を造り出す工夫は無いものかなど、随分突拍子もないことなどを考へたものであった。恰《ちやう》どこういふ的途《あてど》もないことに考へ耽りて、日を送って居る頃に、特許条例といふものが、発布されて、是れは人間の頭の中から、是まで世の中に無い物を、考へ出す法律ぢゃと云ふことを聞いて、此処ぢゃ、自分の考へて居る処は、よし是から、何か一つ、お国の為になるものを、考へ出さねばならぬと、始めて発明と云ふことに、心が纏まりかけて来たのぢゃ。

原口は「其の聴いた儘を、茲《ここ》に書き上げ」たと、特に注したが、この談話には佐吉の地の声が出ている。佐吉はまた大正十五年(一九二六)に書いたといわれる『発明私記』にも同様の趣旨を述べ、特許条例の布告を見て、欣然として「是レアルカナ」と思った、と発明に志した次第を回顧している。石田退三はじめ諸家が指摘するように、豊田佐吉は二宮尊徳の影響力の強い遠州《えんしゆう》で生れ、尊徳を始祖とする報徳宗の感化を浴びて育った。先の談話でも発明家を志す以前に「荒地の開墾をしたら」と尊徳風の農業開発を自分もまた志したことを述べている。佐吉も時代の子として愛国者だったが、「何がお国の為になるか」という発想は「世の為、人の為」とほぼ同じ考え方とみてよいだろう。進んで公益を広め世務を開く精神のことである。

さて考へは此処まで進んで来たが、それぢゃ何がお国の為になるかと考へて見ると、考ゆれば考へるほど六かしい、頓《とん》と見当が付かぬ。今の若い人達の様に、学校で教へられ、図案や実物を見せて貰

ひ、それに理屈を付けて、教へて貰へるといふぢゃなし、書籍もなければ、先生も無い。先生どころか、話相手さへ無い。偶々《たまたま》周囲に人の声がすると思へば、それは自分を誹《そし》る声であった。嘲《あざけ》り笑ふ声であった。果ては皆自分を狂人《きちがひ》扱ひにした、馬鹿《ばか》扱ひにした。

誇られる佐吉がなにかスマイルズ伝中のパリシーのようではないか。それでは当時の佐吉は何を工夫発明しようとしたのか。その佐吉の念頭に『西国立志編』中の「新機器ヲ発明創造スル人」があったのか、なかったのか。「電気の事も考へて見た」と次の一節にあるのは、スマイルズがフランクリンやガルヴァニが電気の理を発見したことを述べているからか。それとも明治十年代の末ともなれば、田舎にも電線が引かれるようになったからか。世間に馬鹿にされながらも、青年佐吉はこんな風に考えた。

或る時は電気の事も考へて見た。考へたばかりでなく、日を夜に継いで、色々と考案もして見たが、中々六かしい。学問の力を借りなければ、迚《とて》も出来る仕事ではないと、遂に観念して、又次の考へに移った。

……其の時分は今日の様に紡織業《ばうしよくげふ》が盛んに行はれて居るで無し、只各自《めいめい》の家で婆さんたちが、手《て》織縞《をりじま》を織る位のものであった。農家ばかりの自分の村でも、戸毎に皆手織機《てをりばた》を持って居った。其の環境に支配されると云ふものか、自分の考へは段々と此の織機の方に向《む》ひて来た。或る時は近処の婆さんの機《はた》を織るのを、終日立ち暮して見て居った事もある。機の動く調子が段々判って来る。織り上げられる木綿が、段々捲き上げられてゆく。見れば見る程面白くなって来る。趣味も起って来る。此の機は日本中皆使って居る。是を改良して、動力で動かすことになれば、慥《たしか》にこれまでのよりも、早く

織り上げられることになる。沢山に織れる。安く織り上げることになる。買ふ人が、安い木綿が買へることになる。そうなると、大変に世の中の為になる。これほどお国の為になるものはないと、考へは夫《そ》れから夫れへと進んで、遂に織機の改良発明と云ふことに、方向を決めて仕舞った。

晩年の佐吉は原口晃に若き日の試行錯誤を「発明の道程」の章でさらにこう語っている。一八八〇年代の日本では織機を動力で動かすという考えはまだ世間にひろまっていなかった。それで「かせ」あるいは「かせい」と呼ばれるものをまず造った。紡錘《ぼうすい》でつむいだ糸をかけて巻き取る「工」字形の道具のことである。

尤も初めは綛繰機《かせくりき》などを考案し、之《これ》を製造し之を販売して、生活の資《たす》けにしては織機の考案を進める。人の手ばかり借りて居っては、仕事が思ふ様に運ばぬ。自分にも大工の真似事もやる。朝から晩まで、毎日〳〵、こつ〳〵と何か拵へて見ては壊す。造っては又造り直す。それを後から考へて見ると、随分へまな事もやった。まるで狂人じみた遣り方さ。傍人《ぼうじん》が眺めて狂人扱ひにし、変り者扱ひにしたのも、尤も至極の事さ。

そしてこれは最初の妻となるたみの兄に当る佐原五郎作を指すかと思われるが、「弟を連れて東京に出掛けた事もある」。第一回の上京は明治二十年だった。翌二十一年には志願して徴兵検査を受けたが、抽籤にはずれてしまった。満二十歳の佐吉にはまだ発明家として立つ目途《めど》がつかなかったからこそ兵役を志望したのだろう。明治二十二年には東海道線が開通し、以後佐吉は再三上京する。二十三年には第

三回内国勧業博覧会が四月から三ヵ月にわたって上野で開かれ、連日紡績機械を熱心に見学した。これが佐吉に刺戟を与えたことは確かだが、後年藤原銀次郎に語ったところによると、職人的な技術はあるものの、工学的知識に欠けるために「あまり役立つことなく」終わった。察するに職人佐吉は、自分の目で確認し自分の指や手や足で織機を動かしてみないと、自信がもてなかったのだろう。

故郷からほど遠からぬあたりでも新しい気運は起こりつつあった。明治十七年、政府の保護奨励によって全国十箇所に二千錘紡績所が設立されたが、その一つ遠州紡績会社が天竜川畔の二俣《ふたまた》に開業したからである。これは西洋からの輸入機械を仔細に観察する絶好の機会であった。その話を聞いた佐吉が「先ヅ二俣紡績ニ入リテ機械ノ素養ヲ修メント父ニ相談シタルモ容レラレズ、涙ヲ呑ンデ思ヒ止マ」った、と『発明私記』に出ている。殖産興業の時代である。スマイルズの『西国立志編』では発明家の中でも特に織機の発明者たちがイギリス産業革命のヒーローとして称賛されている。日本にも昔ながらの手動織機はあり、今そこにモデルとするべき西洋の動力織機が導入されてきた。そうした内外の刺戟の中で、豊田佐吉にも活躍する場はおのずと開けようとしていた。二俣紡績にははいれなかったが、その翌明治十八年から「爰《ここ》ニ専《もっぱ》ラ力織機発明ニ意ヲ注ギタリ」と『発明私記』にあるのは、そうした外的事情もあってのことである。佐吉の発明はけっして無から生まれたわけではなかった。こうして豊田佐吉は明治二十三年、豊田式人力織機（木製）を発明した。

そうこうして居る間に、どうやら織機の改良の考案がついた。矢も楯もたまらぬ。只一気に特許を受けねばならぬと、其の出願手続をしたのが明治二十四年頃の事であった。

佐吉はその年の五月十四日に特許一一九五号を受けた。佐吉にとって最初の特許である。しかし特許を取ることとその発明を実用化して利益をあげることとはまた別である。

愈々特許は取れた。ところが織機がまだ実用に適しない。尚幾多の改良を要する。苦心は益々多くなって来た。生きて居る以上、食はねばならぬ。衣《き》ねばならぬ。研究考案に金はかゝる。昔からの発明家と言ふ発明家は、悉《ことごと》く貧乏で、おまけに人情の離反《りはん》、果ては虐《しひた》げられる。凡《あら》ゆる人間の悲哀を嘗め尽して、後漸《やうや》く其の大願望を成就する。これが発明に一生を托する者の、常に経過すべき順路となって居る。自分も其処までは往かずとも、随分と涙のこぼれる様な道を通って来た。

ここで佐吉が言及した「昔からの発明家」には、あるいは次第に登場しつつあった日本の発明家も含まれているかもしれないが、その数はまだ知れたものである。とすると「昔からの発明家の悲哀」には『西国立志編』を通して知ったアークライト、ピール、ウィリアム・リー、ヒースコート、ジャカール、ヘイルマンなど西洋の発明家の若き日の「悲哀」のことが念頭にあったのではあるまいか。佐吉は約三年間はその悲哀と失望の幕に閉ざされていた。人の同情にすがり、かろうじて腹をふくらしていた。それでも「明けても暮れても、織機の考案、試作、実験に没頭し」たおかげで、

漸く今度こそはと思はれる程の織機が出来上った。そこで明治三十二年の頃、愈々名古屋の武平《ぶへい》町に、小工場を設け、織機二十台位を据付けて、運転を始めた。これが愈々自分の開運の端緒である。「豊田の発明した織機が出た」という声が四方から佐吉の耳にもはいってきた。彼はこうして人生の

転機を迎えることができた。そしてその十五年後には第一次世界大戦で海外から織機の輸入が途絶したために、

綿布界は金儲けの為に歓声が湧き上ったが、自分は一人で、多年の苦心が酬《むく》ひられたと、人知れず笑壷《ゑつぼ》に入った。こう云ふ時の愉快は、発明に苦しんだ者でなければ判らぬよ。

21　岡田良一郎

産業化への土着の道

後発国の産業化の過程には二つの道がある。第一の道は海外先進国からの優秀な技術の導入である。明治初年の日本が英国から綿糸紡績機械を輸入したとか、フランス・イタリアから製糸機械を購入したとか、出来合いの技術を取入れたとかがそれで、その第一の系譜を辿ることは比較的容易である。しかし外国からの技術移転は、国内にもまがりなりに土着の受皿があって、初めて自発的な将来への発展に転化しうる。新式の教育を受けなかった豊田佐吉のケースが興味深いのは、佐吉がその後者、すなわち第二の土着の系譜に属するからである。

豊田佐吉は幸田露伴や夏目漱石や鈴木貫太郎と同い年で、慶応三年、一八六七年に生れた。翌年は日本が他のアジア諸国に先がけて改革開放に踏み切った明治元年で、西洋を範とする産業化こそが新しく成立した中央政府の一大目標であった。明治という時代を把握するには、日本資本主義発達史とか国文学史とか帝国海軍興隆史とかの縦割区分の研究も大切だろうが、それだけでは歴史は立体的に見えてこない。細部をおさえつつも全体を鳥瞰することが大切だ。いや一国単位の歴史家には「西洋の衝撃と日本」という問題は手にあまるだろう。しかし観念的で抽象的な文明史観をいくら説いても、明治の産業化の実相は具体的につかめない。殖産興業を可能にした日本の地方の土壌とは一体どのようなものであ

ったのか。
紡績についての技術移転を振返ると、明治五年（一八七二）には官営の富岡製糸場が開業した。六年には西陣の織物伝習生佐倉常七、井上伊兵衛がジャカード・バッタンその他の織機を携えてフランスから帰国し、京都府営織工場で一般の指導に当った。十三年には内務省勧農局所管の千住製絨所が開業した。これらはお上《かみ》の指導による近代化への試みだった。そのころの地方には、織機を動力で動かすという発想はまだなく、農家ではみな手織機を用いていた。この「ておりばた」と訓で読んでいた和風の機は、古くから機大工《はただいく》が拵えていた。ところがそうした土着の伝統の中から新時代の刺戟を受けて、綿織用の豊田式小幅木製動力織機——これは「しょくき」ないしは「しょっき」と音で読む——が、豊田佐吉の手で明治三十年に工夫発明され、織機生産工業が日本における機械工業の一部門として成立するに至る。豊田織機の場合は土着の道であるところが興味深い。ただしその道が開けたについては、新時代の感化もあった。豊田の場合、どこまでが土着で、どこまでが外来モデルの刺戟伝播に由来するのか。また遠州の子が発明家として大《だい》をなした背景には、いかなる土地固有の考え方があって、それにいかなる外来の影響感化が加わったのか。日本土着の考え方は、スマイルズの発想となにか縁があったのか、そうした点についても考えたい。

岡田良一郎

豊田佐吉は昭和五年（一九三〇）に死んだ。昭和六年の原口晃の『豊田佐吉翁に聴く』にも昭和八年（昭和三十年に発行所トヨタ自動車工業株式会社として再版された）の正伝といわれる『豊田佐吉伝』にも

実はスマイルズの名は現れない。そこで再三言及されるのは日蓮宗と報徳宗である。「中でも報徳宗の感化は余程深く翁の精神活動を支配してゐた」と正伝は強調している。そして佐吉が順境に棹《さお》さした時も難局に立たされた時も、発明に成功した時も失敗した時も、「一身《いっしん》の他《ほか》に身方《みかた》なし」という信念を失わなかった、と記されている。「身方」は「味方」と同義である。この句は報徳宗の始祖二宮尊徳（一七八七―一八五六）から来ている由だが、興味深いのは、「一身の他に身方なし」の句が、セルフ・ヘルプの発想そのものと読めることである。敵味方の関係にとらわれずに英語に訳すならば、この句は、"You cannot depend upon anyone but yourself." となるだろう。報徳宗の感化を受けた佐吉の発想には、そのような自立の精神についてだけでなく、種々の点でスマイルズの発想と共通するところがあるのではあるまいか。では、佐吉が感化を浴びた明治十年代の遠州の報徳宗とはいかなるものであったのか。

豊田佐吉の出身地の近辺で報徳宗を広めた第一人者は二宮尊徳の高弟岡田佐平治の長男で、掛川倉真《くらみ》の庄屋の岡田良一郎（一八三九―一九一五）だった。豊田伊吉・佐吉父子は良一郎や浜名湖北岸の気賀村長の松島吉平の教えを直接間接に受けたらしい。

岡田良一郎は浜松銀行創立者の竹山謙三の義兄で、この謙三が長上・敷知・浜名三郡の郡長をつとめ、その資格で明治十六年、佐吉も普請を手伝った新所《しんじょ》学校の開校式で祝辞を述べたことは前にふれた。岡田良一郎は、本来は農業本位の勤労倫理を説いていた報徳宗を、遠州の地で、スマイルズ風の産業本位の勤労倫理へと転化させた人である。岡田良一郎が明治十年代になって著した論には二宮尊徳とともにスマイルズの名前もまた登場する。二宮尊徳の弟子筋の報徳社主流の人々が、旧来の徳本論を主張したのに対し、岡田は「財ハ本ナリ、徳ハ末ナリ」などと財本論を唱えた。そのために報徳思想における神

道的側面を強調する派の福住正兄や、あくまで徳本論に立つ正統派の富田高慶や二宮尊親の非難を浴びた。岡田の『報徳富国論』(明治十四年)から察すると、遠州の思想的指導者としての岡田は、従来の農業本位の報徳思想を勧業論の見地からとらえなおし、明治維新以来の変革の動き、とくに新政府の殖産興業の政策に即応しようとつとめたらしい。岡田はしきりと「活法」という言葉を用いたが、それは興国安民の報徳宗を、農業のためだけでなく、産業育成のためにも活かそうと考えてのことだったようである。

号を淡山といった岡田良一郎が明治十二年に出した著書には『活法経済論』があり、『二宮尊徳全集』第三十六巻別輯門人集に収められている。序を寄せた一人は中村正直であった。この書物には「瓦徳」ことワットの蒸気縮密機器も「士提反孫」ことスチブンソン(スティーヴンソン)の行動機器(蒸気機関車)も「阿克来」ことアークライトの紡綿機も登場する。いずれもスマイルズ『西国立志編』にいま引いた通りの漢字表記で日本に紹介された、イギリス産業革命時の発明家たちである。岡田は報徳宗の土壌にこのようにして新しい産業主義を移植しようとした。単に理屈を説いただけではない。この「豪農」は竹山謙三と組んで明治十七年、天竜二俣に遠州紡績会社を開業した。これは明治政府がイギリスから買い上げた二千錘紡機十基——その中にはハーグリーヴス社製もプラット社製も含まれていた——の一基を、岡田の要請に応じて、二俣に設置したからである。若き日の豊田佐吉がそこにはいって機械の素養を身につけようとはかったが、父に許されなかった会社である。このように見てくると、佐吉が感化を浴びた報徳宗なるものの実態は具体的には岡田の理解・説明するところの考え方に近いものだった、と了解してよいであろう。

二宮尊徳は「人道は作為の道にして自然の道に非ず」という天道と人道を区別した考え方の持主で、自然を人間の力で利用する「人道は作為なり、勤労すべし」という実践家でもあった。農業体験に基づいて科学的・数量的経営を説き、利子計算にまつわる発想は、資本の原始蓄積を説いてきわめてフランクリン風である。尊徳自身は農業を念頭においてそれらを考えたのだが、その理数的発想には近代産業の運用に応用可能な着想が多い。岡田良一郎は新時代の人として、その発想の応用転換を試みた。

そのように了解された報徳宗と産業的発明との関係について、豊田佐吉と同じ遠州の出の一企業家で岡田良一郎の教えに従った一人に貴重な回顧談があるので、それによって「報徳宗の倫理と日本資本主義の精神」とでも呼べるような問題を一瞥したい。そんな呼び方は大袈裟に過ぎて気恥ずかしいのだが、別にウェーバーのパロディーを述べるつもりはない。日本の遠州の場合も実地の体験に即して検証しようと思うまでである。なぜ遠州の地は次々と発明家を世に送り出すこととなったのか。

22　『報徳記』から『自助論』へ

鈴木藤三郎の「荒地開発主義」

明治四十一年（一九〇八）、警醒社から出た留岡幸助編『報徳之真髄』は、時の文相の牧野伸顕、井上哲次郎、加藤弘之といった帝大系の学者、またさらに岡田良一郎やその長男・次男に当る岡田良平・一木喜徳郎などが報徳教の意義を説いた一冊である。ただし断然面白いのはそんなお偉方のお説教ではなく、鈴木藤三郎（一八五五―一九一三）が語った「荒地開発主義の実行」である。「荒地《あれち》の開墾《かいこん》」とは佐吉も談話で口にした二宮尊徳の考え方そのものである。藤三郎は佐吉とほぼ同郷の遠州人で、十二歳年上にあたる。岡田良一郎の報徳宗に刺戟された。初めは農業（茶の栽培）に従事し、ついで養家の商業（菓子製造）に専念し、それにも尊徳流儀を応用して成功すると、さらに発明家となり産業家となった。その人の思い出は率直で、人心の機微を伝えてまことに面白い。

子供の時から報徳といふ語《ご》を聞いて居《をり》ましたが、私は唯身代《しんだい》を殖やした人たちが、破れ草鞋《わらぢ》を履き、けちな事をして金を溜めるのを報徳といふのだとばかり思つて居りました。

そんな藤三郎は二十三の年まで『二宮先生何々』という本を見ては「にぐう」と発音していた。それが『天命十箇条』を読んですこぶる心を動かされ、報徳社に出入りするようになった。明治九年か十年、

浜松の玄忠寺で岡田良一郎の父の岡田佐平治が毎月話をするのを聞いて開悟した。それからは会日には郷里森町から七里の道を遠しとせず必ず聞きに行った。自分の頭で考え、理屈をこねる藤三郎の反応はきびきびして率直で気持よい。時には議論を吹きかける。

「目上の人であらうが、座上に障りがあらうが、一向頓着なく食つてかかると云ふ風でありますから、人によるといやがります。」

福住派の人々と論戦を交えたりする。養父は報徳の教えは聴いた人ではないが、菓子製造の職業にはなかなか熱心で、一季出盛りの時のほかはずいぶん朝寝もする製茶職業に従事する藤三郎の枕元へ来て、「何だ、朝寝の報徳というがあるか」とどなる。「朝寝の報徳もあります」とおよそ無理な答えをしたが、明年一月一日から新しい人間になって働くから、と待ってもらう。そしていよいよ荒地開発主義の実行を決心する。まず当時は見た人も聞いた人もほとんどいなかった目覚し時計を七円五十銭奮発して買った。フランクリン主義は「早起きは三文の徳」という Time is money の考え方と結びついていると思うが、中村正直が昌平黌の教授に任ぜられて安政二年（一八五五）、舶来の時計をいちはやく買ったことなどがはしなくも思い出される。

鈴木藤三郎はしかし尊徳の教え通りに荒地を開墾するのではない。明治十年一月一日を期して尊徳の仕法に基づいて家政経費調べを行ない、自家の分度法を立てそれを父の菓子商売に応用し、五年後には非常な成功を博した。かねがね師事していた岡田良一郎に帳簿と計算書を持参して報告すると、岡田は「荒地開発主義を商業に応用したのはお前が始めてだろう」と尊徳の分度法がいずれの事業にも応用可能なことを認めてくれた。この分度や仕法が具体的にどのようなものであったか、その実態は原著にゆ

ずるが、資本の蓄積と数理的運用は農業のみならず商業にも産業にも有効である、と両者は確認したのである。

鈴木藤三郎はついで製糖業に転ずる。明治十年代半ば日本が外国へ輸出する茶の額が年に四百五十万円、日本の精製糖輸入額もほぼ同額の四百万円余であった。藤三郎はこれを内国製造に切換えようと思い立つ。藤三郎は上京すると工部大学校学生の猪原吉次郎に説明を乞うた。猪原は洋書を読んで聞かせ、大学で分析実験も見せてくれた。本人も吉田五十穂訳『甜菜糖製法』を読んで調べた。そして自分の技術や資本ではとても外国の製糖業とは太刀打ちできないと感じた。ただ氷砂糖の分野なら、もし機械工業的に生産できるならば、値の高い中国福州産の輸入氷砂糖に勝てる、という見通しだけは立った。そこで藤三郎自身が家の味噌部屋を実験室に改造し、氷砂糖製造の実験に打込むのである。本人の回顧を聞こう。

……学者に聞きましても分らぬのは道理で、学者は自ら営業に手を下した人ではありませぬ。之《これ》は何でも自分で実験して、詳《つまびら》かに氷砂糖結晶の状況と変化とを知るに限ると思ひました。処が最も困難なるは温度及び空気の関係であります。例へば春はよく出来ても、夏はいかぬことがあります。それには色々と手をかへて其の状況を細かに目撃したいと思ひまして、明治十六年の夏であります。例の味噌部屋の実験室の中に、沢山の器《うつは》へ砂糖の液を入れまして、自分も握飯持参で、二週間昼夜とも此中に立て籠つたのであります。温度は火鉢を入れて百二十度（摂氏四十九度）から百四十五度（摂氏六十三度）の間を色々とかえて見ました。無論丸はだかであります。折々苦しくなると実験室の小窓

を明けて息をします。じつと見詰めて居りますと、砂糖が始めて結晶する時は、電気の作用であるか、ぱつと美くしく光り、それから段々結晶するのであります。器の上の方から固まつて来るのもあれば、下から結晶し始めるのもある。器の大小、形、液の深さによつてちがひます。温度の高低にもよります。どうするのが最も良いかといふことが、すつかり分りました。之を見て居ると睡いといふことが更に無い。裸体《はだか》で握飯を焼き、梅干を添へて二週間の間食つて居たのであります。

パリシーの土器に釉薬を塗って窯で焼く実験にせよ、鈴木藤三郎の氷砂糖の結晶化の実験にせよ、今日ほど科学技術が複雑に発達してない段階での実験であったせいか、話が素人にも通じやすくて面白い。だが「汝の熱心汝を食ふ」こんな事も起こった。

さて実験の結果略《ほ》ぼ氷砂糖の出来方が明瞭になりまして、味噌部屋を出た晩は家に入つて、ぎつすりと寝たのであります。処が翌朝枕をつけた頭の半分がむづむづするので、よく見ればすつかり張れ上つて膿《うみ》を持つて居ります。化学者の猪原氏の兄さん、猪原医師に見て貰ひますと、どうも何病であるか分りません。翌晩は他の一方が又膿みました。医者も手をつけることが出来ない。如露《じよろ》で水を頭からかけますと、白い膿が流れる。斯くの如き体たらくで、十一月の下旬になつてやつとよくなりましたが、頭に髪の毛が一本も無くなりました。

世間には花柳病などと噂する者もいた。が、この病気が全治するや藤三郎はまた前の実験に取りかかった。「あれでも懲りずにやるのか」と養父は驚いたが、へこたれない。実験結果はだんだんと成績を

あげ、やがて資本金提供者も現れた。こうして鈴木藤三郎は氷砂糖から始めて日本の製糖業界で他を抜きんずる地位にいたるのである。(もっとも最晩年には失脚の憂目に遭うのであるが。なお鈴木藤三郎伝としては息子の鈴木五郎の手になる『先駆者の一生』という下手に小説化された伝記が昭和十五年に平凡社から出ている。巻末の年譜と一五九件の特許のリストが印象的である)。

鈴木藤三郎は同じ遠州の報徳宗の土地から出た実験家、発明家、企業家として豊田佐吉と明らかに同じ類型に属する。性格的というより、背景や発想や閲歴が似ている。二人はともに西洋風新教育は受けなかった。では純粋に遠州土産《どさん》の実生《みしょう》の発明家かといえば、そうともいいきれない。文明開化の刺戟の下で、藤三郎はあるいは工部大学校の学生という新知識に向け質問を発し、あるいは自分も西洋の製糖法の訳本をぼろぼろになるまで読んでいる。佐吉はあるいは横須賀造船所を見学し、あるいは内国勧業博覧会に陳列された西洋製機器のメカニズムを調べている。そして発明に没頭するうち、二人はいつのまにか『西国立志編』中の「新機器ヲ発明スル人」さながらになっていた。スマイルズの教えに自覚的に従ったか否かは別として、彼らは明治の東国立志編中の人となり、鈴木藤三郎は日本精糖や台湾製糖の社長、豊田佐吉は日本の豊田紡織の社長となったばかりか上海にまで進出した……

二宮尊徳の報徳宗からスマイルズのセルフ・ヘルプへ、——それは明治の日本で見られた接木にも似た、勤労倫理の継続と刺戟と変化の動きだったのではないだろうか。一つは徳川時代から引き続く土着的な知恵であり、一つは西洋から渡来した新知識という刺戟であり、その結果として生じた新しい変化である。豪農の岡田良一郎は過渡期の開明的な地方指導者として自覚的にその両者を視野に入れていた。鈴木藤三郎や豊田佐吉のような青年は、報徳宗に加えるに新しく発明することの意義を聞かされて

発奮した新時代の農村青年であった。そしてそのような精神史のダイナミックスは、遠州に限らずそれ以外の土地でも見られた現象なのであった。

そしてそんな時代の趨勢《すうせい》を一身に体現《たいげん》した一人は、文学史の方面では、先にもふれた幸田露伴だったのである。露伴は二宮尊徳の『報徳記』からスマイルズの『西国立志編』への継続性をまさに身をもって証言している人なのである。

『報徳記』から『自助論』へ

徳川時代の最末年、江戸に生れた幸田露伴こと幸田成行《しげゆき》は、東京英学校を中退、漢学を学び、図書館で諸書を耽読《たんどく》した。それでも明治の青年として明治十六年、電信修技学校に入り、給費生として自らを支えた。十八年満十八歳の年に北海道後志《しりべし》、余市《よいち》の電信局に技手《ぎて》として赴任した。だが旧幕府派の子弟としては意にそまぬ都落ちだったのだろう。二年後に官を捨て出京、そのため免官処分となるが、やがて筆一本で作家露伴として立った。その彼が北海道の二年、心中にいかなる思いを抱いて過ごしたか、詳しく調べた人はいない。そんな露伴は明治三十七年雑誌『成功』のアンケート「青年者の品性修養に最必要なる書目」に答えて、『論語』『孟子』王陽明『伝習録』『新約聖書』とともに『西国立志編』と『報徳記』をあげている。露伴は尊徳に傾倒し伝記も書いた人だが、明治三十八年『報徳記及び尊徳翁につきて』では自分の若い日を回顧して、

……其頃此『報徳記』を読みまして大に愉快を覚え、自分の体に一つの強い、力のある考が沸くや

うな気が致しました。勿論前々聖賢の教、修身の書などを読んでゐなかつたでもありませんでしたが、併し『報徳記』は書かれた事実が非常に目の前の事で、而かも全篇事実を以て説明してある。……

と述べている。ところで露伴はほぼそれと同様な感銘を、並べて掲げたスマイルズからも受けた。二宮尊徳の『報徳記』とスマイルズの『西国立志編』は露伴にとっていかにも相重なる書物であった。その相似性について、こんな示唆に富む指摘がある。すでに「幸田露伴の『鉄三鍛』」の項でふれたが、鉄造少年が仕事を求め「働かうよ、我を使へ」と叫ぶと、その声を聞きつけた下谷の学者が鉄造を家に呼びこんで身上を聞き、「今の齢《とし》にて汝《そなた》の労働《はたら》くべき事は学問なり、これを能く読《よ》みて行末大きに働くべし」と一冊の書物をくれる。読者はそのことを御記憶であろう。露伴が明治二十三年一月『鉄三鍛』を雑誌『少年園』に掲げた時、その学者がくれた本は『報徳記』であった。二宮尊徳の事蹟を高弟富田高慶が述べた書物である。ところが露伴は『鉄三鍛』を単行本に収める際、学者がくれた本を『報徳記』から『自助論』、すなわちスマイルズ原著中村正直訳『西国立志編』に変えた、というのである（『前田愛著作集』第三巻「一葉の世界」二七〇頁）。明治も後期に入ると、日本の年少の読者にとっては自国の古臭い尊徳よりも西洋のスマイルズの方が新鮮で、ファショナブルなものと思われたのだろう。それで露伴も時好《じこう》にあわせて換えたのだ。しかし興味深いのは、『鉄三鍛』の結びでこの二冊の書物を取換えても、二冊いずれの場合も話がすなおに進行し、読者にまったく違和感を与えない点だろう。それは立志の若者を激励する書物として『報徳記』も『西国立志編』も共通した性格を有するからである。自主自立を説くこの二冊は精神史的に互換性のある書物なのだ。幕末期に尊徳が農業分野で論した合理

的な勤労倫理は、その精神を生かして応用しさえすれば、ヴィクトリア朝にスマイルズが産業分野で説き示した勤労倫理とそのエトスにおいて通じていたのである。その二冊はともに労働の福音を説いたといってよい。ではその勤労の福音を語る一句は何かというなら、『鉄三鍛』中の学者がいった次の一句を私は選びたい。

労働《はたらき》の報ひは汝自ら天の無尽蔵《むじんぞう》より受くべし。

この天への畏敬を含む自助の教えを、露伴ははたして二宮尊徳から拾ったのか、それともスマイルズから拾ったのか。そのいずれであるか軽々《けいけい》に判断することはできない。『報徳記』の思想と『西国立志編』の思想とは、若き日の露伴の胸中にあって、それほど重なり合い、また交じり合っていたのである。わが国で『報徳記』のよく読まれた地方はまた『西国立志編』も読まれた地方だったに相違ない。

23　非凡なる凡人

非凡なる凡人

若き日の幸田露伴は電信技手《ぎて》として北海道へおもむいた、と述べたが、電気事業は明治になって日本に導入されたものである。電信にせよ電燈にせよ電鉄にせよ、徳川時代にはなかった。その新しい事業を支えるのが技手だが、技手は明治に生れた新しい職種で、士農工商の区分とはやや趣きを異にする新しい社会階層を形成する。漱石の『坊つちやん』（明治三十九年作）の主人公は四国で中学の同僚と喧嘩して東京へ飛んで帰ってしまう。そして街鉄の技手になる。中学教師の月給が四十円だったのに対して月給は二十五円だというから中産階級の下と見做してまちがいないだろう。このミドル・クラスこそ新しい資本主義社会の新階級なのである。

ほぼ同じ時代の設定だが、さらに低額の月給十二円で電気部の技手として横浜の会社に雇われる青年は国木田独歩の短編『非凡なる凡人』（明治三十六年）の主人公である。この少年は桂正作という。これも鉄造と同様やはり寓意的な名前だが、正作はその通りまっすぐな性質で、「日本流の机は衛生に悪い」と小学校で先生に言われると、粗末な日本机の下に継台《つぎだい》をし、箱を椅子代りにしてこの「テーブル」に向って読書している。ここで余談にわたると、私は昭和の戦争中に小学校へ通ったが、当時は都会でも畳の上の座布団に坐り和机に向って勉強する子供が大半で、正座する習慣なしに家庭でも椅子に腰掛け

て勉強していた私は例外だった。それだけに、それより半世紀前の片田舎でのこの生活習慣の合理化志向はすこぶる新鮮なのである。そのテーブルの上は、筆墨の類まで決して乱雑に置かれていない。日曜の好い天気なのに正作は洋綴の本を脇目もふらずに読んでいる。

「何を読んで居るのだ」

「『西国立志編』だ」

「面白いかね？」

「ウン、面白い」

「『日本外史』と何方が面白い」

すると「『日本外史』とは物が異《ちが》ふ」と桂は微笑を含んで答えた。先に露伴の『文明の庫』を論じた際にも述べたが、幕末の志士が感激した史書は頼山陽の『日本外史』だった。しかし露伴と同じく、独歩の桂少年も軍記物や漢籍の歴史物はとらない。少年主人公にとっての理想の英雄はワットやエヂソンや「ステブンソン」ことスティーヴンソンなのである。小学校を出ると桂ははや自立しなければならない。銀行につとめ、計画的に給金を貯《た》め、三ヵ月分の生活費を貯金したところで上京した。昼は働きながら、夜学に通った。作中の「僕」の方は中学を卒業してから上京し――ちなみに、二十世紀初頭の日本の中学卒は二十一世紀初頭の日本の大学卒よりも少ない。絶対数が少ないだけではない。同世代比からいっても少なかった――、そして昔の誼みで桂の下宿を訪ねる。青年は貧しいけれども、必要品を粗略にするほど、東洋豪傑風の美点も悪癖も受けていない。「彼は『西国立志編』の感化を受けただけに頗るハイカラ的である。今にして思ふ、僕はハイカラの精神の我が桂正作を支配したことを皇天《くわうてん》

に感謝する」。「僕」が机の上を見ると、教科書用の書籍その他が、例のごとく整然として重ねてある。その他周囲の物すべてがみなその処を得てキチンとしている。「物はすべて所を定めて置くべし。仕事はすべて時を定めてなすべし」という「規律」はフランクリンの十三の徳目の一つだが、整理整頓はまたスマイルズの訓えでもある。

しかし桂正作も、上京当初は生活費を稼ぐのに窮して、九段の公園で砂書《すながき》の爺《おやじ》を見て、その弟子入りをした。大道の傍に坐り、一銭、五厘、時には二銭投げてもらって出鱈目を書いてはいくらかずつの収入を得ていた。ある日正作は客のないまま自分で勝手なことを書いては消していた。ワット、ステブンソン、などという名を書いていると、八歳ばかりの男の子を連れた衣装《みなり》の善い婦人が前に立った。

「ワット」と子供が読んで、「母上《かあさま》、ワットとは何のこと?」と聞いた。桂は顔をあげ子供に解り易いやうに此大発明家のことを話して聞かし、「坊様《ぼうさま》も大きくなつたら斯んな豪い人におなりなさいよ」と言つた。さうすると婦人が「失礼ですけれど」と言ひつゝ弐拾銭銀貨を手渡しゝて立ち去つた。

「僕は其銀貨を費《つか》はないで未だ持つて居る」と正作は言つて罪のない微笑をもらした。

「活ける西国立志編」の桂正作はそのようにして工手学校の夜学に通い、卒業して技手になる。そして国から飛び出してきた弟を養って、いまは入社五年目、電気技師として真面目に「今其の為しつゝある仕事に打込んで居る」。

桂の仕事を為て居る場処に行つて見ると、……一本の太い鉄柱を擁《よう》して数人の人が立つて居て、正

作は一人其鉄柱の周囲を幾度となく廻つて熱心に何事か為て居る。最早電燈が点いて白昼の如く此一群の人を照して居る。人々は黙して正作の為る処を見て居る。器械に狂の生じたのを正作が検分し、修繕して居るのらしい。

なんだ、それだけの仕事か、としらけた昨今の青年はそっぽを向くかもしれない。しかしそのようにして志を立てた「非凡なる凡人」が数多くいたからこそ、日本は今日の日本に成り得たのだ、といえるのではないか。

一方では産業化の余慶にあずかることを当然と心得ておりながら、それでいて他方で「反近代」とか「反文明」とかを軽々しく口にする輩を私は好まない。振返ってみると、私が初めて中国で「中村正直と『西国立志編』」について講義したころは停電が多かった。北京市でも区ごとに停電日の割当てさえ決められていた。そしてその停電割当て日以外にも突然の停電は多かった。実際、桂正作のような「非凡なる凡人」が現れて中産階級を形成しない限り、アフリカなどの低開発国には電燈はともらないのである。いや電線が引かれたとしても、じきに停電してしまうのである。なにも遠い外国だけが遅れていたというのではない。日本でも私の父など大阪にほど近い河内で育ったが、二十世紀の初めにはまだ石油ランプで暮していたのだ。いや私自身が子供の昭和初年のころは房総の村では昼間は電気は来ず、夕方六時になってやっと電気の通じる日々だったのだ……

24　男女ノ教養ハ同等ナルベシ

金剛石も磨かずば

いなづまの光をかりしともしびによるもさやけき宮のうちかな

これは明治天皇の皇后美子《はるこ》が明治二十二年に詠まれた歌である。日本では宮中に電燈がともったのもようやくその一八八九年だった。稲妻への言及は皇后がフランクリンが凧を用いて稲妻と電気の同一性を証明した実験を御存知だったことを示している。そのフランクリンは十三の徳目を掲げた。それはプロテスタントの勤労倫理として知られているが、その第六「勤勉」の徳目とはこうである。

勤勉　時間を空費するなかれ。つねに何か益あることに従うべし。無用の行いはすべて絶つべし。

原文は次の通りである。INDUSTRY. ——Lose no time ; be always employ'd in something useful ; cut off all unnecessary actions.

美子皇后はこの味も素っ気もないフランクリンの徳目を次のような和歌によみかえた。

勤労

みがかずば玉の光はいでざらむ人のこころもかくこそあるらし

そしてそのお歌に手を入れて次のような一首を詠まれると、明治九年二月「東京女子師範学校にくだしたまふ」たのだった。

みがかずば玉も鏡も何かせむまなびの道もかくこそありけれ

このお歌をもとに作られたのが『金剛石』の小学唱歌である。明治二十年、美子皇后のお歌は奥好義の曲にあわせて敷衍《ふえん》され、やがて日本国中津々浦々で歌われた。これもまたフランクリン、スマイルズの思想の日本への移植だったのである。

金剛石も　みがかずば
珠のひかりは　そはざらむ
人もまなびて　のちにこそ
まことの徳は　あらはるれ
時計のはりの　たえまなく
めぐるがごとく　時のまの
日かげをしみて　はげみなば
いかなるわざか　ならざらむ

中村の一生も勤勉な生涯であった。その家庭には新風があった。ヴィクトリア女王治世下のイギリスで家庭生活、いわゆるhomeなるものを見てきた中村は、一家の主婦が堂々と振舞い、遠来の客人とも話題に事欠かないことに強い感銘を受けた。帰国するや、

「男女ノ教養ハ同等ナルベシ。二種アルベカラズ」

という主張を打ち出した。中村がヒースコートの伝を訳した際、原文に無い「イカニ、ジョン」「否、アン」など夫婦の会話にファースト・ネームをまじえたことを先に述べたが、中村が英国人の家庭生活をかいま見て、たがいに名前で呼び合う習慣を羨ましく思ったゆえの工夫であろう。中村は夫婦仲もよく、妻鉄子が常に夫の原稿の浄書《じょうしょ》をしたと伝えられる。中村は最期に、にっこりと夫人に向い、こういって息をひきとった。

「長々手厚い世話になった、お蔭で生涯勉強が出来ました」。

東京女子師範学校開校式

明治天皇の皇后美子は中村正直や『西国立志編』と切っても切れない縁にある。

女子の地位の向上に留意した中村は、日本で女子高等教育の先鞭《せんべん》をつけた。明治六年に江戸川に開いた私塾でも女子の入学をすでに認めていたが、明治八年、東京というかアジアで初めて女子師範学校――お茶の水女子大学の前身――が開かれた時、乞われてその初代校長（摂理）となった。「良妻賢母」という彼の女子教育の発想は、念頭に西洋のladyという理想像があった以上、ただ単に家政に埋没した女であるはずはなかった。中村は日本女性も公共の場へ出て活躍すべきことを考えた。イギリスで女

王が公式行事に出席される例にかんがみ、日本の皇室史上かつてないことを当局者と協力して実現した。明治八年十一月二十九日、東京女子師範学校の開校式に皇后陛下の行啓をお願いしたのである。美子皇后はこの年二十五歳、明治元年に一条家から明治天皇より二つ年上の姉様《あねさま》女房として入内《じゅだい》された。そしてこの時はじめて公共の席に臨まれた。生徒の青山千世は緊張して、目をこらして、見つめていた。

皇后の髪はおすべらかし、お雛様の着つけのように美しく重なった白襟の上に緋《ひ》ぢりめんのきもの、緋の袴、その上にはおったうちぎは、黄色地に紅で枝菊を浮き織りにしたもの。緋の袴の裾からは爪先のとがったハイヒールがのぞいていました。まだ二十代のうら若い皇后はまことに匂うような美しさ。(山川菊栄『おんな二代の記』)

そして中村校長は祝辞を述べた。それは一方では『大学』を踏まえて「政治ノ善ナルハ家法ノ善ナルニ関係シ」と「婦人ノ心志端正、知識長進」の必要を唱え、他方では文明史観を述べ、日本では「婦人教養方法ハ甚ハダ欠《かけ》タリ」と指摘し、女子高等教育の必要性を強調した。それは儒学者であり洋学者である中村らしい主張であった。いつの時代でも新しい考えは、なんらかの意味で旧来の伝統の延長線上につらなることによって市民権を得る。新旧二つの発想は混在し、共存しているのだ。それによく注意して見れば、皇后様も日本のおきものを召しておいでになりながら、履物《はきもの》には西洋のハイヒールを召していらっしゃる……。

続いて生徒の御前講読である。首席入学の青山千世は『泰西勧善訓蒙』から慈母の教えの一章を、いま一人の生徒は中村校長訳の『西国立志編』の一節を講読した。そしてそのあと千世たちは控えの間で、

金屏風をうしろにほのかに笑みをふくむ美しい皇后様に御挨拶し、文部大臣田中不二麿の手から御褒美の製図用具一式を頂戴した。それは文明開化の一幅の絵巻ともいうべき秋の一日であった。そして事実、信濃町の明治神宮聖徳記念絵画館にはこの日の光景を絵にした図が掲げられている。実際の木造校舎はあの後世の絵ほどは美しくはなかったろう。しかし教授や生徒の間にはあの絵以上に美しい緊張感や使命感がはりつめていたにちがいない。

25 成功

成功

だが今日の女子学生は「良妻賢母」と聞くだけで、顔をそむける人もいるだろう。『西国立志編』が説いた徳目も今は日本の若者に縁遠くなってしまった。

明治三十五年（一九〇二）、村上俊蔵は「自助的人物」の育成をめざすという目的を掲げて雑誌『成功』を刊行した。この成功雑誌社は明治四十年には石井研堂著『自助的人物之典型中村正直伝』も出している（印刷は秀英舎）。これは中村について書かれた最初の書物だが、今日にいたるまで中村関係の書物の中で依然として第一等の出来ばえである。村上が雑誌を出した時、念頭にあった人物が中村であり、対象とする読者が『西国立志編』に励まされた青年たちであったことは間違いない。

『成功』はその第三巻第四号で教育家・宗教家三十三人に対し「青年者の品性修養に、最必要なる書目は何なりや」というアンケートを発した。書名をあげて返答した二十六人中半数が中村訳のスマイルズ原著『西国立志編』ないしは同『品行論』をあげた。すなわち早稲田大学講師浮田一民、幸田露伴、京都同志社校長丹羽清次郎、『独立評論』記者山路愛山、『都新聞』主筆田川大吉郎、前青山学院教頭松島剛、布川静淵、『毎日新聞』記者石川半山、日本禁酒会会長安藤太郎、人類学者鳥居竜蔵、訓盲用点字発明者石川倉次、東京帝国図書館長田中稲城、帝国商業銀行頭取馬越恭平。ほかの機会に『西国立志

編』を推奨した人として文学博士松本文三郎、文学博士元良勇次郎、女子大学教授高島平三郎、禅学の大家高津柏樹などの名も石井研堂の伝記に見える。その中に明治の青年の精神的煩悶を伝える医学博士土肥慶蔵の回想がある。孫引きさせていただく。

僕は、史伝を読むのが、何よりの楽しみであッた。従ッて、僕の少年時代に多く感化を及ぼしたものも矢張史伝で、就中『先哲叢談』と『西国立志編』とであッた。『立志編』を読むに至ッた起りは、ざッとかうである。

僕は、十五の春兄に従ひて東京に出た。医学を志したので、独逸語を学び始めて、其冬大学医学部予科の初級に入学が叶ッた。従ッて一二年が程は、無我夢中で通り過ぎた。其内にふと脚気を踏み出した。今より思へば、其結果神経衰弱に陥ッたものと見える。只自家の学問の何一つとして取り得の無きに漸く人世を悲観し来りて、世の青年には間々ある煩悶時代に入つたのである。

そこで、どうかして、此煩悶に打克たうと思ふて、先づ宗教の力を借らうとした。仏典は入り易からぬので、取り敢えず露店《ろてん》で得た一巻の『聖書』を読み始めた。学課の余暇毎夜燈を剔りて読むこと漸く多くして、興味を感ずること漸く深くなッた。殊に基督の自信力の強いのが気に入ッた。併し、どうしても、耶蘇教に謂ゆる神なるものを信仰する迄には得至らないで、若し我心に信仰を強《し》ゆるならば、これは我と我心を我れの奴隷にするものであるといふ風にしか考へ得なかッた。

已に自ら済度のできぬを知ッた僕は、今は姑《しばら》く「良心」を師とも頼みて、其命ずるまゝに行動するの外なしと諦めた。而も、心の鏡も、素《も》と之を磨くによりて光明を放つものなるが故に、常に書を読

みて自ら智識を煉磨するの必要が有る。そこで聖書《バイブル》や仏経や、四書五経や、其他何書に限らず、苟《いやしく》も我に補益ある者は、皆我聖書なりと断定した。而して今は姑く、宗教の書を擲《なげう》ちて、先づ我薄志弱行を矯めんが為めに、多く古人の言行を知らんと志して、先づ『西国立志編』に手をつけたのである。当時恰《あたか》もバイブルを読みたりし如くに、毎夕の課程として、只幾度となく編中古人の言行を誦読し、会心の処に遇へば、圏点標榜して楽んだ。斯くして、一年と過ぎ、二年三年を経る中に、知らず識らず自ら書中の人に感化されて、多少自信の心を養ひ得たと思ふのである。

土肥慶蔵は東大を明治二十三年に卒業、後母校で皮膚病黴毒学講座を担任した。医学部で進学先を決めかねていた木下杢太郎が森鷗外に勧められ土肥の門下にはいったことは知られている。しかし土肥のように古人の言行を読み上げて、我が人生の糧とするというタイプの青年は今はいないとはいわずとも、少なくなってしまった……

模倣と独立

夏目漱石は幸田露伴や豊田佐吉と同じ慶応三年（一八六七）生れの人だが、日露戦争後、国民目標を喪失した若い世代が『西国立志編』から離れ始めたことをいちはやく感じていた。ちょうどフランスでも「成功」を意味する ***RÊUSSIR*** という雑誌が、農村や田舎に生れ、両親と同じ位置には甘んじるまい、と心に決めた層を狙って誇大な宣伝をするように、村上の『成功』も「立志・成名・興家・獲富」の語を掲げると、にわかに俗臭芬々たる雑誌となってしまった。明治四十三年、漱石の『門』の宗助は

歯医者の待合室で洋卓の上に重ねてあった『成功』という雑誌を取りあげる。

其初めに、成功の秘訣といふ様なものが箇条書にしてあつたうちに、何でも猛進しなくつては不可ないと云ふ一ケ条と、たゞ猛進しても不可ない、立派な根底の上に立つて、猛進しなくつてはならないと云ふ一ケ条を読んで、それなり雑誌を伏せた。

「それなり雑誌を伏せた」という動作に宗助の批評があり、かつ漱石自身の批評も感じられる。「『成功』と宗助は非常に縁の遠いものであつた。宗助は斯ういふ名の雑誌があると云ふ事さへ、今日迄知らなかつた。」

都会のインテリは卑俗な成功に背を向けるようになった。彼らは『西国立志編』の徳目を軽蔑しはじめた。漱石はスマイルズを愛読した少年時代の自分を憶えていたに相違ないが、漱石の学生たちも、作中人物も、もはやそれとは異なる世界の人となっている。ネーション・ビルダーの第一世代は過去の遺物と化しつつあった。致富致福《ちふちふく》の成功は俗であり、文学的主題にはなりがたい。とくに日本の文壇では、出世でなく挫折が、常識でなく反抗が、調和でなく破滅が、文学青年には魅力があった。

しかし漱石その人は『西国立志編』に発奮した世代の一人であったに相違ない。西洋文学の学理的紹介者たることに甘んぜず、翻訳者に留まることも潔しとせず、自ら創作に打込んだ漱石は、男子一生の仕事とは何か、という問題について深く思いめぐらしたはずである。大正時代にはいって、白樺派など第二世代の青年が、明治の第一世代が掲げた徳目である立志・勤勉・成功などを冷笑するようになった時、漱石は彼らのシニカルな態度に同調しかねるものを覚えた。スマイルズは成功の秘訣を説いたが故

に低俗の誇《そし》りを英国でも受けるようになった。それが世紀末以来の新しい風潮である。だが、はたしてそれほど単純に決めつけてしまってよいことか。大正二年（一九一三）、第一高等学校の講演会に招かれた時、漱石はあえてその点にふれた。その時念頭に浮かんだのは、塩原金之助と呼ばれた少年時に漱石もまた朗々と誦したスマイルズ著中村訳の「自助論原序」の一節であった。

人或ハ功ナクシテ敗《やぶ》ルルモノアリ。然レドモ善事ヲ企テ成ラザルモノハ、善人タルコトヲ失ハズ。故ニ敗ルト雖《いへ》ドモ貴ブベシ。不善ノ事ヲ為シテ、一時或ハ成就《じやうじゆ》スルトモ、タヾニ汚名ヲ流スノミ。故《ゆゑ》ニ人ノ事ヲ為スハ、善悪如何ト問フヲ要ス。ソノ跡ノ成敗《せいばい》ノミヲ観《み》ルベカラズ。

『模倣と独立』と題された一高生向けの講演で、漱石はすでに時代遅れとなった語感をもつこの「成功」の語をことさら取りあげた。四年前、小説『それから』の中で「成功」を語る親父を主人公代助に揶揄させた漱石は、単純に成功を喜ぶ俗物を戒めるとともに、その語に頭から拒否反応を示す新世代に対しても、諭すところがあったのである。

（世間は）その遺方の善し悪しなどは見ないで、唯結果ばかりを見て批評をする。夫《それ》であの人は成功したとか失敗したとか云ふけれども、私の成功と云ふのはさう云ふ単純な意味ではない。仮令《たとへ》その結果は失敗に終つても、その遺ることが善いことを行ひ、夫が同情に値ひし、敬服に値ひする観念を起させば、夫は成功である。さう云ふ意味の成功を私は成功と云ひたい。

今日、自己責任の掛け声のもとに、福祉政策の必要な部分まで削減のされることがあるのは遺憾だが、

しかし福祉社会に依存する人があまりにも多出した結果、自助自立の訓えを煙たがり、成功の語にアレルギーを示すようになったのは、人間性の自然でもあったろう。また大正の教養青年や昭和の思想青年が明治の精神に反撥するのは、二代目・三代目の宿命だが、それは偉すぎる親を持つ子のつっぱりに似た自己主張でもあったろう。アンチ・コンフォルミズムというポーズもまた一つのコンフォルミズムでしかないのである。『それから』の代助が、三十過ぎて親がかりの生活を送りながら、親父の悪口をいう図にはどこか滑稽なしとしないが、それを滑稽と思わない人が日本の出版の世界には多過ぎた。しかしそんな世代間闘争が続く間に、『西国立志編』は日本思想史の上から次第に忘れられていった。

だが、文壇でさげすまれる明治の精神を大正十四年になってもなお繰返し述べた人がいる。『運命は切り開くもの』の中で幸田露伴は、王陽明やスマイルズから学んだ人として、人生永遠の原理を雄々しくこう述べた。

天然自然に定まつて居るものを先天的運命と申しますならば、当人の心掛や行為により生ずるのを後天的運命と申しませう。自己の修治《しうち》によつて後天的運命を開拓して、或は先天的運命を善きが上にも善くし、或は先天的運命の悪いのをも善くして行くのが、真の立派な人と申しますので、歴史の上に光輝を残して居る人の如きは、大抵後天的運命を開拓した人なのであります。

スマイルズの *Self-Help* はやがて受験雑誌『蛍雪時代』と同一レベルのものと化し、昭和にはいって地方の貧家の秀才が受験に備えて読む英書となってしまった。第二次大戦後、研究社『新英和大辞典』の *Self-Help* の項はこんな風に出ている。

Samuel Smiles（1812–1904）の著（1859）。正直と勤勉が立身出世の要素であることを教えた例話集……

だがそんな項目すらも一九八〇年以降は消されてしまった。それはもはや自助の精神を説こうとはせぬ世間一般の風潮とどこかで呼応していた。

『プッシング・ツー・ゼ・フロント』

社会の発展はその構成員の能動的な向上意欲や上昇志向と緊密にかかわる。「向上意欲」というと道徳的向上の意志も含まれようが、「上昇志向」というと立身出世の面がクローズアップされた感じがする。明治三十五年、濁浪村上俊蔵が「自助的人物」の育成をめざすと称して雑誌『成功』を出した時は、そのどちらが表に出たのだろうか。

社会的向上が可能なのは、社会に流動性がある時である。明治維新以後の日本人はそうしたソーシャル・モービリティーを可能とする居住の自由、職業選択の自由、身分制の廃止などの新局面に遭遇した。旧来のしがらみは解かれつつあった。下層や中層から身を起こした、意欲のある人々にとっては学問することで階層の梯子を上へ登ることのできる時代となった。そんな人々が『西国立志編』を愛読したのである。しかし立身出世の熱情にかられて上昇移動希望者が増え続けると、やがて上昇市場は狭くなる。成功できる機会は少なくなる。上がる人もいれば下がる人も出てくる。

漱石の初期の作品『坊っちゃん』にはスマイルズや福沢諭吉のまた先生ともいうべきフランクリンが

登場する。赤シャツがロシア文学のゴルキを話題とすると、坊っちゃんは「云ふならおれ（の様な数学教師）でも知つてる名を使ふがいゝ」といって、フランクリンの『自伝』だとか『プッシング・ツー・ゼ・フロント』を口にした。察するに Orison Marden, *Pushing to the Front* は明治中期に日本でも広く読まれたらしい。著者はオリソン・マーデンといったが、実はこのアメリカ人こそが米国で *Success* という雑誌を一八九七年に刊行した人だったのである。そして村上俊蔵はそれに範をとってその五年後、日本で『成功』を出した人だったのである。「自助的人物の育成をめざす」といううたい文句はいかにもスマイルズや中村正直の衣鉢を継ぐかに聞こえるが、ここでは「成功」が人生の眼目となって示された。雑誌は非常な売行きで村上は東洋一と豪語した。日本の『成功』のことはアメリカの *Success* 誌上でも話題となった。姫路の外れで育った和辻哲郎はそんな田舎の町でも『成功』が相当数売れ、彼も中学生の友達とその雑誌のことを話題にしたと自叙伝で語っている。そんなマーデンを口にした漱石の坊っちゃんもまだ上昇気分の一人だった。

高等遊民と大陸浪人

ところで西洋の脅威が刺戟となって、それが発端で中央集権体制を築いた明治日本は、日露戦争に勝利することで、その脅威を除去し、いわば維新以来の国家目標を一応達成した。すると戦争景気の終焉とともに、戦後の日本には立身出世しようにも一種の逼塞《ひっそく》状況が発生した。明治四十三年八月、石川啄木は『時代閉塞の現状』で次のように指摘した。前にもふれたが当時の中学卒業者は昭和四十年代の大学卒業者よりも少数の選ばれた恵まれた者であった。

日本には今「遊民」といふ不思議な階級が漸次其数を増やしつつある。今やどんな僻村へ行つても、三人か五人の中学卒業者がいる。さうして彼等の事業は、実に、父兄の財産を食ひ滅ぼす事と、無駄話をすることだけである。我々青年を囲繞する空気は、今やもう少しも流動しなくなつた。

そして小説には、大学は出たけれども父親の国家建設者世代の価値観をわかちもつことのできないインテリ世代が次々と登場する。『それから』の代助はその高等遊民の典型であろう。『門』の宗助が歯科医の待合室で『成功』という雑誌を読まずに伏せたことは前にふれた。一方にはこうしてスマイルズや中村正直の説く価値観から離れ出した大学卒や小市民も増え始めたのである。その一部の人は立身出世、功名富貴などという言葉は、男子として口にするのも恥ずべき俗なことのように見做し、内観的煩悶にはいったのであった。

他方、上昇志向の持主たちももはや国内では、皆が皆、思い通りの上昇をとげることはできない。彼らは内観的煩悶などの贅沢にひたっている余裕すらもない。するとその人たちのエネルギーは意外な方向へ流れ出す。彼らの目は国外に向い、成功の夢を海外に求め始めたのである。雑誌『成功』はその夢の宣伝場となった。誌上にも「海外活動」欄が設けられ「朝鮮に於ける養蚕業」「シベリアの海産業」「最近樺太漁業実験談」「満州有望農業生活」「赤手渡米成功方法」などの記事が毎号のように掲載された。その中には南満州鉄道総裁の後藤新平の文章もあれば、片山潜の文章もあった。片山はしばしば執筆しているが、第二巻第二号の「渡米希望者に告ぐ」にこう書いている。

余は今善良なる『成功』の読者に告げん。諸氏にして真の成功を欲せんか、すすんで渡米せよ、北

米は実に成功し得るに極めて善き地なり、殊に資力なき青年にはよい邦なり、学問を欲せんか、北米の大学は諸君を歓迎せり、事業を為さんと欲するか、北米の天地は諸君に都ての機会を呈すべし。

海外移住は当初は個人のレベルで行なわれていた。国内で活路を見出せなかった人々は島崎藤村の『破戒』の主人公のように渡米を夢見る。永井荷風の『アメリカ物語』にもさまざまな渡米日本人が登場する。その中には零落した人もいる。そして読者は必ずしも意識しなかったが、日露戦争後の十年間に書かれた漱石の小説中には大陸へ渡る人が脇役として登場する。その人たちの影が薄いのは国内では志を得ず、やむを得ず大陸に新天地を求めているからだろう。漱石の『門』の安井や二葉亭四迷の『其面影』の小野哲也は、失恋して大陸に放浪に出る。そうした男女は志賀直哉の『暗夜行路』にも登場する。彼らは胸をはって闊歩する大陸浪人ではない。アジア主義者がロマン派的な色眼鏡で描いたような、調子のいい人ではない。どこかうらぶれた感じがする。それやこれやで読者の記憶に深く留まらなかったのであろう。

明治前期の日本では『西国立志編』は若者の希望の書であり得た。だが日本国家の発展が若者の上昇志望をもはや吸収しきれなくなると、自助の精神だけでは解決できなくなる。かつては個人のレベルで行なわれていた植民も、後には国家的事業に格上げされることとなる。北米への移民が拒絶された時、膨張する日本の人口は捌け口を求めて大陸へ向かわざるを得ない。それなのにそのアメリカは、北米への移民を拒んだのみか、なんと日本人の大陸進出に対しても苦情をつけた。日本人の反米感情は高ぶった。

このようなかつての日本人の海外進出を非難することはいとも容易である。しかしここで考えるべきは、大英帝国の本国から人々がその前後次々と植民地へ渡ったのも実は日本と似通った事情があったからだということだろう。スマイルズの『セルフ・ヘルプ』を読みはしたが、彼らは英本国内ではもはや志を伸ばすことを得ない。そうした人たちが北米やオーストラリアやインドやマレーに渡った。その中にはスコットランド人やアイルランド人なども多数含まれていた。

カナダの作家ロバートソン・デイヴィスは *A Voice from the Attic* という題の読書論で「セルフ・ヘルプなどと口にするのは笑止千万」と冷やかすのが近年の風潮だが、そういう人はたいてい『セルフ・ヘルプ』を実際に読んだことのない人だ、と述べ、『セルフ・ヘルプ』はハウ・ツー物の走りだったとも評している。デイヴィス自身は一九一三年オンタリオに生れオクスフォードでも学んだ人だが、その前の世代は成功するにはどうすればよいか how to succeed という次元で『セルフ・ヘルプ』を読んだということを示すものであろう。もっともデイヴィスは、スマイルズにとっては、成功よりそのために奮闘すること、目的より手段の方に真の関心があったと観察している。このデイヴィスのベストセラー論は面白い。十九世紀は時間を活用していかによく働いて成功するかが世間の関心の的だった。だから『セルフ・ヘルプ』が売れた。二十世紀は八時間の勤務時間以外の十六時間をいかに活用して楽しむかが大衆の最大の関心事となった。それでスマイルズは古臭くなり、別種のハウ・ツー物がそれにとってかわったのだ、とベネットの *How to Live* などをあげている。デイヴィスは仕事と遊びの違いはあれ、スマイルズもベネットも時間を惜しんで頭を使って工夫せよ、といっている点では同じだといっているのである。

26　著作家スマイルズの英国における運命

十九世紀初頭のスコットランド

時代の風潮はそのように変わった。それでは十九世紀を通してイギリス本国で『セルフ・ヘルプ』とその著者は具体的にはどんな運命をたどったのか。それについてはサミュエル・スマイルズの孫娘アイリーン・スマイルズに Aileen Smiles, *Samuel Smiles and His Surroundings*（一九五六）という一冊がある。直訳すれば『サミュエル・スマイルズと彼の環境』という題である。明治と昭和後期とでは同じ日本も変わったように、ヴィクトリア時代とエリザベス二世時代とでは同じ英国も非常な様変わりをしたのである。

一八一二年生れのスマイルズは幼年時代、カーライルの妻となるジェニー・ウェルシュと同じハディントンで暮した。スマイルズは誰とでも親しく、しあわせだったが、ジェニーは不平が多く、もともと不幸だった。後にカーライルと結婚したが「ハディントンで暮した頃よりもっと不幸せになった」と雑貨屋をしていたスマイルズの母親にこぼした由である。ちなみに self-help という言葉はカーライルが『衣装哲学』（一八三四）第二編第三章で用いたのが初出で、カーライルの流行とスマイルズの流行とは平行関係にあった。というか流行り廃りともに平行して、昨今は両者ともに大分すたれてしまったようである。なおウェルシュ家とスマイルズ家の墓はハディントンで今も隣り合わせのままである。

十九世紀初めのスコットランドの僻地ハディントンがどれほどの生活・文化・道徳水準であったかというと、少年スマイルズが父親としばしば墓地の番をしたことで知られる。当時は埋葬した遺体を掘り出して医学校に解剖用に売り込む者が絶えなかった。それで、遺族は葬儀のほか、埋葬後二週間は人を雇って墓地の番を頼んだのだという。スマイルズは十四歳の時に医者のところへ五年契約で徒弟に出された。当時は医者が社会的にどの程度に評価されていたのかというと、いうことを聞かない子供を脅す時、「ジプシーが連れて行くよ」とか「お巡りさんが連れて行くよ」ともいったらしいが、「黒い顔したお医者さんが連れて行くよ」というのが一番の脅し文句だった由である。スマイルズ少年は医師たちが死体を掘らせていると感じていたから、最初はその職につくことに困惑した。しかしその開業医は親切な人であった。そこに仕えるスマイルズ少年は押し出しが立派で親切で楽天的だったから、医者の卵に過ぎないくせに患者の間で若先生としてやはり評判が良かったという。エディンバラ大学医学部に通わせてもらったが、当時の市中には豚が徘徊して汚物を食っていた。私は二十世紀の末に中国の渓口鎮という田舎の町角で豚とぶつかり損い、ひどく驚いたが、人類の歴史を百年の単位で振返れば、英国の辺境も中国の辺境も実はそれほど差はなかったのである。スマイルズは医学部を卒業して故郷ハディントンに戻って開業したが、患者が来なくて商売にならない。思い切って大陸旅行に出た。愉快な徒歩の旅であった。当時のドイツでは職人たちは遍歴時代の修行の旅をしていた。スマイルズは彼らとも親しくした。一夜、貧しい宿屋で夜を明かしたら、職人はもう先に旅立っていた。「代金は先生が払ってくださいます」という書置きが帳場に残されていた。

大陸遍歴の後ロンドンに行き、ついでリーズに落着いた。自伝では自分の結婚生活についてはカーテ

ンを閉めておくとヴィクトリア朝の人らしく筆を控えているが、孫の調査によると妻サラーとは駆落ちしたらしいとのことである。

著作家スマイルズの英国における運命

スマイルズは一八四五年にリーズで医者業はやめて鉄道会社につとめた。そのかたわら物書きとなった。「分別のある男はいい方へ職業を変える」という言葉が彼の著作にはある由である。ただし物書きといっても、スマイルズは小説などの価値はおよそ認めない堅物であった。小説を敵視する見方はヴィクトリア朝のイギリスには根強かった。実は日本にもそうした見方はあり、中村正直もその一人であった。ディケンズ研究家の松村昌家教授は『十九世紀ロンドン生活の光と影』(世界思想社)というスマイルズが生きた時代の英国の首府を記述した作品で、彼が当時の英国でもっとも有名だった作家ディケンズの名に言及していないことを遺憾としている。実はスマイルズは一歩進めてディケンズの名を世間に秘したことに私は気がついたので、そのこともここに書き留めておきたい。孫娘の伝記の「チャーリング・クロス・ステーション」の章にこんな話が出ているからである。これはまあ本筋から脱線したお笑いと御承知願いたい。

鉄道勤務の厄介な点は事故が起り、そのたびに会社側が謝罪し釈明しなければならないことだろう。スマイルズがサウス・イースタン鉄道会社に勤めていた時、フォークストンから英仏海峡連絡船の客を乗せてきた列車が脱線事故を起こした。その件で一女性からドレスの損害賠償の請求が出た。証人として同席した旅客の名前を聞かねばならない。すると若い女性はなんとディケンズの名前をあげた。エレ

ン・ターナンは作家と懇ろな関係にある女性なのであった。そのスキャンダルがあやうく公け沙汰になるところを、会社側は、ディケンズ氏が気を利かして負傷者の救助に向かい、彼女もたまたまそこに居合わせたこととして処理したのであった。

スマイルズは大作家ではないが大著述家であった。そのころ『ジョージ・スティーヴンソン伝』を書いた。出版は当時出版界のトップに位した Murray 社であった。それは大成功で、スマイルズは一八五七年のある朝、起きたら、バイロン卿のように有名になっていた、と孫は書いている。

しかし『セルフ・ヘルプ』の方は、出版を引受けようとする書店はなかった。本は結局スマイルズが自費出版の形で出版した。すなわち版権は自分で確保してマリー社に販売手数料として十パーセントを払う形で世に出したのだそうである。そしてその形は終生変えなかった。スマイルズ家はおかげで莫大な収入を得た。

しかし十九世紀も末に近づくとスマイルズの本は売れなくなった。それでも彼は子孫のために、といって自伝を書いた。彼にとっては書くことが楽しみだったから、書き続けたのである。その第十四章にはこんな一節もある。一八七三年、ウィーンの万国博覧会に出席した日本人からスマイルズは自著の和装本十三編十一冊から成る中村訳の贈呈を受けた。中村の手紙も渡された。一節が引用されているが、英文は月並みである。面白いのはスマイルズの印象の方だろう。

その日本語訳には目をみはった。原書は二千頁の大著に拡張され、終わりから逆に読むようにできている。文字は昆虫のコレクションを連想させた。一つ一つの文字が分離していて、大英博物館のケ

ースに収められた昆虫の標本に似ている。しかし注意してみると、それらは下等生物ではなく、家の窓や暖炉やその他の身近な家庭用具を表わしているようにも見えた。とにかくヨーロッパの流儀では説明できない、風変わりな華やかな書体である。

そして日本語の漢字片仮名混じり文の利点などにまったく思いいたらぬままに、その字面を眺めて日本語を簡素化するという意見に賛意を表した。

ちなみに自伝はスマイルズが一九〇四年に九十二歳で亡くなった翌年、マリー社から出るには出たが、およそ売れなかった。孫娘はこう書いている。"This autobiography, published posthumously, fell dead from the Press; as dead as its author." ところがずいぶん経ってからベルファストに住むスマイルズの長男一家に思いもかけず小切手が届いた。誰かが読むようになったのだろうか。スマイルズの人気が回復したのだろうか。そう思って問い合わせたところ、マリー社から返事があった。倉庫に火災があり、『自伝』の残部は燃えてしまった。届いたのは会社が掛けておいた火災保険の金が下りたからであった。いかにもこの著述家の運命を象徴する事件であったように思われる。

私もスマイルズの伝そのものについて語るのはこの辺で了えたい。ただ一言申し添えたい。天を信ずる信仰が自分にあるとはいわないが、天を尊ぶ気持はあるということである。「天ハ自ラ助クルモノヲ助ク」は時代を越える言葉である。人気・不人気と関係なく、この格言の不易を私は信じている。この私の信条告白で第二部を結ばせていただく。

第三部　『セルフ・ヘルプ』から『クオレ』へ

27　三点測量へ

スマイルズと日本との関係を辿った次に、スマイルズとイタリアとの関係を辿ってみたい。そして「天ハ自ラ助クルモノヲ助ク」に始まる彼の一連の思想がアルプス以南の地ではどのような影響感化をもたらしたかを見てみたい。

三点測量へ

ベンジャミン・フランクリン（一七〇六―一七九〇）と福沢諭吉（一八三五―一九〇一）について論じた拙著（『進歩がまだ希望であった頃――フランクリンと福沢諭吉』）でもふれたが、スマイルズ（一八一二―一九〇四）はフランクリンの精神的子孫に当たる人である。フランクリンは独立以前の米国のフィラデルフィアで印刷業を営んでいたが、一七三二年から一七五七年にかけてカレンダーも出版し、格言をそこに印刷して評判となった。その一つが「神ハ自ラ助クルモノヲ助ク」God helps them that help themselves であった。その一世紀後、英国でスマイルズは前者の表現を改めた「天ハ自ラ助クルモノヲ助ク」Heaven helps those who help themselves という格言を *Self-Help* の冒頭に掲げたのである。この一八五九年にロンドンで出版された『自助論』は、欧米はもとより日本でも広く読まれた。フランクリンとスマイルズは、キリスト教宗派別の系譜を微視的に辿れば別系統に属するが（スマイルズの父方の祖父はカメロン派の長老）、巨視的に眺めれば、二人は間違いなくプロテスタンティズムとその勤労倫理

を体現する啓蒙思想家として同質である。互いに相い連なる存在といってよい。現にスマイルズは『西国立志編』の中で再三フランクリンの行跡に言及している。

私は本書で、プロテスタンティズムの勤労倫理 work ethic が、日本の農業倫理の土壌にどのように接木《つぎき》ないしは挿木《さしき》されたかを、報徳宗の鈴木藤三郎など具体例に即して観察してきた。スマイルズの『セルフ・ヘルプ』は単なる説教書ではない。産業革命の立役者である技術者や発明家、企業家や起業家に多くの光を当てた書物である。と同時にそれは広い意味での近代市民道徳を説いた書物である。というか勤勉、剛毅、義務、修養などの徳目が数多くの具体例を通して語られていた。実はそのような徳目が説かれていたからこそ、『論語』などを通して徳目を学んできた日本人には受付けやすかったのであろう。明治日本人の目には、スマイルズはいうならばヴィクトリア朝の孔子教徒にも似た西哲の一人として尊敬されたに相違ない。スマイルズが説く徳目は産業化する英国の市民社会が必要としていた徳目であり、それはまた新しく国造りにいそしむ明治日本の社会が必要とする徳目であった。英国の思想史家ブリッグズはそれを「労働の福音」と呼んだ。

それではスマイルズの考えは日本以外の外国ではどのように受容されたのか。「労働の福音」の語の連想で思い出したが、スマイルズの著書はドイツではレクラム文庫に四冊収められた。『自助論』『品行論』『節約論』『義務論』がそれで、世間はそれをスマイルズの四福音書に擬した。プロテスタンティズムの国ドイツにプロテスタンティズムの勤労倫理の書物が受入れられ易いのは当然であろう。それでは視野をひろげて、別の舞台で観察してみてはどうだろう。フランクリンやスマイルズが唱えた市民道徳は、たとえば十九世紀イタリアに一体どのような共感を呼んだのか。それとも呼ばなかったのか。英国

と日本を結ぶ影響・被影響の関係を単線的に辿るだけでなく、英国とイタリアの関係も辿ってみたい。その影響や刺戟の痕跡を辿ることで、三点測量をしてみたい。そしてつづく第四部では日本以外の東アジアではどうであったかを一瞥したい。

最初に『セルフ・ヘルプ』は一体どのような媒体を介してイタリアへ伝わったのか。イタリアの学者は無関心なのか、いまだにこの問題に気づいていないらしく、先行研究が私の目にはいってこない。だがもしかりにプロテスタントの啓蒙思想家のフランクリンやスマイルズがカトリックの国イタリアの作家に感化を及ぼすことなどあろうはずはない、と世間が頭から決めてかかっているのだとすれば、そのような思い込みは誤りであろう。フランクリンやスマイルズの感化が文化圏を異にする非西洋の日本ですら辿ることが出来る以上、同じく西洋であるイタリアにその影響の痕跡が見て取れるのはあり得ることではないだろうか。影響・被影響の関係を調べることは第三者には難しく、普通は当該国、特に影響を受けた国の学者に研究は委ねられている。スマイルズのイタリアにおける影響についてはイタリアの学者が調べるのが本来ならば筋である。私ごときが出て行くのは、自分がかりにコンパラティストのベテランであるとしても、いささか僭越な気がしないでもない。しかしイタリア側には今まで研究調査がない以上、やらざるを得ない。以下の捜査や推理の当否については読者の御判断を乞うこととする。

フランクリンからイタリアへ

イタリア国民文学の最大傑作マンゾーニの『いいなづけ』(一八二七)で主人公の若者レンツォは田舎から初めてミラーノの市中へはいって来る(第十一章)。そして路上でパンを拾う。それは真白で、

「本当にパンだ」と思わず声に出して言ったが、それほど驚きは大きかった。田舎から出て来た若造は、市中がパン騒動で荒れ狂い、パン屋が襲撃され、パンが道路に散らかった、ということを迂闊《うかつ》にもまだ知らなかったのである。そして、

手に持っていたパンをポケットに突込んだ。そしてもう一つの方も拾うと別のポケットに突込んだ。そして三つ目は拾うと、食い始めた。

読者はこれと似た情景を見た御記憶はないだろうか。私がはっと思い起こしたのは『フランクリン自伝』である。十七歳のフランクリンはボストンを出奔《しゅっぽん》するとフィラデルフィアに向かった。この大都会にはいるや、まずパン屋へ行った。「堅焼きのパン」といっても「三ペンス・パン」といってもそんなボストンの言いまわしは通じない。それで「どれでもいいから三ペンス分だけくれ」と銭《ぜに》を出した。するとパン屋の親爺は大きなふっくらとふくらんだ巻パンを三つもよこした。あまりの分量にびっくりしたが、それを受取ると、ポケットには濡れた靴下がつまっていたから、両脇にその長いパンを一本ずつ抱え、残りの三本目を頬張りながら、フランクリンはフィラデルフィアの市中を進んでいった、という一読すれば忘れられない図である。

十九世紀イタリア文学を代表する『いいなづけ』の主人公のミラーノ市入りが、このように十八世紀アメリカを代表するフランクリンのフィラデルフィア市入りに重なるところに、なんともいえぬ妙趣がある。この暗合《あんごう》は偶然ではない。マンゾーニ（一七八五―一八七三）は英語こそ読めなかったが、フランス大革命の後、母と一緒に住んだパリで一時はヴォルテールの徒ともなった青年である。シェイクス

ピアもフランクリンもフランス語訳で夢中になって読んだ。ちなみにフランクリンは、『自伝』仏訳が原文より先の一七九一年に出たほど、パリで人気のあったアメリカ人である。サント・ブーヴは『月曜閑談』でこの「常識の詩人」フランクリンを激賞している。

故郷のしがらみを脱け出た青年が大都会に第一歩を印する、という一番大切な場面で、滑稽で、明るくて、画になる恰好をマンゾーニがフランクリンから借りた、ということは意味深い。それは単なる描写の借用以上の、ある思想史的なインパクトを予感させる。プロテスタンティズムの英米と、カトリシズムの総本山のイタリアとは、双方それぞれ別世界のように人々は見做《みな》してきた。本人たちもそのように思ってきた。マクス・ウェーバー（一八六四―一九二〇）が『プロテスタンティズムの倫理と資本主義の精神』を二十世紀の初頭に刊行した時も、読者が反射的に思い浮かべたのはイギリス・ドイツ・オランダなどと対照的な南のカトリック諸国の沈滞した現状だった。フランクリンはプロテスタンティズムの勤労倫理を体現した人のように言いならわされてきた。勤勉、規律、節約、誠実、清潔、寡黙……フランクリンが掲げた一連の徳目は、それと対をなすラテン的な「甘い生活」dolce vita とのコントラストのうちに浮かびあがった。それというのもアルプス以北の人が思い浮かべる南国の人の暮しぶりは「のんべんだらり」dolce far niente であり、そこで連想される一連の特質は、怠惰、安逸、濫費、冗漫、不潔、饒舌などだったからである。「時ハ金ナリ」Time is money の格言を作り、かつそれを守ったフランクリンと、およそ時間を守ることを知らぬイタリア人とでは氷炭相容れぬと世間が思ったのも無理はない。アメリカ合衆国ではイタリア系移民が社会の底辺でうごめいているためか、イタリア移民のみかその本国の人たちに対してもいまなお偏見は根強い。その見方に乗じて先祖の国の国民性の欠点をあ

げつらうイタリア系移民出身のインテリもアメリカにはいるのである。確かにアメリカでは、労働者に限らず人間は、生き抜くために働いている。さもなければ人生の落伍者としてとめどなく下へ落ちて行く。それに比べるとイタリアでは、人々は労働者を含めて、いわば息抜くために働いている。楽しく暮していればそれで良いではないか。……

だが考えてもみるがよい。もしイタリア人が世間がいうほど、皆が皆怠け者であったなら、『神曲』のような文字で築いたゴチックの大聖堂ともいうべき大作品が完成しただろうか。ヴァザーリの『ルネサンス画人伝』のような巨人的な仕事ができただろうか。マンゾーニの『いいなづけ』のような丹念に刻んだ、隅々まで細心の注意の行き届いた歴史小説が生れただろうか。ダンテにせよミケランジェロにせよ、イタリア文化の頂点に立つような人はみな律儀《りちぎ》な職人気質《かたぎ》の仕事をした人であった。

もっともイタリアで頂点に立つ人は少数の例外で、国民全体に対する評価はまた別かもしれない。列車の遅延、郵便の遅配など年中だ。しかしアルプス以北の先進国と比べて自国の様はひど過ぎる、後進性は克服せねばならぬ——そうした口惜しさや反省が内から湧いた時、ナショナリズムの感情も文学も実はまた生れたのである。イタリアの国民文学は十九世紀、範を先進国に求めることによって成立した。レンツォが三つ目のパンを頬張る様に私が妙趣を覚えるのは、その様が滑稽であると同時に、そこにフランクリンからマンゾーニへの刺戟伝播がそれとなく感じられるからである。また意外に思われるかもしれないが、フランクリンやフランクリンの直系ともいうべきスマイルズは、実は十九世紀イタリアで非常な感化を及ぼした。それは日本における『西国立志編』ほどではないにせよ、やはり瞠目《どうもく》すべき現象だったのである。いまその現象を観察することで世界史の中のスマイルズや、十九世紀史の中の

中村正直について、相対的に考えるよすがとしたい。歴史は三点測量することではじめてバランスのとれた判断を下せるものである。

28　イタリア立志編の誕生

時勢が求めた道徳家

イタリアが近代国家に衣更えをしたのは、日本が幕末維新の動乱を経て近代的中央集権国家となった時と相前後する。安政の大獄の年に当たる一八五九年、イタリア独立戦争は始まった。一八六〇年、ガリバルディがシチリア、ナーポリを征服し、サルディニアとピエモンテの王であったヴィットーリオ・エマヌエーレ二世が翌六一年イタリア王となった。そして一八七〇年（明治三）イタリア統一は完成した。ローマがその首都となったのは翌七一年である。

その間の事情は一八七三年（明治六）にイタリアの地を踏んだ久米邦武の手で『米欧回覧実記』にいちはやく次のように略説された。固有名詞の表記がロンバルヂー（ロンバルディーア）、ナアプル（ナーポリ）、ヴェネシヤ（ヴェネチア）などと括弧内に記した現行の原イタリア音表記と異なるのは、久米のイタリア事情報告の出典がフランス語系の人物ないしは文献であったせいだろう。「此国ハ、千八百六十年以前マデハ、数国分裂」していたが、「サルヂニヤ王ハ、機ニ乗ジテ民権保護ノ義兵ヲ挙ゲ、高名ナル雄将ガルバルヂー氏ハ、共和政治ノ党ヲ羅馬《ローマ》ニ指揮シ、両兵合従《がっしょう》シテ……ロンバルヂーノ地ヲ復シ、……翌六十年ニガルバルヂー氏ヲ大将トシテ、ナアプル王国ト戦ヒ、之《これ》ニ勝チ、……国内始テ一統セシハ、今ヲサルコト僅十二年ナリ。……サルヂニヤ王国会ノ投票ニテ、一統ノ国王トナリ、立憲政治

ヲ定メ、……一千八百六十六年ニ、墺地利《オーストリー》ヲ敗リ、ヴェネシヤ部ヲ所轄《しょかつ》ニ復シ、一千八百七十年普仏ノ戦ニ、釁《すき》ニ乗ジテ羅馬教皇ノ領地ヲ所轄ニ合セ、全国スベテ一統ニ帰シ、同年ヨリ羅馬ニ都ヲ遷シテ治《ち》ヲナス。」

イタリア統一のこの一大政治運動はイタリア語でリソルジメントと呼ばれるが、王政復古の掛け声のもと近代的中央集権国家を築いた日本の明治維新とすこぶる似ており、リソルジメント——risorgimento は「復活」「復興」を意味する——は「イタリア維新」と訳せばよいかと思われる。両国の相似的な平行現象はその後も引き続く。明治日本が欧米一等国を範として国造りにいそしんだように、ヨーロッパの後発国イタリアも英仏両国を模して近代国家建設に邁進《まいしん》した。隣国フランスからは三色旗の国旗をはじめ多くを取り入れたが、しかし明治日本と同様、海軍の育成や産業社会の建設についてはイギリスを手本とした。そして明治の日本人がスマイルズの『セルフ・ヘルプ』に範を求めたように、イタリア国民もまた産業化の過程でスマイルズに飛びついたのであった。

イギリスの思想史家ブリッグズは『ヴィクトリア朝の人びと』の中でサミュエル・スマイルズを論ずる章を次の言葉で始めている。「あらゆる社会には、その時代の必要に最適な種類の社会的性質をその同胞市民の身につけさせようと、言葉巧みに説得につとめる啓蒙家がいるものである」。木村毅はブリッグズに先立つこと四半世紀の一九三一年、スマイルズの『セルフ・ヘルプ』の成功についてこう論じた。すなわち改造社現代日本文学全集第一巻『明治開化期文学集』の巻末解題に同様の趣旨をこう述べている。

何故そのやうな大成功をかち得たか？　それはその書が徹底的に十九世紀の英国的なものであったからだ。英国産業の繁栄のために新たに擡頭《たいとう》したブルジョアの思ふ壺の道徳を伝記と云ふ滋味に包んで、青少年の間に宣伝したからだ。即ちそれは自助の精神を、勉励実行した人々の成功譚である。そしてその中心を貫く響は個人主義である。

これは中国語でいうならば「時勢造人《じせいぞうじん》」というほどのことだろう。木村毅は語を続けて、

個人の品性こそは人類至高の表象である。人間の最も高貴な紋章である。個性こそは人間を真に意味づけ、人類の段階を高め得る媒体である。そしてそれこそ社会的意識を形成し、その最上の動機力を創造する。――これが終始一貫して渝《かは》りなき原著者の個性観であった。

この書がダーウキンの『種の起源』と同じ一八五九年に出てゐるのも面白いが、明治四年に邦訳の出てゐる事にも非常な意義と興味がある。即ち維新の革命は慶応四年（明治元年）に成就はしたが、それが漸くブルジョア革命としての実を現はし初めたのは、実に明治四年だからである。

言ひ換へればブルジョア革命の第一歩を踏み出した明治四年に、徹底的に十九世紀式ギクトリヤニズムの産業熱鼓吹《こすゐ》の『自助論』の邦訳が出版され初めて、全明治を通じ、売行も、感化力も最も大きな書物の一つであつたと云ふ事は、偶然と見るべく、余りに符節《ふせつ》がよく合し過ぎるではないか。

社会が産業化する過程ではそれにふさわしい勤労道徳が歓迎される。スマイルズがヴィクトリア朝イギリスで歓迎されたことにはそれだから必然的な理由があった、とブリッグズは言い、木村毅はその理

は産業国家建設に乗り出した日本の場合にもあてはまる、とした。徳冨蘆花の『思出の記』にはその変化が次のように記されている。若い洋学者駒井先生が招かれて、授業内容は面目を一新する。『論語』『孟子』が『西国立志編』に、頼山陽の『日本外史』がギゾーの『欧洲文明史』にとって代わり、少年はそれから「英学の道を非常の大股《おほまた》に進んで行った。」

たしかに『西国立志編』は明治日本の産業社会建設のための国民的教科書だったといえると思うが、それでは日本と同じ時期に国造りに乗り出したイタリアの場合はどうだったのか。実はスマイルズの著書は当時のイタリアで次々と翻訳され紹介されつつあったのである。

イタリアにおけるスマイルズの受容

「現代のイギリスの著述家で、あなたほどイタリアの地でよく知られ、心からの称讃を博している方は他にはおられません。」

スマイルズは『自伝』にこんな手紙をイタリア新聞協会会長で下院議員であった人から受取ったと書いている。それが過褒の辞か否か、イタリア図書館に保存されているスマイルズの伊訳本をチェックすることで、イタリアにおける受容のほどを日本における受容と比較してみたい。以下に彼の代表的著書とその伊訳と日本語訳、及びその刊行年を順に掲げる。なお［　］に示した邦訳は、中村正直以外の人の手で後に訳された際の題名である。

Self-Help（1859）
Chi si aiuta, Dio l'aiuta（1865）
『西国立志編 原名自助論』（1871）［『自助論』］

A Boy's Voyage Around the World（1871）
Viaggio di un ragazzo intorno al mondo（1876）

Character（1871）
Il Carattere（抄訳 1876，全訳 1894）
『西洋品行論』（1878-1880）［『品性論』］

George Moore（1878）
George Moore negoziante e filantropo（1879）

Lives of Engineers（1861-1874）
Storie di cinque lavoranti inventori（1885）
Inventori e industriali（1885）

Thrift（1875）
Risparmio（1896）

『西洋節用論』(1886)〔『勤倹論』〕

Duty(1880)

Il Dovere(1895)

〔『職分論』〕

この一覧表にはイタリア語訳や日本語訳の主に初訳を掲げたが、*Self-Help* や *Character* は二十世紀にはいってもなお異なる訳者の手で次々と新訳が刊行されている。スマイルズの著作の翻訳点数こそイタリアの方が倍だが、翻訳の部数は日本の方がはるかに多かった。

イタリアと日本で異なる事情は、明治四年に出たこの *Self-Help* の日本語訳は未曾有の売行きを示した、という点だろう。明治年間を通して百万部売れたことは前に述べた。これは原本そのものの英本国における売行きの四倍である。またイタリア語訳の二十数倍である。(スマイルズの自伝によると『セルフ・ヘルプ』の伊訳は一八七九年現在で四万部とのことである)。ここで注意せねばならぬ点は、見落とされがちな点だが、十九世紀後半の日本は世界有数の読書大国だった、という事実である。イタリア維新達成当時のイタリアは人口はおよそ二千六百万、明治維新達成当時の日本の三千万に比べて大差はなかった。しかしイタリアはそのうち字が読めぬ者、いわゆる文盲が千七百万もいたので、そのために長い間読書小国に留まった。私自身は一九五九年に初めてイタリアへ留学した者だが、当時の地方都市の中央郵便局では代書人がまだ老婆を相手に商売していた。『セルフ・ヘルプ』の英文初版はそれよりちょうど百年前に出版された。その当時伊訳が四万部も売れ、スマイルズの著作が次々と訳されたというこ

とは、先のイタリア新聞協会会長の讃辞が過褒でないことを裏づけるものだろう。

親と子供の自己教育

中村正直が日本語に訳すより六年早く、一八六五年にストラフォレルロ Strafforello が訳した『セルフ・ヘルプ』のイタリア語の題 *Chi si aiuta, Dio l'aiuta* は「神ハ自ラ助クルモノヲ助ク」の意味で、フランクリンの諺 "God helps them that help themselves" の直訳である。イタリア語の諺としてはこの形で定着した。それだからイタリアではフランクリンの諺とスマイルズの諺の区別はない。前者の直訳が後者をもカバーしている。Self-help という表現は、十九世紀になってからカーライルが造った言葉であることは前に述べたが、その世紀の後半にはいってもイタリアには一語で「自助」を表わす言葉はできなかった。

すでに紹介したが、スマイルズは貧家の出であった。幸田露伴や国木田独歩など明治の青年が『西国立志編』を共感裡に読んだのは、彼ら自身がかつかつでつましい生活体験を共有し、シンパシーが働いたからであろう。ただしスマイルズは後半生は印税収入で暮らしにゆとりがあった。二男三女の下の男子がイギリスの学校生活になじまないと知るとジュネーヴ近辺の寄宿学校に預けた。そして健康を口実に世界一周の船旅に出した。次男は父と同様サミュエル・スマイルズといったが、父親はその子の手紙や手記を編纂すると一八七一年『少年世界一周記』を書物として刊行している。

一八七一年にはスマイルズの *Character* も出た。イタリアでは抄訳こそ七六年と先に出たが、全訳の『西洋品行論』は明治十三年中村正直の手で日本で先に出ている。余談だがスマイルズの著書に感銘

を受けたイタリア人の中にはムッソリーニ（一八八三―一九四五）もいた。ファシスト党主席として権勢をふるっていた一九三七年、『品行論』*Il Carattere*が「総統の感想」付きで覆刻されたこともある。

イタリア立志編の誕生へ

『セルフ・ヘルプ』がイタリアで読まれた理由の一つに、書中にイタリア関係の話が多かったこともあげられよう。例話に引かれた三百余人は英米人が中心だが、外国人としてはフランス人に次いでイタリア人が十数名登場している。スマイルズ自身若いとき画家を志望したこともあって、イタリアとは縁が深かった。『ルネサンス画人伝』の著者ヴァザーリを愛読し、パリシーを語るに先立ち、スマイルズがフィレンツェの陶工ルーカ・デラ・ロッビアの精進の話を引いたことは前にふれた。田舎者のスマイルズは一八三八年に初めて上京、ロンドンのオクスフォード街に下宿したが、たまたま亡命中のイタリア独立運動の志士マッツィーニと同居している。

『セルフ・ヘルプ』のイタリア語訳が「英国産業の勝利とそのヒロイックな栄光の物語」としてイタリアの若い世代に愛読されたことも手伝って、スマイルズは前後四回イタリアへ旅している。功成り名遂げた一八七九年の第三回訪問の際にはローマで盛大な歓迎を受け、勲章まで頂戴した。ガリバルディーと面談し、マルゲリータ皇后と親しくお話した。マルゲリータはウンベルト一世の王妃で、日本の明治天皇の皇后美子にも似た役割を果たされた。当時のイタリアもサヴォイア王朝をいただいて「上からの近代化」にいそしんでいたからである。ローマでは彫刻家ロセッティが「セルフ・ヘルプ」の寓意を擬人化した女性像を刻んだ。アトリエを訪れたスマイルズの胸像も制作した。またジェーノヴァではジ

エンナー種痘の図が彫像に刻まれた。ジェンナー種痘の図はイタリア彫刻史の名品の一つにかぞえられている。作者ジューリオ・モンテヴェルデ（一八三七―一九一七）はスマイルズの『自助論』を読んで感銘を受け、一八六九年に製作にとりかかり一八七三年に完成した。ウィーンの博覧会で賞を獲た高さ一・二八メートルの作品で、大理石の像はジェーノヴァのパラッツォ・ビアンコに、ブロンズの像はローマの近代美術館《ガルレリーア・ダルテ・モデルナ》にある。モンテヴェルデは一八七二年にはフランクリンの像も造っているが、当時のイタリアがいかなる知的刺戟の中にあったかが偲ばれよう（挿絵参照）。

モンテヴェルデ作「ジェンナー」1873年（ジェーノヴァのパラッツォ・ビアンコ所蔵）

木村毅は、イタリア政府がスマイルズに自国の材料を提供して『伊太利自助論』の著述を依頼した、と記したが、これは誤りで、真相は海外へ移住したイタリア人子弟を材料に『イタリア立志編』ともいうべきものをイタリア人作家に書かせよう、と考え政府が懸賞金を出す心づもりをしていたことをさす。スマイルズの自伝 *The Autobiography of Samuel Smiles* の三四五頁に次の一節があるが、その間の事情を示唆している。イタリアのメナブレーアは首相辞任後、駐英大使もつとめたスマイルズの知己である。

余談ながらメナブレーア伯爵は首相

在任中、各国在のイタリア領事館に回状を送り、『セルフ・ヘルプ』に公表された勇気と忍耐によって克服された難局との遭遇の数々の尊ぶべき事例をあげ、各国駐在のイタリア領事にその地へ移住したイタリア移民の生活の模様を報告するよう指令した。それは『セルフ・ヘルプ』と同様の趣旨の書物をイタリアでも出版し、イタリア市民激励のよすがにするためだったという。

「でその結果はどうなりました」と首相を辞して何年にもなるメナブレーア伯に面談したスマイルズが尋ねた。「その後各国駐在のイタリア領事から材料は届きましたか。書物出版の計画は進んでおりますか。」メナブレーアは答えた。「私が企画したような書物はまだ出ていません。イタリアではあなたの『セルフ・ヘルプ』やそれと似た趣旨のセッソーナの『意志は力なり』が依然としてよく読まれております。」

十九世紀の後半、法王領を奪回することでイタリアは国家統一を成し遂げた。この世俗国家は、教会権力を抑制する反教権主義、いわゆるアンチ・クレリカルの性格を帯びていた。当局者は従来教会で説かれてきたキリスト教道徳とは力点の置き方を異にする、国造りのための国民的教科書を求めた。「神」Dio の名は出さずとも少国民にアッピールできる市民道徳の数々を逸話という滋味に包んで提供できる副読本はないかと考えていたのである。

エドモンド・デ・アミーチス

日本が義務教育を施行したのは明治五年で、イタリアはそれより早く義務教育に踏み切っていた。と

はいうものの、就学率は日本をはるかに下まわった。明治六年にイタリアを視察した久米邦武はその実情を『米欧回覧実記』「以太利国ノ略説」にこう報じているが、中に法王領の資産を没収して義務教育の費用にあてたことが見える。

政府意ヲ鋭ニシテ、教育ノ方ヲツクシ、諸教会ヨリ没入ノ財産ヲ、学費ニ供シ、学政ヲ拡張シ、全国ニ三十三ケ所ノ大師範学校ヲオキテ、教育ヲ奨励シタリ。「バイトモント」州、及ビ「ロンバルヂー」地方ハ受学ノ民十分六ニスギタレドモ、南部ニ於テハ、十ノ一ニモ及バズト云フ。

サヴォイア王朝のお膝元のピエモンテ州の教育水準はまだしも、南部は就学率十パーセント以下という低さであった。ローマへ遷《うつ》り住んだマルゲリータ王妃はトリーノの一記者が国民道徳普及のための児童向け読物を執筆中と聞くと「早く読みたい」と激励の声をかけられた。記者はエドモンド・デ・アミーチスといい、一八四六年ピエモンテ州オネーリアで生まれた。イタリア維新の戦闘に参加、国家統一成るや軍職を辞し、軍隊生活の思い出を書くことでジャーナリズムに登場した。ついで一連の海外紀行物、『オランダ』『ロンドン』『モロッコ』『パリ』などを著した。そして七十年代末頃からイタリア立志編ともいうべき書物の想を練り始めた。デ・アミーチスは自分の二人の子が学校に上がったので、従来の教科書の不備も知っていた。彼は舞台をトリーノの小学校に設定し、学校生活を小学四年生の視点から「学童日記」の形式で綴ろうと考えた。そして立志編に当たる話は担任の先生の「毎月のお話」という形で入れることにし、題は「クオレ」Cuoreとした。イタリア語で「心」を意味する。

書物はミラーノのトレヴェース書店から出ることに早くから決まっていた。このエミーリオ・トレヴ

エース Emilio Treves こそ一八六五年に『セルフ・ヘルプ』のイタリア語訳本を出した書店主である。前宣伝が王妃のお耳に達し、御下問《ごかもん》を受けたこともあってデ・アミーチスはいよいよ慎重となったが、トレヴェースは逆に出版を急いだ。結局トレヴェースは一八八六年十月十五日にイタリア各地で一斉に売出すことにした。読まれた方は御記憶だろうか、『クオレ』は秋十月の始業の日から翌年七月の終業の日にいたる一学年度の記録である。トレヴェースは始業の日に発売をあわせようとした。デ・アミーチスは反対した。その日は親も子も教科書を買うのに忙しくて『クオレ』を買うまで子供のお小遣いはまわらない、と言った。ちなみに『クオレ』の作中の始業日が「十月十七日月曜」となっているのは、著者が当初は一八八一年のその日に始まる一学年度にあわせて稿を書いたことの名残りといわれる。著者はその後四年間にわたって推敲《すいこう》を加えたらしい。

だが発売に踏み切るや『クオレ』は爆発的に売れた。当時の一刷は千部だが、年末までに四十一刷、四年後の一八九〇年には百刷、一九〇五年には三百六刷、その翌年には五十万部出版の祝賀会が催された。デ・アミーチスは一九〇八年に亡くなったが、トレヴェース書店は一九二三年には百万部突破の記念会を開いた。イタリアで第二次世界大戦前にいちばんよく読まれた一冊といえば総計二百万部近く出たといわれるこの『クオレ』だろう。そして『クオレ』は本国を凌駕《りょうが》する勢いで外国でも読まれたのである。日本でもっともよく読まれたイタリアの書物といえば、ダンテの『神曲』でも、マンゾーニの『いいなづけ』でもあるまい。おそらく『クオレ』に相違ない。『クオレ』がそれだけ読まれたとしたら、この書物については単に文学的価値だけでなく社会学的意味もまた検討されねばならないだろう。英語では一八八八年、*Cuore, an Italian Schoolboy's Journal* と訳され、日本語では一九〇二年、原抱一庵

の手で『伊国美談十二健児』、杉谷代水の手で『学童日誌』と英語からそれぞれ重訳翻案された。『愛の学校』などと副題が添えられることもあったこの書物の何がそれほど訴えたのか。またスマイルズの『セルフ・ヘルプ』といかなる関係にあるのか。

29　他人の恵みを拒否すること

他人の恵みを拒否すること

小学生低学年のころ「講談社の絵本」で『クオレ』を読んで、妙な印象を受けたことを私は憶えている。それは最初の話が「パードヴァの少年愛国者」で、題は立派かもしれないが、内容は少年乞食に類した話だったからである。

軽業師の一行に売られた少年はスペインを巡業中、親方の冷酷な仕打ちに耐えかねて逃げ出し、バルセロナのイタリア領事館へ駈けこんで保護される。そしていま郷里の親元へ送還される船上にある。三人の外人船客が少年のみじめな境涯に同情し金を恵んでくれた。やがて少年は寝台にはいって先にカーテンを引いた。これだけ銭《ぜに》を貰って帰れば、両親もいくらかましに自分を迎えてくれるだろう、明日ジェーノヴァに上陸したらさっぱりした上着も買おう、などと考えた。外人客は葡萄酒を飲みながら話に花を咲かせている。会話ははずんでイタリアの悪口をあれこれ言い出した。汽車は遅れる、釣銭は誤魔《ごま》化《か》される、役人はなにも知らぬ、そのくせお高くとまって威張っている……

「無知な国民ですなあ」

「不潔ですよ」

「国をあげて泥……」

泥棒、と言おうとしたが、口から言葉がまだ出きらぬうちに、銀貨や銅貨が三人の頭の上にばらばらと降りかかった。びっくりした船客が振向くと、

「俺はそんな銭《ぜに》は要らない」

少年はカーテンを開けはなって外人船客を睨みつけながら叫んだ、

「誰が自分の国を馬鹿にする人間から金を恵んでもらうものか」

——パードヴァの少年のことが私にはよくわからなかった。売られて曲芸を習うとか、他人の恵みを乞うて食事にありつくといった境涯《きょうがい》に同情するだけの想像力もなかった。昭和初年の日本には今のホームレスよりずっとみじめな乞食も多かったけれども、異質の存在で、私のような子供は、そうした黒く薄汚れた世界とは別の世界に住んでいたからだろう。

だが西暦一八八六年、明治十九年当時のイタリアは今とは比べものにならぬほどみじめだった。ただ貧しいだけでなく、久米邦武も「通ジテ勉励ノ気象ニ乏シク」と評したように、勤労意欲に乏しかった。アンデルセンの『即興詩人』は十九世紀前半に書かれた小説だが、ローマの乞食の群が詳しく描かれている。主人公の美少年アントニオに向かって、「手にもあれ、足にもあれ、人の目に立つべき創《きず》つけて、我等（乞食）が群に入れよ」とすすめる者が出てくる。また、「若《も》し肋《あばら》二三本打折りて、おなじやうなる畸形《かたわ》となし、往来《ゆきき》の人の袖に縋《すが》らせむとならば、それも好し」などと言う者も出てくる。当時イタリアの若者の中には、自分もいつかは人に銭を乞わねばならぬ、と内心兢々《きょうきょう》として暮らしていた者も少なくなかったのではあるまいか。なにか仕事にありついて心づけ（マンチャ）を貰おうと胸中で算段《さんだん》していた子供はさらに多かったにちがいない。デ・アミーチスはそうした物貰い根性なしとせぬ同胞にや

りきれぬ思いを抱いていた。広く海外に旅した青年記者は自国の悪評を聞くことが多かった。それで三人の外国人船客に祖国イタリアの悪口を言わせ、それに激昂《げきこう》して恵まれた銭を投げ返す、という「少年愛国者」の話を『クオレ』の冒頭に据えたのである。悪口といっても二種類ある。外人船客が話題とした無知・不潔・窃盗の多発は当時のイタリアに対する根も葉もない中傷 calomnie だったろうか。それとも根拠のある悪口 médisance だったろうか。デ・アミーチスにとっては、それが根拠のある非難だけに一層腸《はらわた》が煮えくり返ったにちがいない。そんな鬱憤《うっぷん》を晴らしたい気持が先に立って、たといみじめな境涯の子供であろうと祖国が辱《はずかし》められる時は恵まれた銭を叩き返すぞ、という見せ場を設定したのである。――落魄《らくはく》した少年の誰がそんな格好のいい真似をするものか。読者はそんな疑問を心奥《しんおう》で覚えるだろうが、そんな真偽のほどはこの場合は二の次であったのだ。

著者デ・アミーチスはイタリア独立戦争に参加した。この勇士は国家の自助独立だけでなく、イタリアの子供も自助努力で独立することを望んだ。その際「セルフ・ヘルプ」の教えを抽象的に説教しても子供は聞いてくれない。それでまず自助とは逆の、他人の恵みを受ける状況を描いた。それはイタリアの年少読者にとっても気詰《きづ》まりな状況であったろう。自国の悪口をいわれた時は、たとい指摘が事実であろうと、イタリアの少国民としての誇りは傷つけられもしただろう。いたたまれない気持であったに相違ない。そのように読者の気持を追いこんでおいて、少年が銭を投げ返すという挙《きょ》に出たことによって著者は事態を逆転させた。あの降り注ぐ銭の音は、いってみれば、読者をはっとさせ、かつほっとさせる音だったのだ。

考えてみると、スマイルズを読んで発奮した幸田露伴も、明治二十三年『鉄三鍛』を書いた際、十二

歳の主人公鉄造にまず物乞いをさせた。その様を友だちに、「鉄造おのれは乞食をするのか」と見咎《みとが》められた。罵られた少年鉄造は「なにを」と反撥し、それではっと立ち直った。物乞いはセルフ・ヘルプの対極点にある。露伴と同様、デ・アミーチスもスマイルズを読んでその点を自覚していた。そしてほぼ同様の設定をした。だが露伴が観念先行で鉄造を描いて失敗したように、デ・アミーチスもまた観念でパードヴァの少年を描いてしまったのではないだろうか。

昭和十年代の初め、小学二年生の私には「他人の恵みを拒否すること」が「自助」に通ずるなどという関係はもちろん読み取れなかった。「少年愛国者」というなら『クオレ』に登場する少年鼓笛兵《こてきへい》がそれだろうと、教科書で習った「死ンデモラッパヲ口カラハナシマセンデシタ」の木口小平のことなどを思っていた。だがスマイルズの『自助論』が元にあったからこそ、露伴は『鉄三鍛』で一旦は物乞いをするが恥を知って発奮する少年の主人公鉄造を描いたのだ。そのことを知った上で『クオレ』を読み直すと、スマイルズの『セルフ・ヘルプ』が元にあったからこそ、デ・アミーチスも『クオレ』で一旦は外国人から銭を恵んでもらうが恥を知って銭を投げ返す「少年愛国者」を描いたのだ、と合点されるのである。

母国の美談、同胞の快挙

人間、外国の地で母国の悪口をいわれると、パートヴァの愛国少年ならずとも、まるで自分自身が悪くいわれたように不愉快なものである。それだけに逆に外地で自国の美談を聞かされると、今度は我が事のように嬉しいものである。それは外国の書物の中で母国の美談を読む際も同じ気分だろう。

デ・アミーチスが『セルフ・ヘルプ』を読んで心打たれたに相違ない話には、次のようなイタリア人同胞の美挙《びきょ》があった。第十三編二十九の例話は英文では A Noble Peasant というが、中村正直はそれに「至賤《しせん》ノ人往々真正君子ノ精神アル事」という題をつけた。

アーディジェ河俄カニ溢レシ時、ヴェローナノ橋流レ、中央ニアル一ノ人家、今ヤ落チヌラント見ユルニ、ソレ窓ヨリ、人ノ頭ヲ出シ、

「哀《あは》レ、救ヒ給ヘ」

ト叫ブモノアリ。スポルヴェリーニ伯爵コノアタリヲ偶々《たまたま》過ギシカバ、コレヲ見テ、

「誰ニテモ彼ノ不幸ナル人ノ命ヲ救ヒナバ、我コレニ百金ヲ与フベキ」

ト言フ。ココニ一少年ノ、農民ト覚《おぼ》シキモノ、群集ノ中ヨリ奔《はし》リ出デ、一舟ヲ拿《とら》ヘ、水中ヲ拽《こ》ギ往キ、ソノ人々ヲ救ヒテ、岸上ニ難ナク達シケレバ、スポルヴェリーニ大ニコレヲ喜ビ、ヤガテ百金ヲ与ヘントセシニ、コノ農民辞シテ曰ク、

「否《いな》、我レ予ガ生命《いのち》ヲ売ルコトハセジ。今コノ災《わざはひ》ニ逢ヘル家コソ、急須ナルベケレバ、コノ金ヲ与へ給へ」

ト云ヒシトナリ。嗚呼《ああ》、コノ言ハ、賤《いや》シキ農民ノ口ニ出ヅレドモ、ソノ言フトコロノモノハ、真正君子ノ精神ナリ。美《いみ》ジキ例《ためし》ト言フベシ。

農夫が伯爵に答える言葉は、短いながらぐっと迫るものがある。自国の前近代性を恥じる気持が強かっただけにイタリア人読者はこの言葉にひとしお胸打たれたに相違ない。

"No, I do not sell my life; give the money to this poor family, who have need of it."
その話が念頭にあったからに相違ないが、デ・アミーチスは自作に現代の事として次の話をのせた。すなわち『セルフ・ヘルプ』ではアーディジェ川であったのをポー川に、ヴェローナ市をトリーノ市に、農民を同級生に設定しなおした。『クオレ』の主人公のクラスメートの少年ピノットが溺れかかった友人を身を挺して救った、という話である。ただそこには『セルフ・ヘルプ』の話に花を添えた、他人の命を救った当人が礼金を謝絶するという決定的な一句が欠けていた。『クオレ』では当局者が全市をあげてピノット少年を表彰する式典の模様が描かれ、四月の例話には「市民的勇気」Valor Civileという題がつけられた。

午後一時ぼくたちは先生と一緒に市役所前に集まった。ポー川から友だちを救いあげた少年に勲章が授けられるからだ。

正面のバルコニーには大きな三色のイタリア国旗がひるがえっている。

ぼくたちは中庭にはいった。

赤白緑の大きな懸章を肩から斜めにかけた真白の服の市長が表彰演説をする。そして勲章を少年の胸につける。……だがそんな式典の模様など大人の読者にも子供の読者にも印象に残らない。イタリア語の授業でこの話を教室で読んでも、およそ手ごたえがない。日本の子供向けの『クオレ』にもこの表彰式の話はたいてい省略されている。イタリアで出た第二次大戦後版の「クオレ再訪」の注釈にも「いちばん意味のない話」(Tamburini ed., *Cuore*, Einaudi, 1974) と酷評されている。「人命救助の表彰式などさ

しづめ新聞社会面の小さな記事程度」と二十世紀末年のイタリアの文学史家はくさしている。一八八二年四月前後のトリーノの新聞には該当する事件は見当たらない、という調査報告もある。これは私の臆測に過ぎないが、著者デ・アミーチスは実際の事件でなく、スマイルズの『セルフ・ヘルプ』の一話を読んで感動し、それを自分の故国であるサヴォイア王朝の州都の話に移し変え、修身訓話に仕立てようとしたのであろう。そして凡作に終わったのであろう。

30　領事という鍵

母を尋ねて三千里

ここで『セルフ・ヘルプ』とは直接関係はないが、説明の都合上、『クオレ』の毎月の例話で日本人にいちばん馴染《なじ》みが深い話も紹介しておきたい。それは「母を尋ねて三千里」である。原題は「アペニン山脈からアンデス山脈へ」だが、『クオレ』が明治三十五年（一九〇二）、杉谷代水の手で『学童日誌』として訳された時、第八の月例の話はこのような題に訳され、定訳と化した。「母を尋ねて三千里」はイタリアの中央山脈の麓で育ったマルコ少年が、二年前、家族を残してアルゼンチンに出稼ぎに渡ったまま音信不通となった母の安否《あんぴ》を気遣い、十三歳のマルコ少年が単身大西洋を渡り、アンデス山脈の奥地まで探しに行く、という筋である。当初はブエノス・アイレスまで渡れば会えるものと思っていた。ところが母の奉公先が変わって居所不明である。イタリア領事館の人は親切にも尋ね人の公告を出してくれたが、母親は女中奉公は家名を汚すもの、と思い、本名を隠し仮名を用いて働いているらしい。それもあって連絡はつかない。マルコはこうして最初は船で、ついで鉄道で、さらには馬車で、そして一部は徒歩で、六千マイルの旅をする。そして同胞移民に助けられ、サバンナの果ての開拓地で病床の母親についに再会する。南米の新開地の町並みも、荒野を行く夜汽車も、歩いて抜ける南アメリカ奥地の荘厳な森も、サスペンスに富み、印象深い。読者はマルコ少年と一体化してそうした異国の風物を不安

のうちに眺めている。

奥地の母は重態である。僅かの貯金と身のまわりの品はイタリア領事に依頼して故国へ送ってもらうよう雇主夫妻に遺言した。アルゼンチン人の夫妻は手術をすすめる。しかし田舎出の女はメスが体に触れることを肯《がえ》んじない。マルコ少年が戸口に現れたのはまさにその時だった。感激の再会。息子の出現に励まされて母は気持をとりなおし、手術を受ける決心をする。鋭い叫びが家中に響いた。マルコは母は死んだと思う。その時医師が室外に現れて、「お母さんは助かった」。

お涙頂戴の結末はいかにもイタリア的ではあるまいか。だが、日本の子供の中には母親が金稼ぎに外国へ行くことを不自然に思う読者もいるだろう。またなぜ母親がきちんとたよりを寄越さなかったのか、といぶかしく思う人もいるに相違ない。

領事という鍵

ここでなぜマルコ少年の話を紹介したかというと、先に引いた「パードヴァの少年愛国者」の話にもこの「母を尋ねて三千里」の話にも、またこの先で引く「難破」の話にも『クオレ』という物語集の成立過程を示唆する鍵が秘められているからである。『クオレ』は『セルフ・ヘルプ』を念頭に置いて書かれたイタリア立志編と本当にいえるのか。

『クオレ』を注意深く読んだ人は毎月の例話に「領事」や「領事館」がしばしば登場することに気づかれたであろう。パードヴァの少年も、軽業師の一行に売られたものの、バルセロナのイタリア領事館に駆け込んだことで助けられた。マルコ少年もアルゼンチンに渡って母の消息をまずイタリア領事館に

聞きに行った。母も僅かな貯金の本国への送金をイタリア領事に託そうと考えた。また次に扱うジュリエッタとマーリオはイギリスのリヴァプールでそれぞれ肉親に死なれ、二人ともイタリア領事の世話で故郷へ送還されることとなっている。

このような領事への数多い言及は、先に引いたスマイルズとメナブレーア元首相との対話にはからずも符合《ふごう》する。首相在任中、メナブレーアは各国在のイタリア領事館に回状を送り、『セルフ・ヘルプ』に公表された勇気と忍耐に相当するようなイタリア移民の物語の材料を提供させた、というが、『クオレ』における「領事」の頻出《ひんしゅつ》はそうした背景をおのずと想起させるのである。そしてそんな政府主導の計画であってみれば、マルゲリータ王妃がその執筆状況に関心を示されたこともおのずと合点されよう。またカトリック道徳とは別の市民道徳の副読本を意図したものであってみれば、『クオレ』全巻中に「神」Dioという言葉がたった一度しか出て来ない理由も納得されようというものである。

しかし『クオレ』成立事情を解き明かしてくれるそんな外在的な証拠に通じていなくとも、スマイルズの『セルフ・ヘルプ』とデ・アミーチスの『クオレ』を結ぶさらに有力な内在的な証拠は他にも存在する。その両者に共通するのは「難破」という主題である。以下やや多岐にわたるが、スマイルズの『セルフ・ヘルプ』に発した難破の物語が、一つの道徳訓話として、世界各地にどのように拡がっていったか、その文学的波動を後づけることとしたい。明治日本の場合には『西国立志編』に発した「発明」や「勤勉」という産業社会の市民道徳の系譜を辿ったが、今度は「自己犠牲」という市民道徳の系譜を広く世界各地に辿ってみたい。

31　身ヲ殺シテ仁ヲ成ス

キリシタン時代の『イソポ物語』類の宣教関係者の手になる邦訳を別にすれば、有史以来日本人が自分たちの手で取り入れた西洋文学は、明治四年（一八七一）の『西国立志編』が嚆矢《こうし》であった。第十三編三十七話は「英国ノ船阿弗利加《アフリカ》ノ海岸ニテ沈ミシ時船中ノ人従容和静《しょうようわせい》ナリシ事」と訳者中村正直の手で題されている。その西洋説話は、内容も教訓も、明治の読者に真っすぐに理解され、そのまま共感された。

身ヲ殺シテ仁ヲ成ス

一千八百五十二年第二月二十七日、英国ノ船バーケンヘッド卜云ヘル船、阿弗利加《アフリカ》ノ海岸ニテ破壊シ、船中ノ人英雄俠烈ノ気象ヲ顕《あら》ハセシコト、真ニ誇ルニ堪《た》ヘタリ。

コノ船、男子四百七十二人、婦女、児子、一百六十六人ヲ載セ、阿弗利加海岸ニ沿《そう》テ、火烟ヲ揚ゲテ行キケルガ、忽チ船ノ底烈《はげ》シク暗礁ノ中ニ透《とほ》リ入リ、暫時ノ間ニ、破レ沈ミヌベシト思フ程ナリ。暁第二時ノ事ナレバ、衆人睡《ねむ》リ居タリ。太鼓ヲ擂鳴《すりな》ラシ、歩兵ヲ船上ニ召《よ》ベバ、操練ノ時ノ如クニ集ル。サテ「婦人小児ヲ救ヘ」卜言ヘル声聞ユレバ、時ヲ移サズ、船底ヨリ褻衣《せつい》ノママナル婦人小児ヲ引キ揚ゲ数箇ノ小舟ニ移シ拽《ひ》キ去ラシム。コノ小舟、既ニ大船ヲ離レシ時、頭人心ナク喚《よ》バハリテ、

「水ニ泳グコトヲ能クスルモノハ、跳《おど》リ入リテ、カノ小舟ニ取リ付ケヤ」ト云ヒシカバ、加比丹《カピテイン》ライト「否々、モシ然《しか》セバ、カノ婦人ヲ載スル船ハ覆《くつが》ヘルベシ」ト云ヘバ、船中ノ人ミナ堅ク立チテ動クモノアラズ。抑《そもそ》モコノ外ニ餘レル小舟一隻モナク、危難ノ逃《の》ガルベキ望ミアラズ。然レドモ衆人心平《たひら》カニ気静カニシテ、一声ノ怨言《ゑんげん》ナク、一声ノ啼哭《ていこく》ナク、祝喜ノ火ヲ焼キツツ、コノ一夥《ひとむれ》ノ英雄、船ノ沈ムニ随ヒ、波濤ノ中ニゾ葬ラレケル。

嗚呼《ああ》、カクノ如キ勇剛ニシテ、シカモ和静ナル美《いみ》ジキ人ノ儀範ハ、万世ノ後マデモ、永ク存シテ泯《ほろ》ビザルベシ。

徳川時代の士族は漢文を習い、儒教倫理の感化裡《り》に育った。日本の支配層は、中国の士大夫や朝鮮の両班《ヤンバン》とちがって、命を的に戦う武人であったから、『論語』の句の好みが中国・朝鮮の文人とおのずとずれが生じた。侍《さむらい》は主君のために身を捧げることを惜しまない。それだけに腰に大小の刀を差す武士は「身ヲ殺シテ仁ヲ成ス」という決意を誇りをこめて披瀝《ひれき》した。たしかに観念としてはそんな覚悟でいたに相違ない。

だがしかし実際問題として、かつて東アジアで船が難破した時、女子供を救うために身を捨てた漢学者がいただろうか。開国とともに西洋には「レイディーズ・ファースト」の騎士道の習慣があることが伝えられた。だがそれは東洋の君子には女子と小人を尊重する、むしろ滑稽な習慣のように思われた。よもやそのために男子が命を捨てるとは思わなかったのである。それだけにほかならぬ漢学者中村の手で西洋人の倫理的実践の実例がバーケンヘッド号の実話として簡潔に伝えられた時、日本人は感嘆した。

福沢は明治の青年に西洋の智の世界を見せたが、「中村は正に西洋の徳の世界を見せた」という。吉野作造の新潮社『日本文学大辞典』（昭和九年）のその言葉はその間の機微《きび》を伝えている。

『西国立志編』の文体は、響きのよい、漢文訓読体だった。しかもそこに描かれた自己犠牲の具体例は、「殺身以成仁」の儒教道徳で育った日本人の心魂《しんこん》に徹するなにかを秘めていた。『西国立志編』の文章には道義的感激が内に秘められている。そこには一種の高貴な詩情さえ感じられる。「祝喜ノ火ヲ焼キツツ」という表現すらも、意味不鮮明ながら、いかにも尊いことのような気がする。……

――実は firing a *feu de joie* as they sank beneath the waves の firing は、「火ヲ焼ク」でなく、「祝意ノ銃声ヲ発シツツ」将兵は船の沈むに随い波濤《はとう》の中に消えていった、という意味である。*feu de joie* は英国軍隊用語に「祝砲」の意味で用いられたイギリス製フランス語であるらしい。今日のフランス人にもわかりかねる用法であるから、中村が誤解したのは無理もない。頭人とあるのは陸軍司令官で、その commander が「水ニ泳グコトヲ能クスルモノハ、跳《おど》リ入リテ、カノ小舟ニ取リ付ケヤ」と思わず叫んだ。そのことは海難事故を報じた『タイムズ』紙にも出ている。「いや、そんなことをさせたら救命ボートは転覆します」と「加比丹《カピテイン》ライト」が制した。中村訳を読むと誰しも船長がそう注意したと思うだろう。現に講談社学術文庫本には「加比丹」に「カピタン」と新しくルビを振り「船長」と注記している。しかしそれは学問的訓練の足らぬ注釈者が原文に当たるだけの労を取らなかったことから生じた初歩的な誤りで、英文には第九十一スコットランド高地連隊《ハイランダース》ライト大尉と所属も示されている。中村は Highlanders の意味がわからず、それで連隊名の詳細を略したのだろう。また「加比丹」が海難事故の後まで生き永らえては間が悪い、という意識が働いたからだろう、ライトが survivor と英文にあるの

に「生存者」と訳すことを略してしまった。

もっともスマイルズ自身も良かれ悪しかれ美談好みの人である。『セルフ・ヘルプ』を書く時にすでにもとの新聞報道を美化していた。一八五二年四月八日の『タイムズ』紙によると、ライト大尉の制止にもかかわらず実際は兵士が何人か海に跳び込んでボートをさして泳いでいったからである。しかし海難事故の審判を報じた新聞を読んでみると、ボートを婦女子にゆずり、従容として沈没する船と運命を共にした将兵に対する感嘆の声にあふれていた。四三八名の水没者《すいぼつしゃ》を出したにもかかわらず、船長以下の事故責任を追及する声はまったく出なかったもののようである。

32　東海丸の最期

艦長ハ艦ト運命ヲ共ニス

バーケンヘッド号事件は「婦女子優先」の海の掟《おきて》を世界の海の男の胸に刻み込んだ。十九世紀はイギリス海軍流が世界の船乗りの流儀となった時代である。明治日本は海軍も商船も英海軍の指導下に発達した。明治六年（一八七三）、海軍少佐ダグラス以下、士官・下士官・兵三十四名が来日、築地の海軍兵学寮で日本人生徒百十名と起居をともにした。徹底した英国風教育であったから、"Captain goes down with the ship." の教えもまた士族出身の若者の胸に刻み込まれた。教える方にもイギリスの船乗としてのプライドがあったが、学ぶ側にも日本の武士の子弟としての誇りがあった。そのように英国風が武士的伝統に接木されると、徳川時代の船頭風情《せんどうふぜい》とはおよそ異なる、キャプテンという新しい人間類型が日本にも生まれたのである。そうした新しいエリートが明治の海軍を背負って立ち上がり、ロシア帝国の勢力東漸《とうぜん》を食い止めるのだが、その覚悟は日本の商船の船長たちによってもわかちもたれていた。

日露戦争前夜には次のような海難事故が発生している。東海丸の「久田船長」の話は、三十余年後、太平洋の波がふたたび高くなった昭和十年代、『小学校国語読本』巻十に掲げられた。まず教科書の「久田船長」を紹介し、ついで当時の新聞をチェックしてみよう。

青森・函館《はこだて》間の連絡船東海丸は、多数の船客を乗せ、郵便物・貨物を積んで、夜半に青森港を出港した。大分しけ模様であつた。明治三十六年十月二十八日のことである。

津軽海峡特有の濃霧が、海上をおほつてゐた。波も次第に高くなつて行つた。しかも雨は雪に変じ、それが吹雪となつて、あたりを吹きまくつた。暗さは暗し、其の上濃霧と吹雪では、全く黒白も弁じない。東海丸はしきりに汽笛を鳴らし、警戒しつゝ進行を続けた。

すると突然、右手から船が突進して来た。たちまち一大音響とともにロシア汽船の船首は東海丸の船《せん》腹《ぷく》を破った。海水は容赦なく浸入し、東海丸の船体は極度に傾いた。久田船長は乗組員に命じ、五隻のボートを下ろし、わめき叫ぶ船客をなだめつつ片端からボートに分乗させた。東海丸は刻々と沈んでいく。

「みんな乗ったか」

「乗りました」

「一人も残っていないな」

「残っておりません」

「船長、早くボートへ」の声がかかるが、久田は船橋の欄干《らんかん》に身を寄せ、動こうとしない。たまらなくなって船員がはせつけた。見れば船長の体は旗の紐でしっかと欄干に結びつけられている。一緒にお供します、と感激の叫びをあげた船員に船長が厳かに答えた。

「船と運命を共にするのは、船長の義務だ。お前は早く逃げろ。一人でも多く助つてくれるのが、

私に対するお前たちの務ではないか。」

……東海丸からは、引切りなしに汽笛が高鳴つて、暗い海の上を圧した。聞く人々は全く断腸の思であつた。やがて、其の音は聞えなくなつた。東海丸は沈没したのである。最後の瞬間まで、非常汽笛を鳴らし続けた久田船長もろ共に。

暗夜と荒天の海上に、五隻のボートは木の葉のやうに動揺した。中には、波にのまれてしまつたものもある。しかし乗客船員の過半は、からうじて助ることが出来た。

四十歳を一期《いちご》として、従容《しょうよう》死についた船長久田佐助の高潔な心事は、忽ち世に伝へられ、日本全国の人々をして涙をしぼらせた。

「船長たる者は、万一の場合、決死の覚悟がなくてはならぬ。百人中九十九人まで助れば、或は自分も生きてゐるかも知れぬが、さもなければ帰らぬものと思へ。」

とは、久田船長が、かねてから其の妻に言聞かせてゐた言葉であつた。だから、東海丸遭難第一の電報を手にした時、妻は早くも夫の死を察し、見舞の客に対しても、あへて取りみだした様子を見せなかつた。人々は此の事を聞いて、今更のやうに久田船長のりつぱな心掛に感動すると共に、夫をはづかしめぬ此の妻の態度をほめたゝへた。

東海丸船長の最期

明治三十六年十月三十一日『東京朝日新聞』「東海丸船長の最期」によると、ロシア船のボートが東海丸に近づいたが、「船長は之に移乗するを肯《がえ》んぜず、自身をブリツヂに縛り着け、綱を引て汽笛を鳴

らしつゝ従容として船と共に沈没し海底に葬られたり。其処置の見事なる露国の船員始め何れも涙を流して感嘆せり」。

より具体的な談話は同十一月二日「東海丸舵手《だしゅ》の遭難実話」で、寝耳に水の衝突に岡野熊太郎は宿直部屋で抛《ほう》り出され左胸腹を打ち、額を傷つけた。

スワこそと飛上つて出て見ると船客船員は大概甲板に上つて居る。雪はドンドン降る。東海丸には五艘のボートがあるが、余のボートは二番のもので不幸にも一番引下しに困難になつて居る。ソレで余は舵《かじ》部屋から一挺の手斧を持つて来て邪魔物を切り払ひ先づ〳〵ボートを浮かばした。ブリッヂにある浮環も手早く持つて来た。此際、船長久田佐助氏の働きこそ勇ましきもので、余がボートを下ろさうとしてると船長がやつて来て「此ボートは下すに難儀であるが御前は下せるか」と云ふから「命を捨てても下します」と答弁すると「是非頼む」とてスグ船客の方に行つた。船客に向つて船長は「船が沈んでも皆さんは助かる。決して狼狽してはならぬ。何んでもボートにさへ居ればよろしい」と言つて自分の防寒衣は脱ぎ捨て右往左往救助に尽力し、他の者が「早くボートに乗れ」と声を嗄《か》らして勧めるにも従はず従容と命令を下してる中に三十分も経過して、今は刻一刻沈没し去る船のブリッヂに身を置いて、逆巻く怒濤を物ともせず、別れの汽笛を鳴らし乍ら、千歳《ざい》の遺憾を残して、海底深く沈んで仕舞つた。叫喚の声、濤《なみ》の音、何が何やら分らず、今思へば夢か現か茫として尋ぬべき様もない。船長は船が沈没する迄に二回五艘のボートを見廻つた。余の所へも二度来た。船長が若《も》し逃げる気ならボートに乗るのは至つて易いのであるが、乗らないのを見ると始めより死を決したものと見え

る。

国語教科書にあるのと違って五隻のボートのうち四隻は冬の海で転覆、過半は実は死亡した。岡野のボートは降ろすのに手間取り、不安を感じた船客はよそのボートへ行った。そのため乗手が少なくなり、それが幸いしたのだろうか、ボートの男客五名、女客一名、船員二名は夜が明けたころ遅まきに現れたロシア船のボートに救助された。それが実相らしい。

沖野岩三郎は『大人の読んだ小学国語読本』（昭和十五年）で国定教科書の文章を忌憚《きたん》なく批判した。しかし「久田船長」については「日本精神の発露」と手放しに礼賛した。だが冷静に振返ってみると、久田佐助は明治のキャプテンとして英国海軍流の規律を学び、「バーケンヘッド号事件」の際に示された船乗りの掟を良しとし、「船長は船と運命を共にす」を身をもって実践したのであろう。それは東西の倫理的共鳴であった。

『西国立志編』の読者は海の男たちの自己犠牲に驚嘆した。しかし海難事故が発生し、総員退避の際、

一、先ヅ女子供ヲ優先スベシ。

二、船長ハ最後マデ船ニトドマルカ、乃至ハ船ト運命ヲ共ニスベシ。

という不文律が定まったのは、実はバーケンヘッド号事件が喧伝されて以来なのである。蒸気船以前の帆船の時代、大海で難破した際、男たちは女子供を容赦なく海に突き落とした。ボートを何日漕いだら陸地へ辿り着けるのか、その目途《めど》も立たぬ際、限りある水食料を女子供にまで分け与える余裕はなか

った。そんな旧習をくつがえして「レイディーズ・ファースト」が実際に行なわれたのが一八五二年二月二十六日の夜のことで、婦女子全員をふくむ一九三名が救われたのである。以来、新しい伝統が確立した。『セルフ・ヘルプ』の語るバーケンヘッド号事件が起源となった、難破にまつわるこの文学的・倫理的テーマの系譜を東西の文学と史実の中にさらに探りたい。

倫理感情の刺戟伝播

スマイルズがバーケンヘッド号の将兵を語るに先立ち述べた指摘によると、ヴィクトリア朝イギリスの偉大さは、庶民《しょみん》にいたるまで紳士階級と同じ騎士道精神を発揮するにいたった点にある、という。その指摘には誇大《こだい》な面もあれば、偽善《ぎぜん》の面もあっただろう。しかし国家の興隆期には、国民に国家的価値とのアイデンティフィケーション（自己同一化）が行なわれやすい。日露戦争前夜の日本の場合、平民たちまでが士族の気概《きがい》を帯びるにいたった。日本海海戦に参加した一人が「功名をしようという欲もなかった。ただ日本国家に仇をなす敵をほろぼしたいという一念のみで、いまこのときのことを思いだすと、自分にもあのような気高さがあったのかと、ふしぎな思いがする」と当時の心境を述べているが、それは士官も兵も同じであったろう。それと同じことで、本来は英国上流階級のマナーだったLadies firstがバーケンヘッド号難破の際、平民出身の英国兵士たちによってもわかちもたれた、というのである。

「人、その友の為に己の命を捐《す》つるは、愛のこれより大なるはなし」

これはキリスト教の聖書の言葉だが、そうした考えが広く市民道徳として普及した、というのである。

儒教の聖賢の道を誇りとした日本人は『西国立志編』を読んで、西洋にも道徳がある、とすなおに感心した。同様にイタリア人もバーケンヘッド号と運命を共にした兵士たちに心動かされた。そして「船長は船と運命を共にする」という教えを守って吹雪の海に沈んだ久田船長を日本人が教科書に載せて国民道徳の教材としたように、『セルフ・ヘルプ』を読んだデ・アミーチスもいちはやく『クオレ』の六月の例話に自国の少年少女を主人公に自己犠牲の尊さを語ることとした。その市民道徳の教材としての「難破」の話とはこうである。

33 難破

難破――『クオレ』の場合

もう何年も前のこと、リヴァプールから英国船が地中海のマルタ島へ向かった。汽船の前甲板、マストの近くに綱がまいてある。その上に十二歳のマーリオが腰掛けて、片手は旅行鞄の上に置いている。これは物取りにあわないようにという警戒心から身についた習慣である。少年はイギリスで移民労働者の父と一緒に暮らしていたが、父に死なれ異郷で孤児となった。それでイタリア領事の世話で故国へ送還される途中である。体つきはまだ子供だが、顔の表情はもう大人だ。

出港後まもなくイタリア人水夫がイタリア人の少女を引きあわせてくれた。ジュリエッタはロンドンの伯母の家で家事手伝いをしていたが、伯母が先日事故で亡くなった。裕福と思われていた伯母だったが、意外にも遺産はなにもなかった。それでジュリエッタもやはり領事の世話で、両親や弟たちがいるナーポリへ帰る途中である。少女はやさしく少年の身の上を聞いたが、マーリオは口ごもる。シチリアへ帰るのだが、遠縁の者が孤児の自分を家に置いてくれるかどうか定かでない。会話は途切れ、少女は編物を始める。海は次第に荒れ出した。別れて下層船室へ降りようとした時、激浪《げきろう》のショックでマーリオは転倒し、額《ひたい》を打ちつける。

「あら、血が」

ジュリエッタは引返すと、スカーフをはずし包帯代わりにマーリオの頭に巻きつけた。スカーフの端と端を頭の後ろで結ぶために少年の頭を自分の胸に押しつけたが、ジュリエッタの黄色い上着に赤い血がにじんだ。

海は夜通し荒れ、嵐は猛り狂って、マストは折れ、ボートも次々と波にさらわれる。甲板につないであった牛が大波もろとも海中に転落した。夜明けに機関室に浸水し、汽船はもはや航行不能である。手押しポンプで排水につとめるが、船は次第に沈み始める。もう生きた心地がしない。残りのボートを海面に降ろそうとするが、降ろした途端に転覆する。親切にしてくれたイタリア人水夫もその時波にさらわれて見えなくなった。残るは大型ボート一艘のみだ。それが降ろされるや、みな我先に飛び移った。まだ一つ席が空いている。

「船長！」

と下から声がかかった。だが覚悟を定めた船長は招きに応じない。船長は婦人客を一人舷側《げんそく》まで連れてきたが、動揺するボートと本船の間の荒れ狂う海面を見て後ずさりする。身を躍らせて海中に飛び降りる勇気はないのだ。すると下からまた声がかかった。

「それなら、子供！」

その時までジュリエッタとマーリオはマストにしがみついていたが、その呼び声に、生存本能に目覚めたかのように舷側へ二人とも駆け寄った。相手を突きのけんばかりの勢いである。下から声がかかった。

「小さい方！」

ジュリエッタははっと立ちすくんだ。自分が一つ年上のことを知っていたからである。だがその時マーリオはジュリエッタの胸に赤い血のしみを見、霊感に打たれたように叫んだ。

「ジュリエッタ、君の方が軽い。君にはお父さんもお母さんもいる。僕は一人ぼっちだ。席は譲るから、君、早く行け」

そう言うなり少女を抱き上げ海へ投げ込んだ。

水夫がジュリエッタをボートに引揚げる間にも、本船は刻一刻《こくいっこく》と沈んで行く。波は傾いた甲板をはや洗い出した。ボートは急いで離れて行く。舷側に突っ立ったまま少年は遠ざかるボートを凝視《ぎょうし》している。髪が風に吹かれている。ボートの中からジュリエッタは泣きながら少年に向かって叫んだ。

「さようなら、マーリオ」

「さようなら」

突然、少年は跪《ひざまず》いたかと思うと、両手を組んで天を仰いだ。ボートの少女は思わず顔を伏せた。そしてふたたび顔をもたげて海面を見渡した時、そこにはもはや船の姿は見えなかった。

ダンテ『神曲』地獄篇第二十六歌、オデュセウス一行の水没《すいぼつ》をどこかで連想させる最期である。マーリオとジュリエッタという少年少女がいかにも印象的である。読者はデ・アミーチスがこの『クオレ』中の哀話の材源をどこに求めたのか、とりたてて探そうとはしなかった。しかし、作者がスマイルズの『セルフ・ヘルプ』を念頭においてイタリアの少国民のために市民道徳の副読本を書こうとしていたという史実を知ると、このイタリア人作家の創作の材源がスマイルズ描くところのバーケンヘッド号の難

破であったことは明らかだろう。

優先順位のつけ方

総員退避の場合、第一に女子供を優先し、第二に船長は最後まで踏みとどまり、総員救助不能の場合は船と運命を共にする。――これがヴィクトリア朝イギリスが七つの海にひろめた船乗の掟《おきて》であった。その中で日本の国定教科書は、船長の義務のみをもっぱら強調した。そこには軍国日本を予感させるリゴリズムもひそんでいた。だが久田船長の話を美談として掲げることで、難破の際、船長が離船退避できないような社会的・心理的圧力を加えるのははたしてよいことか。人の長たるものが先に逃げ出すことはもちろん論外だ。しかし、だからといって、乗客全員をボートへ移しおえた東海丸の船長が、踏みとどまって船と運命を共にすることはないではないか。そんな不文律の強制は、人間性に反することではないのか。

そんな戦前の無理強いされた修身教育にたいする反動だろうが、戦後は「自分だけが生きのびさえすればいい」という風潮が瀰漫《びまん》した。この自己中心主義も困りものだ。その延長線上にある自国だけが助かればよい、という一国平和主義もやはり誤りなのだろう。それはエゴイストに多い思考拒否や責任回避といってよいのだろう。

だがだからといって、戦前の修身教育に復帰して道徳の徳目をただ暗記すればよいというものではあるまい。皇帝の勅諭とか主席の語録とかを暗誦させる国に碌なことはない。市民道徳は頭ごなしに掟を課することではない。状況に応じて自分自身の頭で判断するように教育することも必要だ。倫理とは本

来優先順位のつけ方の問題なのではないだろうか。

『クオレ』の場合はマーリオが「僕は一人ぼっちだ。君にはお父さんもお母さんもいる」という理由で順序をつけて席をジュリエッタにゆずった。第二次大戦後のイタリアには『クオレ』に代表されるかつての国民主義教育への反撥《はんぱつ》は強かった。反対したのはおおむね左翼系の教育評論家たちである。「難破」の物語について、孤児という理由で子供の生死を分けてよいのか、という批判が次々にあがった。しかし『クオレ』の場合、ジュリエッタの上着についている赤い血のしみ——それを見てマーリオははっとしたのである。その時、自分に優しくしてくれた少女へ席をゆずろうとする気持が湧き、咄嗟《とっさ》の間に声となった。それは母性的なるものへの感謝とうらはらをなす自己犠牲の決意だった。その本能的な心の動きが描かれているからこそ、読者は納得したのではないだろうか。少年が孤児だから犠牲を良しとしたのではない。またこのような難破の事実はない、という実証主義的反論もあったようだが、それはそうだろう。デ・アミーチスは難破の事実に基づいてではなく、『セルフ・ヘルプ』の話に感動して、この文学作品を書いたのだから。

第一高等学校で市原豊太は担任クラスの生徒にこんな問題を課した。

船が難破して乗客が救命艇に乗り移る際に、最後に子供連れの婦人と自分が乗りおくれ、子供は乗れて、あと一人しか乗れる余地がない時に君はどうするか。

昭和十六年、地方の中学から上京した熊田淳一郎にとって、その設問の仕方はいかにも新鮮だった。熊田は実際自分がどう振舞うかはさておいて、婦人に席をゆずる、という模範解答を書いておいた。そ

ういえばそのころ朝鮮の清津と舞鶴を結ぶ連絡船がソ連の機雷にふれて沈没し、京都大学の学生が朝鮮の同胞に席をゆずって亡くなった。その引津正二という人の名はいまは日本でも韓国でも忘れられてしまったが。

難破――『銀河鉄道の夜』の場合

優先順位のつけ方がさらに難しい場合を作品中で問いかけ、宗教風な答えを示唆した日本人作家に宮沢賢治（一八九六―一九三三）がいる。『銀河鉄道の夜』の次の一節は、二人の子供に家庭教師として付き添って海難事故に遭遇した学生の死後の世界からの回想である。

「いえ、氷山にぶっつかって船が沈みましてね、わたしたちはこちらのお父さんが急な用で二ケ月前一足さきに本国へお帰りになったのであとから発《た》ったのです。私は大学へはひってゐて、家庭教師にやとはれてゐたのです。ところがちゃうど十二日目、……船が氷山にぶっつかって一ぺんに傾きもう沈みかけました。月のあかりはどこかぼんやりありましたが、霧が非常に深かったのです。ところがボートは左舷の方半分はもうだめになってゐましたから、とてもみんなは乗り切らないのです。もうそのうちにも船は沈みますし、私は必死となって、どうか小さな人たちを乗せて下さいと叫びました。近くの人たちはすぐみちを開いてそして子供たちのために祈って呉れました。けれどもそこからボートまでのところにはまだまだ小さな子どもたちや親たちやなんか居て、とても押しのける勇気がなかったのです。それでもわたくしはどうしてもこの方たちをお助けするのが私の義務だと思ひまし

たから前にゐる子供らを押しのけようとしました。けれどもまたそんなにして助けてあげるよりはこのまゝ神のお前にみんなで行く方がほんたうにこの方たちの幸福だとも思ひました。それからまたその神にそむく罪はわたくしひとりでしょってぜひとも助けてあげようと思ひました。けれどもどうして見てゐるとそれができないのでした。子どもらばかりボートの中へはなしてやってお母さんが狂気のやうにキスを送りお父さんがかなしいのをじっとこらへてまっすぐに立ってゐるなどとてももう腸《はらわた》もちぎれるやうでした。そのうち船はもうずんずん沈みますから、私はもうすっかり覚悟してこの人たち二人を抱いて、浮べるだけは浮ばうとかたまって船の沈むのを待ってゐました。誰《たれ》が投げたかライフブイが一つ飛んで来ましたけれども滑ってずうっと向ふへ行ってしまひました。私は一生けん命で甲板の格子になったとこをはなして、三人それにしっかりとりつきました。どこからともなく［　］番の声があがりました。たちまちみんなはいろいろな国語で一ぺんにそれをうたひました。そのとき俄《には》かに大きな音がして私たちは水に落ちもう渦に入ったと思ひながらしっかりこの人たちをだいてそれからぼうっとしたと思ったらもうこゝへ来てゐたのです。この方たちのお母さんは一昨年没《な》くなられました。えゝボートはきっと助かったにちがひありません、何せよほど熟練な水夫たちが漕《こ》いですばやく船からはなれてゐましたから。」

それから小さないのりの声が聞えジョバンニもカムパネルラもいままで忘れてゐたいろいろのことをぼんやり思ひ出して眼が熱くなりました。

『銀河鉄道の夜』のこの話については二つの材源が指摘されている。第一は、ジョバンニもカンパネ

ルラもイタリアの名前であるところから、また家庭教師が語る話の内容が、誰から助けるべきか、自分に託された少年たちを自分の死生観に従って犠牲にしてもよいのか、という優先順位を定める倫理的問題であるところから、賢治は『クオレ』の「難破」からこの情景を考え出した、という見方である。その通りであろう。第二は、氷山と衝突し、(賢治は番号未確認のためだろう、原稿は数字分あきのままにしていたが)、讃美歌三百二十番「主よ、御許《みもと》に近づかん」を船客一同が歌ううちに船が沈んだ、という情景を取りいれているところから、賢治はタイタニック号遭難のニュースからこの情景を借用した、という見方である。これもまた間違いなくその通りであろう。その二つの要素は共にはいっているのだろう。ちなみにタイタニック号の沈没が大きく報道されたのは一九一二年四月、宮沢賢治が十五歳の時であった。作中の宗教的雰囲気がキリスト教的であるのはそのような背景による。

ただしほかに仏教的要素といおうか、消滅の美学といおうか、無に帰することを良しとする感覚もかいま見られる。主人公がふと洩らす「この方たちのお母さんは一昨年没《な》くなられました」という発言がそれである。それはどこか気弱で、母が没しているがゆえに子供たちの死をもまた許容するかのようなニュアンスに感じられてならない。——他人を押しのけてまで生き抜こうとしない賢治流の発想に優しさを感じる読者は日本に多いだろうが、だがはたしてそれだけで良いことか。いずれにしても実際の海難事故に際しては、賢治が書くような綺麗事ではすまないような気がする。では世界最大といわれたタイタニック号の難破それ自体はどのように報道されたのか。

34　タイタニック号

タイタニック号

西暦一九一二年、日本暦の明治四十五年四月十四日から十五日にかけての夜、当時の世界でもっとも高速かつ安全と喧伝されたイギリス最大の新造豪華客船が、英国のリヴァプールからニューヨークへ向けはなやかな大西洋横断の処女航海を続けていた。そして北米大陸に近づいた時、ニューファウンドランド島の沖合で濃霧のため氷山と衝突、沈没した。混乱の中で男たちは女子供にボートをゆずり、スミス船長以下およそ千五百名の乗客船員は、「主よ、御許《みもと》に近づかん」の讃美歌を歌いながら氷の海に沈んだ、と報ぜられた。その際、父と生き別れ救われた少女でいちばん長生きした人も、一九九三年には老衰で亡くなった。悲劇はこうして過去のものとなるかに思われた。ところが一九九八年、映画『タイタニック』が世界的に大ヒットした。私はそのころ中国大陸で中村正直と『西国立志編』について教えていたが、バーケンヘッド号の話を中国人学生たちが即座に理解したのは、彼らが皆ビデオでこの映画を見ていたからである。このアメリカ映画のあまりの人気に水をさそうとしたのだろう、『南方周末』紙にはタイタニック号に乗り合わせた中国人の名前があらためて掲げられ、全員が死亡したことなども報じられた。

タイタニック号遭難の真実とは一体何であったのか。それは当時の新聞報道が一斉に美化して伝えた

のとはいささか異なって、階級差別と人種差別が露骨に表に出た事件でもあった。「レイディーズ・ファースト」の原則は尊重され、女性が助かった割合は確かに多かった。ただしそれはあくまで上等船室の白人女性船客に限ってのことだったという事実を忘れてはならない。下等船室の移民の女子供は助からなかった。船員に銃口を突きつけられて脱出を阻止《そし》され、ボートのある甲板まで上がることすら許されず、船の下層に取残されたまま氷の海に沈んだからである。船ほどクラス差別の厳格な場所は少ない。私は三度インド洋をよこぎって洋行した旧世代に属するが、半世紀昔、ヨーロッパの客船に乗って、下等からトゥーリスト・クラスや一等へ上がる階段に格子戸が装置され鍵がかけられているのを見て、なるほどこれが階級社会だと実感したものである。タイタニック号遭難は階級差別とともに人種差別をも浮彫りにした。上等船客の一夫人は愛犬を抱いてボートに乗り移ったが、別に咎められなかった。しかしエジプト人の侍僕《じぼく》を連れて乗り移った西洋婦人は後ではげしく非難された。上等船客の一日本人技師は、壊れたドアの蝶番《ちょうつがい》を鉤《かぎ》にしてロープで自分の体を戸板にくくりつけ、それを筏《いかだ》として冷たい海に飛び込んだ。筏が海面で揺れるたびに波が体を洗い、凍えてたちまち失神した。ボートが一艘近づいたが、「日本人なんか助けるより、もっと大事なことがある」と言う者がいたために救助の手は差しのべられなかった。しかしそれ以上収容すべき人影がもはや波間に見当たらず、それで引返してきたボートに引揚げられた。胸や手足を摩擦すると日本人は蘇生した。言葉はよく通じなかったが、男はものの五分も経たぬうちに起き上がり、両腕を屈伸し、足踏みをして血行をよくするや、自分からオールを漕ぐと申し出た。そして疲れきった一水夫に代わって、ひたすら漕ぎ続け、一行はついにカルパチア号に救助された。『セミ・マンスリー・マガジン』一九一二年五月号にこの日本人は「英雄」として紹介され

ている（ジャック・ウィノカー著『SOSタイタニック号』恒文社、二五三頁）。しかしその人が帰国した時の模様を報じた日本の新聞も私は見たが、英雄扱いからはほど遠かった。察するに男の船客は女子供に席をゆずって、讃美歌を歌いつつ、従容《しょうよう》としてタイタニック号と運命を共にした、という美談がいちはやく電信で世界にひろめられたために、「なんで生きて帰ってきたのか」「日本男子の面汚し」などの嘲罵を陰で浴びたのではあるまいか。

なるほどスミス船長は、「英国人らしく振舞え」"Be British!"と部下を督励《とくれい》し、自身はタイタニック号と運命を共にした。この船の遭難は、讃美歌の合唱という美談によってキリスト教の尊さをひろめもしたであろう。男たちの自己犠牲に感激した生存者がいたことは間違いない。しかしバーケンヘッド号の先例や、世界的なベストセラーとなった『クオレ』の美談でもって、難破のニュースの原型が実はあらかじめ出来上っていたからこそ、美談も出来やすかったというのが真相ではあるまいか。陸上で遭難記事を書いた各新聞の記者たちがひとしく想起したのは、そんな文学的記憶だったのだろう。その方が船会社の責任を追及するよりも容易だったし、読者に受けもしたのだろう。日本でも十五歳の宮沢賢治はそんなタイタニック美談にすなおに感銘を受けた。『クオレ』の難破の美談に心動かされたこともあって、事件の二十年後に『銀河鉄道の夜』を書いたのにちがいない。

法律至上主義

ここで海の掟の変遷についても考えておきたい。

一九九一年夏、その昔バーケンヘッド号が座礁《ざしょう》沈没したとほど遠からぬ南アフリカの沖合でギリシ

ャ船オケアノス号が沈没した。乗客船員五七一名は全員救出されはしたが、船長の行動と言動が問題となった。五十一歳のアヴラナス船長はまだ百数十名の乗客が船に取残されている時点で、救出に飛来したヘリコプターに乗って脱出してしまったからである。沈み行くオケアノス号で船内放送を使って、最後まで乗客の安全誘導につとめたのは船に乗り合わせた一芸人で、この南アフリカのアーチストは船長室に飼われていたカナリヤは鳥籠から放してやり、船長の飼犬を連れて救命ボートに乗り移る、という皮肉な気配りまで演じて見せた。アヴラナス船長は新聞記者たちに囲まれた席で自分の振舞《ふるまい》をこう釈明して、非難の的となった。

「総員退避を指示した以上、船長がそれ以上船に踏みとどまる義務はない。踏みとどまることを命じる法律はどこにもない。そうである以上、船長がいつ、いかなる手段で退避しようと問題はないはずだ」。

人間誰しも命は惜しい。ヘリコプターが船橋上に飛来し、そこにいた船長がそれに搭乗した心理もわからぬではない。アヴラナスは世間の風当たりがきついことを知ると、その後は弁護士を介さずには発言しなくなったが、「海の掟《おきて》には法律的強制力はなく自分は船乗として法律を犯してはいない」という立場は変えなかった。そして世間はその時、船乗の不変の掟と思われていたものも、実は一八五二年のバーケンヘッド号以来の比較的新しい不文律だったのだ、という史実に気がついたのである。

女子供を先に助けてもらいたい

アヴラナスが海の掟にそむく振舞を法律を楯に正当化した時、文明社会のいま一つの不文律であった

「レイディーズ・ファースト」の掟も実は綻《ほころ》びはじめていた。法律の文言を楯《たて》に万事に男女平等を主張する人たちは、本人も自覚せぬまま、文明の良風である「女性優先」の慣習をないがしろにしつつあったからである。「女子供を先に救え」という倫理は、「女は男より弱いから」という前提に立っている。男女平等を絶対視するラディカル・フェミニストは、論理的に自己自身に忠実である限りは、このような暗黙の前提に含まれる男女不平等を認めてはならないはずである。

だがふだんは自己の権利をヴォーカルに主張する女史たちに限って、危急の際は「女性優先」を口実に上手に立ちまわるのではあるまいか。世間がその狡《ずる》さを危惧《きぐ》するのも無理はない。それというのも一九九一年、湾岸戦争の際、バグダッドで捕らわれた人質で女性だけが先に釈放された。その際「男女不平等」と抗議したフェミニストがいた話を聞いたことがない。少なくとも日本にはいなかった。いや、一九九八年、映画『タイタニック』についても、何百万という世界の観客が感激の涙を流したが、その主題である Ladies first という発想の不当について抗議したフェミニストがいたという話も、やはり聞いたことがない。少なくとも私の周辺にはいなかった。

原則として男女平等に賛成する人も、法律至上主義に基づくごりおしの主張にはたじろぐようである。なるほど海難事故に際し女子供を優先して助けることは、女を弱者ないしは被保護者と見做す差別的な見方が前提として存すればこそだが、その際「レイディーズ・ファースト」をいうことは、はたして本当に女性蔑視《べっし》なのだろうか。それを蔑視と曲解するようなフェミニストたちは、法律上の男女平等と生物学上の男女平等を混同しているのではないだろうか。

「レイディーズ・ファースト」という通念の前提にある女性を弱者として見る考え方の不当性を女性

の側から糾弾するようになったのは、一面における社会の進歩であろう。しかし万一の際は「レイディーズ・ファースト」を唱え、都合よく利用するのだとすれば、それは他面における道徳的衰退なのでもあろう。いずれにせよスマイルズの著書に説かれたような徳目がいまや世間の無条件の支持は得られなくなったことを示唆している。法律を楯に男女の平等を主張するうちに、法律の後ろ楯を持たない、風俗習慣に根ざした徳目に綻びが生じはじめた。そもそもスマイルズやデ・アミーチスが説いた市民道徳は、昔風の表現を用いれば、醇風美俗に根ざしているのであって法律に基づいているわけではない。万人が平等であるならば、人のために自ら進んで犠牲になる人は、法律的平等を絶対視する限り論理的には、なくなってしまう。世間の気風が変れば『セルフ・ヘルプ』も『クオレ』も読者が減るのはやむを得ない。不人気となったスマイルズの作品のイタリアにおける波動について語るのはこの辺で了えたい。

ただここでも私見を申し添えたい。第二次世界大戦に際してはマレー沖で戦艦プリンス・オヴ・ウエールズと運命を共にしたフイリップス提督に限らず、日本の艦長の多くも艦もろとも沈んだ。レイテ沖で沈み行く戦艦武蔵の猪口大佐は「今は最期」と艦長室に入り内から鍵をかけて海の藻屑と消えた。そのような死を愚かという人もあるいはいるであろう。だがしかし元ぶらじる丸航海士瓜田収治氏が語った次のような話もある（『朝日新聞』一九九〇年三月二十二日）。船が沈んだ時、三谷正一郎（二十歳）、長井登志彦（十八歳）、中山淳一（十八歳）の三人は、婦人二人を救命艇に引揚げたあと、席を譲って自分たちは海中へ飛び込んだ。

「ボートは満員です。どうかご無事で。さようなら」

そういって暗い南海に消えた。それは実話であるだけに『クオレ』よりも深く胸を打つ。戦争中の日

本人の自己犠牲は世間に認められることが薄いだけにいっそう哀れ深いのである。「語る瓜田の目からはいまも熱いものが噴き出して止まらぬ」と土井記者は日本の船員魂について語っている。

ここで日本社会のサイレント・マジョリティーの声に耳を傾けよう。世間は意外に保守的な常識に富んでいる。疑う人は女子学生にアンケートをとってみるがよい。日本の地方女子大学ではおよそ五〇パーセントの学生は難破に際しては「男よりも先に女子供を助けてもらいたい」とすなおに答える。それに対して「男女は平等なのだから女を優先的に救助する必要はない」と平等主義を主張する女子学生は約三七パーセント。しっかりしているともいえるし、肩肘《かたひじ》張った回答者たちであるともいえる。残りの一三パーセントの女子学生は「ふだんは男女平等を主張しその権利を確保したいが、しかし万一船が沈む時は、女子供をまず助けてもらいたい」と虫のいい回答をよこす。この一三パーセントは狡いが、正直な本音《ほんね》が出ている点は好ましい。しかし北米のピューリタンの間では顰蹙《ひんしゅく》を買うダブル・スタンダードの答えだろう。

「女だけが先に助かろうとは思いません」。アメリカと違って日本ではこの種の回答は実はお年寄りの女性から多く返ってくる。ただしその含意《がんい》は、アメリカの平等主義の強がりとはまったく違う。わが国で市民講座などに勤勉に通うおばあさんが言いたいことはこうである、「子供ももう大きくなって独立したから、わたしは今さら男の人を押しのけてまで、先に助かって生きのびようとは思いません」。そしてその年配の女性たちは「わたしを先に助けてもらいたい」という若い女性に対しても温かい理解を示す。「これから子供を生んで育てようとする人たちでしょう。女子供を優先するというのは当り前ですよ。女の本能ですもの」。

35　方法論的反省

方法論的反省

第三部を終えるに先立ち、比較研究の方法論的反省というか、この種のアプローチの意味についての私見も述べておきたい。

日本における『セルフ・ヘルプ』の影響を第二部で辿った読者は、イタリアでも似たような影響の跡があると第三部でもあるいは期待されたのではあるまいか。しかし一冊の書物が与える影響は、受取る側の国の事情によって著しく異なる。また、そもそもその実態を全面的・網羅的に捕捉することは不可能に近い。研究者にできることは、影響の中で特徴的といえる現象を拾い出して分析するのがせいぜいであろう。それに影響なるものも時により国により変化する。『セルフ・ヘルプ』の中でもっとも有名な話はジェンナーといわれてきた。イタリアでもスマイルズの愛読者のモンテヴェルデが種痘するジェンナーの姿を彫像に刻んだ。ジェンナーは世界的に知られ、日本で教科書に再三載ったのは見た通りだが、天然痘が撲滅され種痘が必要でなくなるや、ジェンナーの名前も忘れ去られ始めた。スマイルズが取りあげた陶工たちの話もそれに劣らず有名である。ただし英国で読まれたのは、フランス人の陶工パリシーの伝でなく、もっぱら同国人の陶工ウェッジウッドの方で、これは人情の自然というべきだろう。実は今日の日本でも陶器としてはウェッジウッドの方が奥様方に人気はあるが、伝としてはパリシーの

方が読まれた。明治に最初にどちらが紹介されたかで、後の翻案、演劇化、リライトなどの系譜に決定的な差がついてしまうのである。

だとするとまず誰を取りあげるかという選択は、それが偶然の選択であれ、将来を決めてしまうから決定的な意味を持つ。研究の場合もまず誰を取りあげるかがきわめて大切である。二百人を越す『西国立志編』に登場する人物の中で、私はイギリスの織機発明者ヒースコートの伝を大きく取りあげた。織機こそ英国の産業革命を引き起こした機器であり、日本で豊田佐吉が自動織機を発明したことが明治の殖産興業の象徴でもあったからである。実は私は当初二人の生涯の類似性に驚嘆し、一九七五年のインドネシア独立三十周年記念セミナーの席ではそのことまで話してしまった。日本に流布している豊田佐吉伝がヒースコート伝を下敷きにして書かれたということに気がついたのは不覚にもその後なのである。しかし佐吉伝説の真偽はともあれ、西洋プロテスタンティズムの勤労倫理が日本の報徳宗などに見られる勤労倫理にどのように接木されたかは興味深い問題である。マクス・ウェーバーを云々する書斎の社会学者や経済史家がかつては多かったが、鈴木藤三郎などの実例に即し、具体的にその過程を観察、説明した人は存外少なかったのではあるまいか。

第二部で取りあげたのが『セルフ・ヘルプ』の翻訳である『西国立志編』とその余響であるのに対し、第三部で取りあげたのは、それに触発されて書かれた単著『クオレ』である。本の性質が違い、両者の間に相違点は当然ながら数多く存する。イタリアは十八世紀の後半以来、ヴォルタなどの世界的に有名な発明家が登場し、『クオレ』出版よりは遅れるがマルコーニなども出て来る。だが著者の資質にもよるのだろうか、デ・アミーチスの関心はこの小学校の副読本の中では「新機器ヲ創造スル人」に特に向

うということはなかった。前述のように「クオレ」cuoreとは「心」を意味するが、デ・アミーチスの関心は道徳的心性の問題にあって、科学的知性の問題にはなかった。そこは違いだが、しかし共通点、それも重要な共通点がある。デ・アミーチスはスマイルズに触発されて、公徳心civic virtuesを強調したからである。さらに注目すべき点は、英国における『セルフ・ヘルプ』は一大ベストセラーであったが、明治維新以後の日本における『西国立志編』とリソルジメント（イタリア維新）以後のイタリアにおける『クオレ』とは、ベストセラーといっても空前絶後の売行きだったということである。『西国立志編』と『クオレ』はそれぞれ両国の最大のベストセラーで、百万単位の売行きだった。その二冊は市民道徳を説いた点において共通していた。二冊は共に文明先進国としての英国を模範に国造りにいそしむ国民にアッピールしたのである。その際『クオレ』はいわば『イタリア立志編』の役割を果たした、といえるだろう。

物語も思想も、書く人、訳す人、読む人、書き直す人、などの手を経て伝わるうちに様々に変化する。しかもそれはもともと白紙状態の中に受容されたものではない以上、化学変化に似た作用が次々と起こるのは当然である。私は第二部でもパリシーの話がどのように変容するか、複数の日本人作家の場合を辿ったが、第三部では別の話題を取りあげて、その文学変容の様を今度は複数の国境を越えて追跡した。英国の新聞が大きく報じたバーケンヘッド号の難破が、スマイルズが書き留めたことによって世界各地に伝わり、あるいは『クオレ』の「難破」のような文学的傑作となり、さらには実際の海難事故を経てタイタニック号の難破のように繰返し映画化されるものも出た。事件を報道する記者、製作する映画監督の姿勢そのものが実はこうした先行する文学作品によって意識裡・無意識裡に規定されていたのであ

る。事件・報道・作品と続くサイクルにも似た連鎖反応の中で何を選び、何を書くかは当事者にとっても大切な選択だが、それを後追いする本書のような研究書の場合においてもきわめて重要である。実証主義による研究の際でも資料の取捨選択によっては結果も変わるからである。なお「難破」のような海難事故を論ずるうちに、私はフェミニズムの問題にぶつかった。それでここで個人的な経験にかんがみ、一般論を述べさせていただく。

半世紀を越えた学者人生を通して、五指にあまる東西の国々の大学で私は博士論文の審査に立会った。その経験に照らしていえば、ある種の主義主張が声高に主張される時代には、同調するにせよ反対するにせよ、偏向は生じがちなものだということである。時流に動かされるということである。というか、学問世界のきわめて多くの論文は、部分においては独創的だが、それでいながら全体においては「はじめに結論ありき」の相貌を呈している。論文の全体を規定する大枠については、既成の見方を自明の前提として書かれているからであろう。それに出版や報道の世界に限らず学問の世界にも、流行というか社会の風潮になびく習性もあるからであろう。しかしそういうイズムのためのイズムが主張され、それに乗るように書かれる論文も出る世の中ではあるが、私は見て、感じて、考えるままに、自由に率直に書かせていただいた。ただしそれがまたおのずと老措大にありがちな偏見となっているに相違ない。

それでも誤解が生ずることのないよう、留学帰りの中村正直の女子教育をも含む功績をここで簡単にまとめた上で、それを枕に中村正直と東アジアの関係にふれる第四部へ移りたい。

「真正ノ愛ハ人ニ智識ヲ与フ」

中村正直が日本の第一回英国留学生としてイギリスから持ち返った西洋土産は数々あった。スマイルズの *Self-Help* の邦訳『西国立志編 原名自助論』に始まる一連の翻訳もそうである。(ジョン・スチュアート・ミルの *On Liberty* の中村訳の画期的な意義については、厳復の中国訳との対比で後に言及する)。その中で『セルフ・ヘルプ』が日本に限らずイタリアでもどのような刺戟伝播を与えたかを眺めてきた。それらがどのような文学作品の主題となったかについても分析した。それはまた市民道徳の形成の問題として実は今日に連なる問題でもあった。「船が難破して救命艇にあと一人しか乗れる余地がない時に君はどうするか」という倫理的問題についてあえて詳しく論じた所以である。

中村が西洋から持ち返った特色ある功績の中には、女性の人格を尊重し、日本で女子に高等教育への道を開いたこともあげられる。中村が初代校長として美子皇后の行啓を実現した東京女子師範学校開校式の模様はすでに紹介した。中村が『西国立志編』の後に訳したスマイルズの『西洋品行論』(明治十一年)には中村が共感した主張が実によく出ている。「家裡《かり》ノ教育ノ最要ナル事」「邦国ハ乳養ヨリ成ル」「家ハ開化ノ学校」「善良ノ母ハ教師ニ愈《まさ》レリ」「男子ト婦人ト其感化各々別アリ」「婦人ハ聡明才智ナカルベカラズ」「婦人心思《しんし》ノ力ナカルベカラズ」「婦人ノ教養ハ男子ノ福祉トナルコト」などを読むと家庭教育の基本は、昔も今も変わらない気がする。いま『西洋品行論』の中から二、三の節を引いてみよう。文中の火星は惑星ではなく火の粉の意味である。

小児ノ時ハ、ソノ心最モ善ク開ケテ、外物ノ印識感覚ヲ受ルコト、最トモ鋭敏ナリ。譬ヘバ、火ノ

付易《つきやす》キ物ノ如シ。火星ノ始メテソノ上ニ落ルモノニ早ク着火スルナリ。小児ハ速ヤカニ思想ヲ捕捉《ほそく》シ、久シク有シテ失ナハズ。

サレバ［詩人］スコットノ嗜好ヲ詩篇歌曲ニ傾ムケシハ、未ダ書ヲ学バザリシ前ニ、ソノ母及ビ祖母ノ古詩ヲ歌誦スルヲ聞慣《ききな》レシガ故ナリ。小児ノ心ハ、一種ノ鏡ノ如シ。後来ニ至ツテ映照スルトコロノ影ハ最初ニ受シモノナリ。何物ニテモ、最初ニ来リシモノ、小児ト共ニ永久継続スルコトナリ。始メノ喜、始メノ憂、始メノ勝利、始メノ失敗、始メノ幸運、始メノ不幸、イヅレモ一生ノ前景ヲ絵ガキ出セルモノナリ。（「小児ノ心ハ鏡ニ似タリ」）

一母アリ。四歳ノ子ヲ懐《いだ》ケルガ、牧師ニ問フテ、何《いづ》レノ時ヨリ教育ノ事ヲ始メテ宜《よろ》シカルベキヤト。牧師曰ク。汝今マデ教育ノ事ヲ始メタマハネバ、汝ハコノ四年ヲ失ナヒシナリ。コノ小児ノ顔ノ上ニ、汝ノ笑フ光ノ始メテ照セシ時ヨリ、汝ガ教育ノ機会ハ始マリシナリ。（「教育ハ始生ヨリ始マル」）

この文章にこめられた響きといい、真実な内容といい、「汝ノ笑フ光」を主語にした一文にこめられた詩情といい、さながら西洋の詩に接するような心地がする。

このような言葉は平成年間の今日、社会進出を望む若い女性にどのような印象を与えるのだろうか。いろいろ批判する向もあるであろう。しかし明治初年にあって中村の考えはすこぶる斬新《ざんしん》であった。中村は love is best とうたったロバート・ブラウニングの考えをも踏まえて説いていたからである。『西洋品行論』は中村が幼児教育・女子教育の参考の資《し》として読み、かつ訳した書物だが、その第十一編には「真正ノ愛ハ人ニ智識ヲ与フ」として次のように説かれていた。

恋愛ノ情アルニ非レバ、男女共ニ生涯ヲ做《な》シ経錬《けいれん》ヲ全ウストハイフベカラズ。愛ヲ知ラザル婦人ハ婦人ニ非ズ。愛ヲ知ラザル男子ハ男子ニ非ズ。男女相愛スルニ非レバ、各々ソノ全《まった》キヲ得ズ。

第四部　東アジアにおける自由と自主独立思想の運命

36 中村の漢文著作の啓蒙的意義

ここで中村正直と中国との関係について大観してみよう。個人ならびに国家の自助自立であるとか、女子高等教育であるとか、家庭の大切さの強調であるとかの、西洋渡来の考え方を日本にひろめた中村については、それらの新思想をそれ以前に中村が受けた漢学的価値観との関係において見定めることが肝要である。

男女ノ教養ハ同等ナルベシ

中村は儒者、すなわち孔子教徒であった。それだけにあの有名な句「子曰ク、タダ女子《じょし》ト小人《しょうじん》トハ養ヒ難シ。コレヲ近ヅクレバ則チ不遜《ふそん》、コレヲ遠ザクレバ則チ怨《うら》ム」を誦したこともあったであろう。貝塚茂樹などの中国学者は、この『論語』でいう女子と小人とは家庭内で使役している女子と男子の使用人をさすので、孔子が女子を軽蔑していたという主張は当たらない、と弁明した。しかしそうかわしたところで、中国や朝鮮や日本でこの句が女子を軽蔑する習慣を正当づける言葉として用いられた歴史的事実は否定できないであろう。またこの句にある種の心理的真実がこめられていると人々が感じてきたことも否定できないであろう。

幼年時代に教育熱心な母に育てられ、ロンドンでイギリス人の家庭生活、いわゆるhomeなるものを見てきた中村は、一家の主婦として堂々と振舞い、遠来の客人とも話題に事欠かない英国婦人に強い感

銘を受けた。中村は帰国するや、「男女ノ教養ハ同等ナルベシ。二種アルベカラズ」という主張を打ち出した。彼が「良妻賢母」といった時、その言葉でイメージした理想像はヴィクトリア朝英国の「レイディー」であったに相違ない。都落ちした静岡時代、妻の鉄子が中村の訳稿を浄書し夫婦協力して文筆活動にいそしんでいたことは前にも述べた。明治五年（一八七二）上京、六年二月、江戸川畔の大曲《おおまがり》の邸内に私塾同人社を開いたが、男子のみか女子の入学も歓迎した。明治八年、東京に初めて女子師範学校が開かれた時、中村は請われてその初代摂理《せつり》、すなわち校長となった。中村がイギリス王室の良風にならって、女子師範学校の入学式に皇后美子《はるこ》陛下の行啓を仰いだことは第二部の終りで述べた。現在のお茶の水女子大学はこうして発足した。その際、中村校長が述べた祝辞は次の通りである。そこには一方では「心正シウシテ而シテ后ニ身脩《おさ》マル。身脩マリテ而シテ后ニ家斉《ととの》フ。家斉フテ而シテ后ニ国治マル。国治マリテ而シテ后ニ天下平《たひら》カナリ」という『大学』の句を踏まえ、その論理の延長線上に女子教育を置いて、旧来の儒教的伝統とも合致するよう配慮した。他方では、時代の大勢となった文明史観を強調し、進歩の一つのあらわれとして女子教育を肯定した。

謹テ惟《おもん》ミルニ、邦国文明ハ政治ノ善ナルニ関係シ、政治ノ善ナルハ家法ノ善ナルニ関係セリ。而シテ家法ノ善ナルハ婦人ノ心志端正《しんしたんせい》、知識長進、及ビ操行ノ善良ナルニ由《よ》レリ。我国古今善行アル婦人ニ乏シカラズ。然レドモ邦国惣体ヨリ之《これ》ヲ観レバ、婦人教養方法ハ甚ハダ欠《かけ》タリトイフベシ。今ヤ文明ノ化漸ヤク進歩ニ趨《おもむ》キ、東京女子師範学校ノ設ケアリ。即ハチ今日臨駕《りんが》アリテ開業式ノ盛挙アルヲ致スハ億兆人民ノ共ニ慶スベキコトナリ。仰ギ望ムラクハ、後来此《こうらいここ》ニ在テ学習卒業スルモノ善キ婦人

トナリテ夫ヲ輔《たす》ケ、善種ノ人民ヲ生育シテ我国ヲシテ福祉安寧ノ邦タラシメンコトヲ。敬《つつし》ンデ祝ス。

ところで女子に高等教育を授けるという明治日本の新姿勢は、わが国の女性解放史の一齣として見るだけでなく、儒教文化圏の中での革新的な出来事としても眺め直す必要がある。それというのも中国では「女子才能ナキガ徳ナリ」といわれていたからである。駐日清国公使館の黄遵憲《こうじゅんけん》は、日本の漢学者たちと筆談で交際する機会に恵まれた文人外交官だが、中村とも親しく交わり、誘われてお茶の水の女子師範学校も訪問した。以下に掲げる詩中で少女らが学習している教科書は、スマイルズの『西国立志編』であったろう。あるいは箕作麟祥訳の『泰西勧善訓蒙』であったかもしれない。教室には赤い絨毯も敷いてあり、生徒たちは自分の刺繡のついた下着などの縫物もしている。学校で緊張していた女の子たちだが、放課後、家に戻ると父母におやつなどをねだり、時には得意になって世界地図を掲げて見せている……。黄遵憲の属目《しょくもく》の詩は印象さわやかである。

捧書長跪藉紅毹　書を捧じてひざまづきて　紅ゲットを藉《し》き
吟罷拈鍼弄繡襦　吟罷《や》んで鍼《はり》を拈《うごか》して　繡襦《したぎ》を弄す
帰向爺娘索花果　帰れば爺娘《ちちはは》に向い　花果を索《もと》め
偷間鉤出地球図　間《ひま》を偷《ぬす》んで鉤出《かかげいだ》す　地球の図

訳は実藤恵秀・豊田穣（平凡社東洋文庫本）に依る。この黄遵憲の『日本雑事詩』には彼自身がつけた解説もあり、これまた興味深い。黄遵憲は女子師範学校で、西洋の学問を教えるが、裁縫もある、と

東洋の徳育も尊重されていることに注目している。第二行の「弄」は「こしらえる」の意味であろう。お茶の水の付属「幼稚園」も詩にうたわれている。入園の試験もあり、園児たちは「垂髫《たれがみ》囲坐して書を抱いて哦《ぎん》ず」。第三、四行には休み時間に子供たちが泥んこ遊びをして花のような顔にとんでもない泥のお化粧をつけてしまう様も、先生の裾につかまって足踏みしながら歌をうたう様も出ている。

間来花面粉塗沫　　間来花面に塗沫を粉し

愛挽師衣踏踏歌　　愛らしげに師の衣を挽《ひ》いて　踏踏《あしぶみ》して歌う

そして解説にいう。「女子師範学校には幼稚園が付属していて、みな四、五歳になる子供に、鳥獣や草木や日用の器具を図や絵や模型によって名を教える。紙を切ったり線を引いたり、粘土で人形を作ったり、折紙細工を教えて、児童の知識を啓発し、また唱歌やお話や習字を教えている。毬やぶらんこなどが揃っていて、放課時間には自由に遊ばせて、心身をすこやかにのばすようつとめている。その課程はみなきちんと時間が決まっていて、立居振舞は軍隊式にクラスを分けて訓練している。西洋式のやりかたである。校中には娭姆もおり、訓導もいる」。ちなみにこの娭姆は最初はドイツ人女性だった。

女子師範学校を歌った今一つの七言絶句の解説で黄遵憲は次のように述べている。「明治九年、皇后は御内帑金《おないどきん》を下賜、士族・華族の娘百人を選び、教師を招いてこれを教え、女子師範学校と名づけられた。三年たつと女教師となる資格を得る。入学の日や卒業の時には皇后が親臨されて、きらびやかなことである。政府の大官や女官もまた礼装してお供して来る。この時は大人も子供もみな門前に跪いて出迎え、講堂で最敬礼をする。この盛典は校史に記録される。この時、優等生に書物・衣服などの御下賜

品をたまわることがある」。そして詩の第一行に「深院梧桐　鳳凰を養い」、第四行に「早くも雛姫《すうき》　玉《ぎよく》牀《しやう》を掃うあり」とある。中国では古来鳳凰《ほうわう》は梧桐《ごどう》にとまる、とされた。私自身は女高師から男高師と呼ばれたお茶の水の女子師範学校と対をなす東京高等師範学校の付属中学に学んだ者だが、学校の徽章は「桐の花」で校歌には「鳳雛《ほうすう》いまだ羽生えず」などの句があった。そういえば校庭のまわりには桐が植えてあった。そんな桐陰の昔をはからずもこの漢詩の言葉に思い出すのである。

中村の漢文著作の啓蒙的意義

清国の公使館員が初めて来日するのは明治十年の末である。当時の文人外交官は東京に来て、日本語は習わずとも、日本人と交際することができた。それは当時のわが国には漢文化を慕う旧派の知識人がまだ数多くいて、彼らが中国文人との筆談による交流を名誉に思い、ことのほか好んだからである。黄遵憲自身が『日本雑事詩』定本序で当時を回顧して「私が交際した日本人には旧学者が多く、その人たちは明治の新時代に対する皮肉や非難、さては嘆きを繰返した」といい、当初は自分も彼らに同調する節のあったことを認めている。

そうした旧派の多い漢学系の日本知識人の中で断然開明的な意見の持主は中村正直であった。中村は産業化のメリットを明確に主張していた（『西国立志編　原名自助論』）。また政府の権限を制限し、人民の市民的・社会的自由を保障すべきことを説いていた（『自由之理』）。中村のその種の主張が日本から他の東アジアの国へ多少なりとも伝わり得たのは、中村が明快達意の漢文で自分の意見を述べていたからである。次にそうしたチャンネルの一例を示そう。スマイルズの自助の発想がデ・アミーチスの『クオ

レ』の自助のすすめと化してイタリアへひろまったことも興味深いが、スマイルズの産業文明礼讃が中村の漢文を通して東アジア漢字圏へひろまったこともそれに劣らず意味深い。

37 「新機器ヲ発明創造スル人ヲ論ズ」の序

中村の意見がもっとも鮮明に記されているのは『西国立志編』第二編「新機器ヲ発明創造スル人ヲ論ズ」の序「自助論第二編叙」で、私はこの本文四百六十九漢字の文章をきわめて重要視する。これは産業化による人類の進歩に信を置くことのできた時代の一大賛歌である。

「新機器ヲ発明創造スル人ヲ論ズ」の序

自助論第二編叙

福《ナル》哉今日西国之民也《や》、雖《モ》㆓古《ノ》帝王《ト》㆒庸《もつテ》何《ゾ》及《バンヤ》乎。昔者《は》方隅自封《ラジ》、智識狭隘《ナリ》、今也四海交通《シ》、学問淵博《ナリ》。昔者教化不㆑明《ラカナラ》、風俗惨刻《ナリ》、今也崇㆓敬《シ》神明《ヲ》㆒、志行虔誠《ナリ》。昔者君上専《もつぱらニシ》㆑権《ヲ》、民《ハ》如《シ》㆓奴隷《ノ》㆒、今也人得《テ》㆓自主《ヲ》㆒、共《ニ》謀《ル》㆓公益《ヲ》㆒。昔者法教有《リ》㆑禁、強㆓迫《ス》人心《ヲ》㆒、今也任《セ》㆓民《ノ》自《ラ》択《ブニ》㆒、王者不㆑問《ハ》。昔者俗尚《ビ》㆓勇悍《ヲ》㆒、動《ややもすれバ》生《ズ》㆓仇隙《ヲ》㆒、今也人嗜《ミ》㆓道芸《ヲ》㆒、互《ヒニ》篤《シ》㆓友愛《ニ》㆒。昔者商賈《しやうこ》貿易《シ》、官府限制《ス》、今也信《まかせ》㆓其《ノ》自然《ニ》㆒百物亨通《ス》。昔者工事不㆑盛《ンナラ》、貨財不㆑生《ぜ》、今也物料輸入《シ》、製造輸出《ス》。昔者房屋庳小、規制不㆑備《ハラ》、今也華堂入《リ》㆑雲《ニ》、究㆓極《ス》工巧《ヲ》㆒。昔者器皿《きべい》粗渋《シ》、資生有《リ》㆑缺《クル》、今也供具精美《シ》、身心快適《ナリ》。昔者盤饌烹調《スルニ》、唯供《ス》㆓土物《ヲ》㆒、今也唐茶竺糖、朝涵《かん》夕濡《じゆス》。昔者山海遼濶、跋渉艱難《ス》、今也火車瀛船、安坐《シテ》行《ク》㆑遠《ク》。昔者天涯地角、夢魂《スラ》難《シ》㆑達《シ》、今也電報告《ゲ》㆑急《ヲ》、千里面談《ス》。昔者街衢《がいく》夜黒《ク》、萑苻《くわんぷ》竊《ひそかニ》発《ス》。今也衖燈《たんとう》如《ク》㆑昼《ノ》、轂撃《こくげきシテ》肩《ヲ》摩《ス》。昔者鴈魚《がんぎよ》不㆑

便《ナラ》、急難《ニハ》呑《ム》レ聲《ヲ》、今也一柬《かん》一銭、達《ス》二于四境《ニ》一。昔者貧氓《ひんばう》傭工、得《レバ》レ金《ヲ》輒《すなはチ》使《フ》、今也銀鋪収管《シ》、加《ヘテ》レ子《しヲ》償還《ス》。昔者簡冊奇珍、富人《モ》難《シ》レ聚《メ》、今也書籍充溢《シ》、寒士《モ》易《シ》レ致《シ》。昔者朝《てうニ》多《ク》二秘景一、野《やニ》有《リ》二鬱夷一、今也廟論巷議、日《ニ》印《ス》二萬紙《ヲ》一。蓋《けだシ》溯《ル》レ今《ニ》五十年之前、比《スレバ》二之《ヲ》二百年之前《ニ》一、則不二翅《ただニ》昏明昼夜之別《ノミニアラ》一矣。今日之西国、比《スレバ》二之《ヲ》五十年之前《ニ》一、則又有《リ》二高下霄壌《せうじやう》之異一矣。嗚呼如《キ》レ此《ノ》福運、何由《ニテ》而致《ス》哉。得《ン》レ無《キヲ》レ非《ザル》二教化日明《ニラカニシテ》、而人心嚮《フ》レ善之効《ニ》一乎、雖《モ》レ然《リト》非《ザレバ》レ有《ルニ》下究《メ》二水火之理《ヲ》一、創二造《スル》機器《ヲ》一者上、則徳雖《モ》レ正《シト》、而用不レ利《ナラ》、生不レ厚《カラ》矣。思《ヘバ》レ此《ヲ》、則《チ》創二造《スル》機器《ヲ》一者之功徳《くどく》見《あらはル》焉。

明治維新は日本史を二分するほどの意味をもつわが国の方向転換だった。日本人の目が中国から西洋に転じたからである。*Cambridge History of Japan* の第五巻で私はその文化史的方向転換を Japan's Turn to the West として論じた。より具体的にいうと、明治日本における文明モデルの転換、日本人が国家としての模範を「古代中国から近代西洋へ」切換えたという含意である。だが日本の文化史上の方向転換の意義を中村の「第二編叙」ほど見事に言い切った文章は少ない。福は古代中国の聖人の世界にあるのではなく、今の西洋にある、と中村は対句で繰返し強調した。そして開国後の日本の将来を示唆した。

「福ナルカナ今日西国ノ民ヤ、古《いにし》ヘノ帝王ト雖モ庸《もつ》テ何ゾ及バンヤ。」

かつて儒教では古代の聖賢の堯舜《ぎようしゆん》の時代が理想であった。しかしそのような古えの帝王の盛代であろうとも、今日の西洋の繁栄には及ばない、と中村は言った。そして過去と現在を対照して見せた。

「昔ハ方隅《はうぐう》自ラ封ジ、智識狭隘ナリ。今ヤ四海交通シ、学問淵博《ゑんぱく》ナリ。」

西洋の過去と現在の対比を述べているようで、同時に日本の維新の前と後との対比ともなっているかのようである。

「昔ハ教化明ラカナラズ、風俗惨刻《さんこく》ナリ。今ハ神明ヲ崇敬シ、志行虔誠《けんせい》ナリ。」以前はお手打ちなど恣意《しい》的な罰があって風俗は残酷だった。だが今や西洋ではゴッドを崇敬し、人民は敬虔に誠実に働いている。

「昔ハ君上《くんじやう》権ヲ専《もつぱ》ラニシ、民ハ奴隷ノ如シ。今ヤ人自主ヲ得テ、共ニ公益ヲ謀《はか》ル。」以前は政治的自由はなかった。だが今は民主主義が次第に人々の間に定着し、互いに議論して問題を処理しつつある。

「昔ハ法教禁有リ。」日本でも以前はキリシタンは禁制で「人心ヲ強迫《きやうはく》ス」だった。それが「今ハ民ノ自ラ択《えら》ブニ任セ、王ハ問ハズ。」君主ももはや個人の信仰の問題に立入らない。君主は臣民の心の自由に干渉しない。

「昔ハ俗勇悍《ゆうかん》ヲ尚《たふと》ビ、動《やや》モスレバ仇隙《きうげき》ヲ生ズ。」昔は仇討ちなどがあった。決闘も行なわれた。「今ヤ人道芸ヲ嗜《たしな》ミ、互ヒニ友愛ニ篤シ。」

そして自由競争が讃えられた。お上による統制経済を廃し、輸出入を自由化することで国が富み栄えていく様が次の対句の中で語られる。「昔ハ商賈《しやうこ》貿易シ、官府限制ス。今ヤ其ノ自然ニ信《まか》セ百物亨通《かうつう》ス。昔ハ工事盛ンナラズ、貨財生ゼズ。今ヤ物料輸入シ、製造輸出ス。昔ハ房屋《ばうをく》庳小、規制備ハラズ。今ヤ華堂《くわだう》雲ニ入リ、工巧ヲ究極ス。」ドイツ語で高層ビルを **Wolkenkratzer**「雲に入る」というが相似た表現である。そしてこの対句はからずも「官府限制スル」統制経済の旧社会主義諸国の不自由な流通と

市場経済の自由主義諸国の経済発展の相違を言い当てているようにすら読めるのである。
「昔ハ器皿《きべい》粗渋《そじふ》ニシテ、資生ニ欠クル有リ。今ヤ供具精美ニシテ、身心快適ナリ。昔ハ盤饌烹調《ばんせんはうてう》スルニ唯ダ土物《どぶつ》ヲ供ス。」昔はただその土地の産物しか食べられなかった。しかし「今ヤ唐茶竺糖《たうちやぢくたう》、朝涵夕《てうかんせき》濡《じゆ》ス。」イギリスではお茶は中国産、砂糖はインドからの輸入品を日常のこととして用いている、と中村は説いたのである。

国造りの国民的教科書

中村正直の『西国立志編』「第二編叙」について驚嘆すべきことは、その序で述べられていた産業化の余慶が、この訳本が読まれた明治年間にわが国でも日本人自身の生活として実現していったことであろう。明治三、四年の日本では朝夕紅茶を飲む人はまだいなかった。「今ヤ唐茶竺糖《たうちやぢくたう》、朝涵夕濡《てうかんせきじゆ》ス」とはロンドンのことで、東京ではなかった。それが明治の末年になると日本でも荷風など都会派の作家は『紅茶の後』などと自作に題するようになった。そんな食生活の変化だけではない。中村が産業文明の恩恵として挙げた数々の例はことごとく明治年間のわが国において実現する。「第二編叙」の先を読み続けよう。

「昔ハ山海遼濶《れうくわつ》ニシテ、跋渉《ばつせふ》艱難ス。今ヤ火車、瀛船、安坐シテ遠クニ行ク。」中国語では汽車を今でも火車《ホアチヤー》というが、中村自身がパリからマルセイユまで列車に安坐して旅行した。インド洋を横切った二度の船旅もした。「昔ハ天涯地角、夢魂《むこん》スラ達シ難シ。今ヤ電報急ヲ告ゲ、千里面談ス。……昔ハ鴈魚《がんぎよ》便ナラズ、急難ニハ聲ヲ呑ム。今ヤ一柬《かん》一銭、四境ニ達ス。」中村がこの序を草していた頃、東

京・横浜間に鉄道が通じ、一八七五年に青森まで電信が通じた。切手を貼る郵便制度も機能し始めた。銀座にはガス燈がともった。(「今ヤ衢燈《たんとう》昼ノ如シ」の「衢」という漢字は石炭ガスを用いるガス燈のために工夫された新漢字だったのではあるまいか)。

そしてさらに大事なことは政治に新しい息吹が通い始めたことだろう。「昔ハ朝ニ秘景多ク、野ニ鬱《うつ》衷《ちゅう》有リ」。明治維新以前の日本は、自由な選挙で代議員が選ばれる政体ではなかった。国政がすべて大奥、いわば中南海で決定される国であった。ところがお上がすべて独りで決めた不透明な政治が、次第に世論によって左右されるよう変化し始めた。政治論議が盛んとなり、新聞雑誌は発行され、「今ヤ廟《べう》論巷議《ろんかうぎ》、日ニ萬紙ヲ印ス。」今や万機公論に決する世の中に変わろうとしている。

中村の「第二編叙」は本来はイギリスの政情の昔と今の比較論として執筆された文章であったろう。ところがそれが明治日本の自分たちの問題として読まれ得たところに彼の漢文の魅力はあったのである。日本人だけではない。それを読んで感銘を受けた人は漢字文化圏の中にもいた。東アジアで近代化を望む知識人たちは、中村の漢文に刺戟されずにはいられなかったのである。

しかしこの「第二編叙」の中で一番大切なのは「嗚呼、此クノ如キノ福運、何ニ由テ致スヤ。教化日ニ明ラカニシテ、人心善ニ嚮《むか》フノ効ニ非ザル無キヲ得ンカ」の次に来る結びの言葉である。たしかに今日の幸福の歴史は人々が教化されたおかげだが、「然リト雖モ、水火ノ理ヲ究メ、機器ヲ創造スル者有ルニ非ザレバ、則チ徳正シト雖モ、用利ナラズ、生厚《あつ》カラズ、此レヲ思ヘバ、則チ機器ヲ創造スル者ノ功徳見《あらは》ル。」

かつて中国や朝鮮の儒者は「士ハ器ナラズ」として、英語でいうなら“A gentleman is not an instru-

ment" として、自ら手を使う工芸の仕事を下等視した。中村は儒者であったが、そうした固陋《ころう》な立場はとらなかった。日本の武士階級の人々は武人として手を使うことをそれほど軽蔑しなかった。（中国の士大夫はイエズス会士に大砲を作らせてそれを仏郎機と呼んだが、日本人は種子島以来、自分たちで作った。日露戦争の陸軍総司令官となる大山巖が若き日に留学先のスイスで作った大砲は自分の名前を取って弥助砲と呼んだことなどを想起すればよいだろう）。蘭学の発達も実学の価値を世間に広めていたからであろう。それだけに中村は正統派の儒者なら認めないであろう西洋の技術文明を全面的に肯定したのである。中村は、今日これだけ西洋がすばらしくなったのは、インダストリアル・レヴォリューションの成果であるとして、産業革命のヒーローである「機器ヲ創造スル者」を褒め讃えたのである。ちなみに古代ギリシャと同様、近代イギリスでもジェントルマンは手を使うことを軽蔑していた。頭を使う理学は尊重されたが、手を使う工学は軽視された。オクスフォードで著名な工学者という人を聞いたことがない。そもそもそこには工学部が存在しない。英国でも工学は辺境のスコットランドの諸大学などで発達した。スマイルズは彼自身が辺境の出身であったからこそ、いちはやく近代の立志伝中の人としてエンジニヤーの伝記を書いたのである。スマイルズ原著中村正直訳『西国立志編』を目して、日本の産業化の国民的教科書と私が呼ぶ所以である。

自助から自力更生へ

中村が Smiles, *Self-Help* を日本語に訳した明治初年、日本人の多くは黒船の脅威にまだおびえていた。夷狄《いてき》の勢力の侵略に対して警戒心を抱いていた。それで読者と訳者の間に次のような会話が交わされた

ことが「自助論第一編序」に出ている。訓みくだすと、

余是ノ書ヲ訳ス。客過ギテ問フ者有リ。曰ク、「子《し》何ゾ兵書ヲ訳サザル」。余曰ク、「子《し》兵強ケレバ則チ国頼ミテ以テ治安ト謂《い》フカ。且ツ西国ノ強キハ兵ニ由ルト謂フカ。是レ大イニ然ラズ。夫レ西国ノ強ハ、人民篤ク天道ヲ信ジ、人民ニ自主ノ権有ルニ由ル。政寛《くわん》、法公《こう》ナルニ由ル」。

中村が大英帝国の強さの由来を宗教的背景やリベラルな民主制に求めていたことがうかがわれる。それは、良かれ悪しかれ、目前の軍事技術的な国防政策に囚われがちな見方とは異なっていた。康有為《こうゆうい》（一八五八―一九二七）は救国救民の運動を起こし、日本の明治維新に倣った変法（制度改革）を主張した清末中国の社会改革派の指導者である。その康有為に『日本書目志』（一八九七）があり、中村正直『西国立志編』も言及されている。しかも康有為自身が書いた序文には、訓みくだすと、

泰西ノ強キハ軍兵砲械ノ末ニ在ラズ、而シテ其ノ士人ノ新法ノ書ヲ学ブニ在リ。

とある。これは中村の考え方がほぼそのまま中国に伝わった一例といえるだろう。康有為が戊戌《ぼじゅつ》変法運動の際に学ぶべき「新法ノ書」と考えていた中に『西国立志編』が含まれていたことは間違いないだろう。スマイルズの*Self-Help*は日本語訳から羊羔《ようこう》の手で訳され、一九〇三年上海通社から『自助論』の題で出版された。その訳書はさして評判とはならなかったらしい。しかし日本や英国に長く留学した後、湖南第一師範学校教授となった楊昌済《ようしょうさい》は『新青年』第二巻四号、五号（一九一六―一七）に斯邁爾斯《スマイルズ》を紹介した。そこには、

「天助自助者、乃英国教育家之格言。人人有独立之精神、斯可鋳成独立之国勢」と出ている。毛沢東は当時その師範学校で楊昌済の影響を強く受けた。ちなみに毛沢東の最初の妻は楊昌済の娘で一九二一年に結婚した。「天ハ自ラ助クル者ヲ助ク、トハ乃《すなは》チ英国教育家ノ格言ナリ。人々独立ノ精神有リテ、スナハチ独立ノ国勢ヲ鋳成スベシ」という岳父の言葉は毛沢東の脳裡のどこかに刻まれていたであろう。中国社会主義を特徴づける経済建設のスローガンは「自力更生《じりきこうせい》」であった。もと抗日戦争の中で説かれた考えで、毛沢東は英米の対中援助ルートについて「自力更生を主としつつ、外国援助を利用する」という方針を述べた。それが中ソ対立が顕在化した一九六〇年代以後、中国の経済建設の主要方針となってしまった。個人の発意による個人単位の自助を認めない毛沢東思想は、スマイルズの発想からはおよそほど遠い。だがそれでも毛沢東の「自力更生」という発想には、Self-Help : National and Individual の中の、前者の「国家のセルフ・ヘルプ」の発想だけが、後者の「個人のセルフ・ヘルプ」を抜きにして、伝わったように思える。いまの中国で「自力更生」は self-reliance と英訳されるが、この四漢字の標語は中国語らしくない造語であるところに新鮮味もあったといえよう。

ちなみに改革開放以後の中国では地方が、北京中央に頼らずに、自力で開発事業を行なうことを自力更生と呼ぶようになった。皮肉なしとしないこの自力更生の方がスマイルズの本来の「セルフ・ヘルプ」に近い自主自立の精神であることはいうまでもない。そうした経済自由化の時流に乗ってだろうか、***Self-Help*** の新しい中国訳が一九九九年に北京燕山出版社から『自己拯救自己』という題で出た。自分しか自分を救うものはありませんよ、というのが今や時代風潮だが、しかし selfishness と self-help とは違う。その点はスマイルズが「自助論原序」でいちはやく注意したところであった。この相違点につ

いてはまた最後にふれる。

38　中村正直と厳復

中村正直と厳復

非西洋の国々が西洋に向って国を開いた時、最初にいかなる西洋の書物が翻訳され読まれたか、いかなる書物が決定的な影響を及ぼしたか、はきわめて重大な問題である。それは原作の内在的価値にも左右されるが、それ以上に外在的な要素によって左右されるからである。大陸では人民中国の成立後、言論の自由は極端に制限されたから、日本文学といえば小林多喜二の『蟹工船』のようなプロレタリア文学のみが翻訳された時期が三十年近く続いた。

翻訳が売れるためには、それに見合うだけの、外部世界に関心を寄せる読書人口が存在しなければならない。二十一世紀の中国は地球総人口の四分の一を占める大国だから世界有数の翻訳大国となり得る可能性を秘めている。しかし十九世紀において清朝中国は外国に対する関心の低さと識字率の低さによって明治日本に比べてはるかに読書小国であった。西洋思想の本格的受容も日本より四半世紀遅れてやっと始まった。

中国人が初めて西洋の翻訳書を貪り読んだのは、日清戦争に敗れ、西洋列強による中国植民地化、国土の「瓜分《かぶん》」という国家存亡の危機に直面して後のことである。西洋の実相を知らしめた一冊の翻訳書として、その絶大な反響によって、日本におけるスマイルズ（一八一二―一九〇四）の *Self-Help*（一八

五九）の中村正直訳『西国立志編』（一八七一、明治四年）に相当する精神史上の地位を占める翻訳書は、中国においてはトマス・ハクスリー（Thomas Huxley 赫胥黎、一八二五―一八九五）の *Evolution and Ethics*（一八九三）の厳復《げんふく》訳『天演論』（一八九八、光緒二十四年）であった。

　前述のように中村正直（一八三二―一八九一）は徳川幕府がイギリスに派遣した第一回留学生のグループに進んで志願した。日本には奈良・平安の昔から知識を海彼《かいひ》に求める伝統があったからである。それに対して中国では阿片戦争に敗れた後も、林則徐や魏源のような人ですら西洋の軍事技術を学ぶのは熟練工でよいと考えていたらしい。福建省閩侯県の人厳復（Yán Fù 一八五二―一九二一）がそんな時代に「洋務」や「西洋技芸」の学校である福州船政学堂を志願したのは、父親が亡くなり官途につながる教育をそれ以上続ける見込みが立たなくなり、やむを得ず志願したのだという。それは後年魯迅の母親が寡婦となり、やむを得ず魯迅を西洋技芸の学校へ送り出したのと同じであった。ただそのおかげで厳復は英語を学び、一八七七年にイギリスへ留学することができた。海外へ出てひとしくカルチャー・ショックを受けた中村と厳復が辿った人生航路はかなり似ている。二人は共に英国の実例を見たことで、一国富強の源泉は、民智を啓き、民力を鼓舞することにあると信じ、西洋の学問を学ぶ必要や議院制の採用を主張した。そしてその際、その主張を十九世紀西洋の啓蒙思想家の書物を翻訳することによって、それぞれ自国民に伝えたのである。その二人の主張が翻訳の一句によって要約されていた点も共通していた。すなわちスマイルズ＝中村は「天ハ自ラ助クルモノヲ助ク」であり、ハクスリー＝厳復は「物競《ものきそ》ヒ天択《えら》ブ、適《てき》スル者ノミ生存ス」であった。

　中村正直が『西国立志編』の名の下に「勤労の福音」ともいうべき自助の精神を説いた時も、厳復が

『天演論』の名の下にソーシャル・ダーウィニズムともいうべき社会進化論を説いた時も、二人の訳者がそれぞれの国の当代きっての文章家であったことが、訳書に権威を与えた。二人のやや古風な文体は訳書に自著であるかのような印象を与えた。前にも述べたが、中村は幕末期、昌平黌《しょうへいこう》で最高の地位を占めた漢学者であり、温厚な人柄で世間から敬愛されていた。その人が自分自身西洋に渡り、帰国するやイギリス文明の価値を丁寧に序で論じ、***Self-Help*** の本文を平明な漢文訓読体の日本語に訳した。明治四年の日本人は西洋知識に餓えるごとくであったろう。そこに開国以来はじめて英語の著書が一冊まるごと見事な日本語に訳されたのである。西洋産業文明の偉大の秘訣はこの書の中にあり、という世間の評判である。誰もが貪り読んだ。そして『西国立志編』の中に西洋を読み取ると同時に明治国家を建設する上での処方箋や、個人個人がこの競争社会で生き抜く上での範例をも読み取ったのである。

それと同じように厳復は桐城派古文の典雅な漢文にトマス・ハクスリーの *Evolution and Ethics* を訳した。日清戦争に敗れた後の中国人は西洋列強の強引な干渉に直面し、亡国の危機を実感した。そこに現実世界の実相はこれだとして優勝劣敗の必然を説く『天演論』が現れたのである。清末の中国知識人は弱肉強食の思想をいわば自分自身の運命として認識した。Survival for the fittest という法則は動物たちの自然界に適合するだけでなく、人間界にも適合するように思われたのである。それだから若い日の毛沢東に限らず誰もが『天演論』を貪り読んだ。そしてその書物の中に帝国主義の時代、列強によって瓜分《かぶん》されようとしている中国の姿をまざまざと読み取ったのである。中国は瓜を切りさくように分割されようとしていた。

だが翻訳の動機がなにであれ、日中両国の最初の本格的な翻訳の差異は、両国の将来にも響いた。厳

復が一八九八年に訳した『天演論』には優勝劣敗、弱肉強食という清末中国の危機的状況を自覚させる分析は示されていたが、そこには近代国家を建設するための見取図や参考例はなかった。それに対して中村正直が一八七一年に訳した『西国立志編』には自助努力による産業国家建設の処方箋がはっきりと示されていた。岩倉具視や大久保利通の米欧回覧使節の一行の何人かはその年に出た『西国立志編』を手にして外国視察に出たのである。彼らの通訳の中には中村とともにロンドンで学んだ旧幕府の留学生川路太郎も林董もまじっていたのである。スマイルズを読んでいた彼らは、マンチェスターで紡績工場を見学したときも、ヒースコートなど織機を発明した先人の業績について知っていた。それにしても久米邦武の明治五年九月三日（一八七二年十月五日）の紡綿機械の記述など驚くべく精密なものである。木戸孝允は質問した、「此の機械は外で模造するものはないか」。

察するに木戸は日本における模造の可能性を考えていたのだろう。だがイギリス人技師の脳裏にはそんなことはまったく思いも浮かばなかった。技師はドイツが英国を追いかけているが「遅鈍な彼らが曲りなりにも成功する頃迄には、吾等は遥に優先の機を有するから問題にはならぬ」と冷笑した。だが久米邦武が晩年の一九三四年『九十年回顧録』で右の思い出を書いたころ、日本紡績業の発展でもってイギリスのアジア市場は半ば席捲《せきけん》されてしまっていたのである。

『自由之理』と『羣己権界論』

中村正直について、一国精神史の枠にとらわれずに大観する人は、厳復についても並べて論評したい気持にかられるようである。また厳復について論ずる人も王克非博士の『中日近代対西方政治哲学思想

的摂取』（中国社会科学出版社、一九九六）のように、中村についても論評するようである。それは二人が、それぞれの国で最初期の英国留学生として、中村は一八六六年から六八年、厳復は一八七七年から七九年、英国に留学、西洋の実例に接したことで、自国を西洋化する必要を共に感じた人だからだろう。二人は共に西洋の学問を学んだことによって、帰国後、民智を啓き、国に富強をもたらす方策を考え、その一助として十九世紀英国思想家の著書をそれぞれ翻訳して啓蒙の資とした。

だが好対照はそれに留まらない。中村も厳復も共に同じジョン・スチュアート・ミル（John Stuart Mill 一八〇六―一八七三）の同じ書物 *On Liberty* を、一人は『自由之理』の名で一八七二年に日本語に、一人は『羣己権界論《ぐんこけんかいろん》』の名で一九〇三年に中国語に、訳しているからである。厳復は中村に遅れること二十二年の一八五四年の生まれ、*On Liberty* については『自由之理』に遅れること三十一年の『羣己権界論』の翻訳である。そんな時差があるとはいえ、この平行例に富める両者は、日中比較近代化論のテーマとしてうってつけだろう。ただし過去の歴史の惰性《だせい》から比較的自由となり得た日本と、国のサイズなどのゆえに必ずしもそうなり得ない中国とでは、近代化については甚だしく異なる路線を辿ることとなった。英国に倣って日本はまがりなりにも憲法を制定し（明治二十二年、一八八九年）、議院制民主主義の採用にこぎつけた。しかし明治憲法発布後百年の一九八九年、中国では天安門で民衆のより大きな自由を求める意志は圧殺された。依然として一党専制のままである。もちろん東洋の英国として帝国主義国として発展した日本を非難する人もいるに相違ない。また今のままの中国の体制を良しとする人も、中国にはもとより日本の親中派には、いるに相違ない。しかし私自身は市民的民主主義を奉ずる者なので、そうした立場に与するわけにはいかない。言論の自由を尊重し、有形無形の検閲に対しては闘

いを続けて行きたい。しかしこの比較文化史研究ではそうした現実政治からは一歩さがって、一体ミルの思想は中村と厳復の手でそれぞれどのように訳されたのか。それは両国の社会にどのようなインパクトをもたらしたのか。あるいはもたらさなかったのか。いまその文体にまで多少立ち入って、比べてみよう。

スマイルズ自身は、六歳年長のミルに共感していたからだろう、『西国立志編』の最初の句をミル(中村は「彌爾」の漢字を当てた)の引用で始めた。すなわち第一編「邦国及ビ人民ノ自ラ助クルコトヲ論ズ」の巻頭に「彌爾《ミル》曰ク」として「一国ノ貴《たふ》トマルルトコロノ位価ハ、ソノ人民ノ貴トマルルモノノ、合併シタル位価ナリ」と掲げた。原文は前にも引いたが、"The worth of a State, in the long run, is the worth of the individuals composing it." という。直訳は「一国の価値は、長い目で見れば、一国を構成する個々人の価値(の総体)である」という意味だが、中村訳には individual＝個人が確然と訳されていない。明治四年の日本には「個人」の観念がまだ不徹底であったから「人民」と訳すより仕方がなかったのだろう。なお北京燕山出版社から出た劉曙光等の中文訳『自己拯救自己』ではどうしたわけか「個人」でなく「個体」と訳されている。「国家存在的価値、従長遠来看、就是為了実現組成国家的社会個体的価値」。

昔から東アジアには国家の価値は重く見ても、それを構成する個々の人間の価値を重んじない国家指導者が多い。その民度の実態を知る人の耳にはミルの句は痛い。とくに次の指摘は切実に響く。中村は『西国立志編』に添えた『諸論』で「論ニ曰ク」と固有名詞はあげずにミルにすでに言及していた。『諸論』の冒頭は、前にも引いたが、次のように始まる。

論ニ曰ク、国ニ自主ノ権有ル所以《ゆゑん》ノモノハ、人民ニ自主ノ権有ルニ由ル。人民ニ自主ノ権有ル所以ノモノハ、其ノ自主ノ志行有ルニ由ル。

堂々たる立論である。自主の志行《しこう》ある人こそが自助の人なのだ。そのようなイニシアティヴに富む、価値ある人が数多く出てこそ、自主自立の国日本ともなり得る。それればかりではない。明治元年帰国直後に執筆したこの『諸論』で、中村はミルの立憲君主制に関する考えをすでに次のような具体例で述べていた。日本人は阿片戦争における英国の勝利を西国には英邁な君主がいて良き臣が輔佐しているからだと思っているが、実はそうではない、と中村は言う。そしてこれも前に引いたが、

西国ノ君、大イニソノ智ヲ用フレバ、則チソノ国大イニ乱レ、小《すこ》シクソノ智ヲ用フレバ、則チソノ国小シク乱ル。載《の》セテ史冊《しさつ》ニ在リ、歴々トシテ徴スベシ。

と述べた。こんな考え方は東洋人にとっては耳馴れない逆説に響く。およそオーソドクスでない。お上をないがしろにする不敬な発言にさえ聞える。しかしこれはじきに紹介するが、これこそがミル説の要旨なのである。中村は西欧で君主の権に限界が定められている実情を次のように『諸論』の中でいちはやく説明した。立憲君主は専制君主でなく、己の恣意では何事も決定し得ず、法律に従い、議会の多数の意志を尊重し、内閣の意向に耳を傾けなければならない。

方今西国ノ君、己《おのれ》ノ意ヲ以テタヤスク一令ヲ出スヲ得ズ。己ノ命ヲ以テ一人ヲ囚繫《しうけい》スルヲ得ズ。財《ざい》賦《ふ》ノ数ハ民ニ由リコレヲ定ム。軍国ノ大事ハ、民人ノ公許ニ非ザレバ挙行スルヲ得ズ。

Liberty

ミルが説いた liberty とは人間の自由意志を問題とする際の哲学的自由ではなく、市民的自由である。いいかえると、政治や社会（群）によって個人（己）に対して合法的に行使され得る力の限界を論じたものである。ミルの *On Liberty* が一九〇三年、厳復によって中国語に訳された時、『羣己権界論』と題されたのは、訳者が問題の中心はそこにある、と感じたからであろう。（「羣」は「群」の正字）。また liberty の語に中国読者にアッピールし得るような、適切な訳語をまだ見いだせなかったからでもあろう。ミルの論の主眼は、中村の訳文に従えば「（政府や社会）ノ権勢ノ限界ヲ講明スルモノナリ」とある。そしてさらに個人の自由と統治者の権勢の関係を歴史的にこう説明した。

往古希臘《ギリシヤ》、羅馬《ローマ》、英国ノ史冊ヲ観レバ、人民ハ自由ヲ得ント欲シ、政府ハ権勢ヲ得ント欲シ、常ニ相争ヒシモノナリ。コノ時ニ当リテハ、リベルティ（自由トモ自主ノ理トモ云）トイヘルモノヲ以テ、君主ノ暴虐《ぼうぎやく》ヲ防グ保障トナセリ。コノ君主ハ或ハ世襲ニ由リ、或ハ征服ニ由リテ、政府ノ権勢ヲ受ケ有《も》チタルモノニシテ、ソノ施コシ行フトコロ、往々人民ノ好ムトコロニ従ハザルノミナラズ、人民ヲ抑へ、ソノ自由ヲ防グコト、敵国外患ヲ防グニ異ナラズ。

ここで「（人民の）自由ヲ防グコト」とあるのは中村の意訳で、「統治者の権力は武器のごとくに見做され、その力は敵国外患に対して用いられるがごとく臣下に対しても用いられる」が原意である。すなわち統治者は自由を敵対者である人民の側に奪われないよう防ぐことの意味である。冒頭部分の英語原文を参考までに引く。

> The struggle between Liberty and Authority is the most conspicuous feature in the portions of history with which we are earliest familiar, particularly in that of Greece, Rome, and England. But in old times this contest was between subjects, or some classes of subjects, and the Government. By liberty, was meant protection against the tyranny of the political rulers.

この同一箇所を厳復は中国語に次のように訳した。「立憲之国所謂自繇」と小見出しにある条である。

> 與自繇反対者為節制（亦云干渉）。自繇節制二義之争、我曹勝衣就傳以還、於歴史最為耳熱。而於希臘羅馬英倫三史、所遇尤多民之意謂、出治政府勢必與所治国民為反対、故所謂自繇、乃裁抑治権之暴横。

厳復の訳文は中村の訳文より判りにくいと私は感じる。私が日本人だからそう感じるだけでなく、日本語も中国語も解する中国や台湾の大学院生もそう感じるようである。Libertyに当てられた「自繇《じよう》」という漢語はついに中国語の語彙として流通せずに終わった。中村訳『自由之理』が政治青年たちのバイブルとなって日本で「自由民権運動」が燃え上がったのに比べて、「自繇」の語の結末はいかにもわびしい。「繇」は日本語の歴史的な音では「エウ」とルビをふるが、「由」と同じ字として厳復は用いたのであろう。「訳凡例」で中国語の「自繇」は常に「放誕」の意を含んできた、とこの新語の使用に厳復は注意を呼び掛けている。しかし彌爾『自由之理』と穆勒『羣己権界論』の二冊では、著者の名前も別様に漢訳され、別様にミルとムラに近い音で発音されるように、二人の別の著者の書物かと思われる

ほど、条によっては、内容に距離がある。（ちなみに昨今の中国ではミルは密爾、あるいは密尓という漢字や簡体字が当てられている）。いま引いた条でもAuthorityを、Libertyの反対者として、「節制」とか「干渉」とか厳復は訳して把握したが、そのような用語は政治学的アプローチとしていかがなものか。「自繇」とはすなわち「治権ノ暴横《ぼうわう》ヲ裁キ抑ヘルモノ」という定義も「君主ノ暴虐ヲ防グ保障トナセリ」という中村訳に及ばない。protectionの訳語が厳復訳には欠けている。

それに続くミルの原文の譬えを中村は次のように訳した。

譬《たと》ヘバ人民ハ無数ノ群鳥ノ如ク、頭人《かしら》ハ衆鷹《しゆうよう》ニ似テ、群鳥、ソガ搏撃呑噬《はくげきどんぜい》ニ苦シム形勢ナリ。サレバ、衆鷹ヨリ強キ鷹王ニテモアリナバ、強ヲ抑ヘ、弱ヲ扶《たす》ケ、群鳥ノ苦ヲ救フベシト思ヒシニ、鷹王出デタレバ、暴虐ノ威ヲ振フコト、マスマス甚シク、群鳥ハ、ソガ毒嘴《どくし》悪爪《あくさう》ヲ防グニ暇アラヌ模様ナリ。サレバ、コノ時、国ヲ愛シ民ヲ助クル義士、オモヘラク、カク人民ノ安カラザルハ、君主ノ権ニ限界ナキユヱナリ、今ヨリハ、君主民ヲ治《をさ》ムルノ権ニ、限界ヲ立テ、定ムベシト。コノ限界ノ義ヲ名ヅケテ、リベルティ（自由ノ理）トハ云ヒシナリ。

ラ・フォンテーヌ（一六二一―一六九五）の『寓話』に「王様を求める蛙たち」があり、これと似た譬えが出てくる。民主主義的状況に飽き飽きした蛙どもがあまりに喧しく騒ぐのでゼウスは連中を王権政治の下に置くことにした。はじめ穏やかな王をつかわしたところ、人民が次第につけあがり「もっと威勢のいい王様を与えて下されい」などと言い出した。「憎い奴ばらが物ごのみかな」とゼウスは今度は鶴を国王として蛙どもへつかわした。すると「この鶴、蛙と見れば食うわ、食うわ、あるいはつつき、

あるいは殺し、面白半分にごくごく丸呑みまでする始末」。蛙どもはほとほと困りはてて、苦情を申し立てるが、ゼウスはつきはなす。「お前らはそもそも当初の政治形態をそのままにしておくが良かったのだ。そうせなんだによって、先ず善良でお人好しの国王を授けた。それで足りるはずであった。今はこの鶴王で満足するがよい。さもなくばもっと悪いのに出くわすぞ。」

ラ・フォンテーヌは人民が名君や英雄や皇帝を待望する心理の愚《ぐ》を嗤《わら》ったのである。そしてあわせて君主や主席の権力に制限のないことから生じる危険性を示唆したのである。

厳復が清朝末期の中国で西洋思想の翻訳を始めたのは日清戦争に敗れてからだった。厳復の友人で福建出身の同郷人林紓《りんじょ》も徳冨蘆花『不如帰』をロイドの英訳から中国語へ重訳した。厳復も林紓も北洋艦隊が勇戦したにもかかわらず敗北し、中国で非難を浴びたことを海軍関係者として口惜しく思った。厳復は東郷平八郎より六歳年下で、東郷より六年遅れて同じグリニッジで学んだ人である。『不如帰』には北洋艦隊の黄海の海戦における勇戦奮闘が敵側日本人の筆によっても描かれている。そのことを中国人に知らせたいために林紓は翻訳したと序に書いている。日本でいう日清戦争、中国でいう甲午戦争の敗戦ショックのほどがうかがわれる。

中国の知識人は中華思想にとらわれることが深かっただけに、それだけ目を西方に転ずることが難しかったのであろう。しかも一九〇三年の中国では立憲君主制を主張することにはなお躊躇されるものがあったのだろう。厳復は「ケダシ民生キルニ群有ラバ、君無カルベカラズ、故ニ君権ハ廃スベカラズ」とまで述べて、それから先の譬えを次のように訳した。中村訳と比較しやすいよう訓読して引用する。

ソレ弱肉ハ強食サル。一群ノ内ニ、民ノ患《うれ》フル所ハ窮《きはま》リ無シ。ヤムヲ得ズ則チ一ノ最強者ヲ奉リテ以テ無窮《むきゅう》ノ猛鷙《まうしう》ヲ弾圧ス。不幸ニシテコノ最強ナル者、時ニスナハチ自ラソノ群ヲ啄《ついば》ム。

その最強の一羽の残虐は多数の猛鷙と異なるところがない。それだから「古ハ愛国ノ民ハ常ニ君権ヲ限制シ」た。そうなるとたとい君主であろうとも自分の欲する所を恣《ほしいまま》に為すことを得ない。それで「ソノ君守ル所ノ権限、ソノ民守ル所ノ自繇ナリ」（厳復訳）。「自繇」すなわち「自由」なのである。

Protection against tyranny

By liberty, is meant protection against tyranny of the political rulers.

ミルの『自由論』などかつての中華人民共和国ではブルジョワ的自由主義と貶《おとし》められもしたであろう。いや日本でもマルクス主義はなやかなりし頃は、ミルなど過去の思想家として顧みられることも少なかったであろう。しかし文化大革命後の北京でこの英文を「自由トハ、政治支配者ノ暴虐カラノ心身ノ安全保護ヲ意味スル」と訳した時、電気のようななにかが教室を走った。それは私の錯覚ではなかった。事実、放課後に大学院生が訪ねてきた。当時は外人専家を訪問する中国人学生は入口で一々チェックされたが、『自由之理』を借りて帰っていった。それも一人ではなかった。また特定のある学年だけのことでもなかった。人間として尊ぶべき思想は流行と無縁なところで生きている。

中村正直は liberty を「自由」あるいは「自由ノ理」あるいは「自主ノ理」と訳した。ミルは「コノ

人民自由ノ理ヲ保存スルニ二様アリ」と歴史的背景を次のように説明した。第一のやり方は、統治される側の者がこの political liberties or rights——「政治的自由ないし権利と呼ばれる」（早坂忠訳『自由論』中央公論社、世界の名著）——の承認を君主から得ることである。（厳復は『羣己権界論』で「国典マタ民直ト称ス」と訳した。いずれも残念ながら中国語として定着せずに終わった）。『自由之理』で中村は訳筆を進め、君主が君主の統治権を自分から限定し、人民と約束を結ぶことによって「自由ノ理」が保存される場合、もし君主がその約定《やくじょう》に背くならば「君主……職分ヲ失ナフコトニナリ、人民或ハコレニ抵抗シ、或ハコレニ背叛《はいはん》スルトモ、不法トハセザルナリ」と原文をはっきりと訳した。厳復も「ソノ君大イニ道ナラザルコトヲ為サバ、ソノ民以テ叛《そむ》クトモ可ナリ」と正確に訳した。徳を失った君主を討伐して放逐することは古来中国では「放伐《ほうばつ》」といい、易姓《えきせい》革命は認められていた。それだけにこの条の直訳には抵抗は少なかったのだろう。

　第一のやり方が受動的だとするならば、第二のやり方はより能動的で、より近代に見られる動きである。すなわち、「第二法ハ、人民ノ心ニ、己レ等ノ利益トナルベシト思フコトハ、コレヲ言ヒ表ハシ、立《たて》テ律令ト為スヲ得ル、カクシテ、統治ノ権ヲ厭束《えんそく》スルナリ」。

　中村が訳語に用いた「厭束《えんそく》」とは抑えることの意で、英語の check である。重要な国事の決定に際しては代議制で選出された者の同意が必要とされる、ということだが、これも厳復は訳した上で、次のように補足した。「国民ノ代表ヲ立テ、凡ソ国ノ大事ハ必ズ君ト代表ト互ヒニ諾シ、シカシテ後ニ制ト称フ。前ハ有限君権トイヒ、後ハ代表治制トイフ」。中村の訳は時に英文の前後を置き換え、自分の説明を加え、親切で平明だが、いま厳復が用いたような「代表治制」のようなぴたりとした四字の造語で補

足はしていない。代議政体の考えは原英文でも中村訳文でも説明的に述べられている。「国ノ大小官員ハ、人民ノ委託スル役人ナレバ、モシ意ニ叶《かな》ハヌトキハ、コレヲ廃改スルコトヲ得ベシ」。そしてさらに任期を限定された統治者の選挙のことが次のように説明される。「人民ノ意ニ合ヘル人ヲ択ビ、暫時ノ人牧ト為サンコトヲ希望スルコトトハナレリ」。中村はこの「人牧」という訳語に「キミ」とルビを振った。この「キミ」は本来は「君主」の「君」の意だが、ここでは人民によって委任された職分を果たすべき統治者のことである。厳復は「選主任君之制」(主ヲ選ビテ君ニ任ズルノ制)と説明した。人民が選んだ官員で組立てられる政府という観念は、訳者たちによってすでに理解されてはいたが、その人民代表の統治者を表現する語彙《ごい》は当時の東アジア漢字文化圏にはまだ欠けていた。中村が静岡でスマイルズやミルを訳していた明治初年の日本では「大統領」の表現すらまだ定まっておらず、中村が「大頭領」の語を当てたことは前にもふれた。

ちなみに「人牧」は中村が漢学知識を応用して新造した訳語であって、任期の定められた統治者をさす。英語原語は ruler である。(中村は普通は ruler を「君主」と訳している)。牧畜文化圏では宗教上や行政上の指導者を「牧師」とか「牧官」という。人間を君主的人間 Herrenmensch と畜群的人間 Herdenmensch とに分ける考え方は、人間を君子とそれ以外に分ける中国の儒教的伝統においても深く根づいている。なにもニーチェの専売ではない。ニーチェ思想の背景となったキリスト教にも牧師と民衆を牧羊者と羊との関係にたとえる長い伝統がある。しかしたとえそのような牧場で飼育繁殖させるべき家畜に比すべき人民であろうとも、君主は恣意《しい》的に統治することはもはや許されない。統治者の権利にも限界を定める必要がある。そうした主張が公然化したところに文明は感じられるのである。

不羈独立ノ君主ナリ

だがミルが明文化したこのような思想を、東洋の大陸で支配者に面と向って主張した人はいなかった。人々は専制君主の前で恐れおののき、阿諛追従《あゆついしょう》し、敬愛するふりまでして保身をはかった。「君主民ヲ治《をさ》ムルノ権ニ、限界ヲ立《たて》テ定ムベシ」と紀元前三世紀の秦の始皇帝に向って言った者はいなかった。なにもそんな大昔だけではない。二十世紀の始皇帝ともいうべき人に向ってもそう言った者は中国大陸にはいなかったのである。

ミルが本書でとくに問題としているのは、中村のいわゆる民治の確立それ自体ではない。民治が確立された以後に生じる問題、というか君治・民治の別を問わず、政府の権には限界を立てねば人民は真正の自由を得られない、という点である。中村はその問題点を原英文にはない問答体に訳し、読者の理解の便をはかった。

問、何故ニ、民治ノ国ニテモ、政府ノ権ヲ限ラザレバ、真正ノ自由ハ得ラレザルヤ。

答、民治ノ国ニテハ、人民各々自《みづか》ラ治ムルニテ、人ニ治メラルルニ非ズトイヒ、又ソノ権勢ハ人民自ラソノ上ニ置ケル権勢ナリナドトイヒ来ルコトナレドモ、ソノ真実ノ情形ハ、決シテ然ラズ。何《いか》ニトナレバ、民治ノ国ニテモ、人々尽《ことごと》ク政事ヲ行ヒ、権勢ヲ握《にぎ》ルニ非ズ。治ムル人必シモ常ニ治メラルル人ニ同ジカラズ。

そこで一党支配の暴威の抑制はもとより、多数派政党の暴威を抑制せよ、という論が出てくる。いや、それだけではない。人民多数の名を借りて行なわれる暴威は、人君の暴威よりその害がさらに甚だしい

場合もあり得る。そうした可能性も指摘され得る。それでミルは社会総体が一人一人の個人に対して行使し得る力には限界があり、人間には各々自由の権がある、と説くのである。これがミルの主張の最重要部分であろう。中村はこう訳している。

> 権勢ヲ以テコレヲ強ヒ、ソノ人ヲ難儀セシムルハ、大ナル不可ナリ。要シテコレヲ言ヘバ、人一己ノ行状ニツイテ、他人ニ関係シ、ソノ損害トナルコトハ、政府ニテコレヲ可否スルコト、理ノ当然ナリ。モシタダ一己ニ関係シ、他人ニ及バザルモノハ、固ヨリ我ガ心ノ自由ニ任スベシ。蓋シ人己レガ一身一心ヲ治ムルコトニ於テハ、不羈《ふき》独立ノ君主ナリ。

ミルの説く原理は単純である。個人の信仰や良心にまつわる心の問題に政府は干渉できないということである。しかし地球上にはその単純明白な原理が尊重されない「アジア的専制」と呼びうる知的風土がまだ残されたままになっている。それどころか専制を正当化する理論化も行なわれている。いまミルの英語原文の最後の一節を引こう。

> In the part which merely concerns himself, his independence is, of course. absolute. Over himself, over his own body and mind, the individual is sovereign.

厳復の中国訳のその一節とその日本語訓読もあわせて引こう。

> 於是其自主之権最完、人之於其身心主権之尊而無上、無異自主之一国。

（ココニオイテ其ノ自主ノ権ハ最モ完ナリ。人ノ其ノ身心ニオイテ主権ノ尊ク無上ナルハ、自主ノ一国ト異ナル無キナリ。）

39 自由民権運動

自由民権運動

ミルの *On Liberty* はスマイルズの *Self-Help* と同じ年、一八五九年に刊行された。日本暦では安政六年、大獄の年である。あわせていうと、ダーウィンの『種の起源』も同じ年に出た。中村正直はイギリスへ渡って、きわめて適切な書物を選んで研究した、というべきであろう。政府の権限を制限し、人民の市民的自由を保障すべきであるとするミルの主張は、それが民主主義国家イギリスを作り上げた思想的基盤である、という点でも研究紹介に値したが、それとともに、明治の新政府に恣意的な統治を許さぬ政治的理念を日本人に提供したという点も重要である。いやこの後者の方が意義ははるかに大きかったであろう。

もっとも中村自身はすこぶる慎重で、翻訳に付した「自序」には次のような韜晦《とうかい》の辞を連ねている。まるでミルの考え方に自分は同調してないかのような口吻だが、反対者の非難攻撃を回避するためのレトリックと見るべきであろう。

コノ書ニ論ズルコト是《ぜ》ナリヤ非《ひ》ナリヤ、予ガ知ルトコロニ非ズ。或人曰ク、然ラバ何故ニコレヲ訳スルヤ。対《こたへ》テ曰ク、世ノ中ニアリトアラユル議論ハ、是ニモセヨ非ニモセヨ、知リテ居ル方ガ知ラヌ

ヨリハ善カルベシ。……皇国ニテハ、固《もと》ヨリ関係ナキコトナレドモ、欧羅巴諸国ニテハ至要至緊ナルモノト為シテ、常ニ言フコトナルガ故ニ、コレヲ訳シ……タリ。コノ書ニ説クトコロノ議論ヲ非《あしき》ナルモノト思ヒタマハバ、願ハクバ論駁スル書ヲ著ハシ、ソノ迷謬ヲ指陳シ玉へ。

中村は旧幕臣の知識人であった。幕府の瓦解《がかい》後、徳川に代わって薩長幕府が出来《しゆったい》するような旧態然たる明治日本にはしたくない、と衷心から願ったに相違ない。明治の新政権に積極的に参画する可能性のない中村がイギリス仕込みの政治学の新知識を披露するとしたら、それは当然、新政府の権限を制限し、いまは野に下った旧徳川方の人々の自由と権利を擁護する、寛容を旨とする考えの方であったろう。中村はロンドン滞在中からミルを研究していたが、また静岡時代から『自由之理』の翻訳に打込んでいたが、ミルの思想に非常な共感を抱いていた、と私は推察する。

日中両国における彌爾と穆勒の運命

『自由之理』は日本評論社から覆刻された『明治文化全集』第二巻に収められているが、その解題には河野広中（一八四九―一九二三）の『河野磐州伝』の一節が引用されている。福島出身のこの郷士《ごうし》は戊辰《ぼしん》戦争の際、新政府軍を援けて、明治政府の下級官吏となった。廃藩置県の後、明治六年二月、磐前県第十四区常葉の副戸長に任ぜられた。そのころの河野は二十四歳で民政に努力していた。

常葉に就任してから初めて三春支庁に出頭した時の事である。三春町の川又貞蔵からジョン・スチュアルト・ミルの著書で中村敬宇の翻訳した『自由之理』と云へる書を購《あがな》ひ、帰途馬上ながら之を読

むに及んで、是れ迄漢学、国学にて養はれ、動《やや》もすれば攘夷をも唱へた従来の思想が一朝にして大革命を起し、人の自由、人の権利の重んず可きを知り、又た広く民意に基いて政治を行はねばならぬと自ら覚り、心に深き感銘を覚へ、胸中深く自由民権の信条を画き、全く予の生涯に至重至大の一転機を劃したものである。而も其の変化が不思議と思はるる程の力を奮ひ起したことは今更ながら一大進境の種たりしを思はざるを得ない。『自由之理』を読んで心の革命を起せしは其の年の三月の事だ。

こうして河野広中は東北地方の自由民権運動の指導者となり、国会開設を求める請願書を政府に提出、自由党の結党に参加する。私は日本の自由民権派は国権派に近い体質があるように感じるので、一部の歴史家のように高く評価するつもりはないが、しかし右のエピソードは『自由之理』がどのように読まれたかを示す貴重な証言といえよう。また板垣退助が故郷の土佐に立志社という政治的訓練の学校ともいうべきものを創立した時も、板垣の念頭にあったのは中村正直の訳書であったろう。立志社は明治十年六月、西南戦争の最中に明治天皇に陳情書を送り、その中で民選議院の設立を請うた。板垣の主張が『自由之理』に立脚していることはいうまでもないが、立志社という名称そのものも『西国立志編』に由来したのではあるまいか。なお、このような推理をした人はサンソムである。（G・B・サンソム『西欧世界と日本』ちくま学芸文庫、第十三章三西洋の理論と東洋の実際、下巻、七〇頁）。

興味深いのは中村正直訳『自由之理』を読んだ人の中には、一八九八年、百日維新に失敗して後、日本へ逃げてきた梁啓超《りょうけいちょう》（一八七三―一九二九）がいたことである。中村正直はすでに死んで七年が経っていたが、中村の人と業績については黄遵憲などからも聞いていたのであろう。中村の書物を漢字をた

よりに読んだ。漢語の多い書物は多ければ多いだけ読みやすかった。梁啓超は「日本中村正直ハ維新ノ大儒ナリ」として『西国立志編』の訳業を讃えたばかりか中村訳『自由之理』にも繰返し言及した。一九〇〇年康有為にあてた手紙の中でもいかにして中国で自由精神を樹立し、奴隷根性を除去するかを論じた。その論拠の一半が梁啓超のミル＝中村の読書に由来することは確かだろう。梁啓超は当時の中国の数少ない「明自由真理者」として論を張ったのであった。

厳復訳穆勒『羣己権界論』については、魯迅、胡適にも読後の感想があるという。しかし中村訳『自由之理』がその明快な説明と訳文にこめられた情熱で自由民権運動に火をつけたようなことは、残念ながら起こらなかったらしい。同じくミルといっても、彌爾は日本では明治初年に広く影響力を行使したが、穆勒は中国では機能せず、個人崇拝の時代、沈黙を余儀なくされた、というべきであろう。

40 『村の鍛冶屋』

『村の鍛冶屋』

スマイルズやミルとの関連で見て来た後に、西洋詩人との関連で見た詩人中村正直にもふれておきたい。それも国際的な見地から、詩的ないしは倫理的感受性の交流として取りあげたい。なおここで詩人とは明治時代までの用法で、もちろん漢詩人の意味である。漢詩による交流といえば、菅原道真とか新井白石とかの先例を思い浮かべ、漢字文化圏の中国・朝鮮の人たちとの交流を読者は予想するだろう。そして事実、中村にもその種の交流は多くあったが、ここでは日本と東洋近隣諸国とに限らず西洋をも含む三角関係に目を向けることとする。

さて、年配の日本人は『村の鍛冶屋』と聞けば、小学唱歌を思い出すであろう。

暫時《しばし》もやまずに　槌《つち》うつ響《ひびき》。
飛び散る火の玉はしる湯玉《ゆだま》。
鞴《ふいご》の風さへ　息をも継《つ》がず、
仕事に精出《せいだ》す　村の鍛冶屋。
あるじは名高き　いっこく老爺《おやじ》、

早起き早寝の　病《やまひ》しらず。
鉄より堅《かた》しと　ほこれる腕に
勝《まさ》りて堅きは　彼がこころ。

ロングフェロー

この小学唱歌が日本で歌われるようになったのは大正元年（一九一二）である。小学唱歌の作詞者は不明だが、内容からして『村の鍛冶屋』がアメリカの詩人ロングフェロー（Longfellow 一八〇七―一八八二）の The Village Blacksmith（一八四一）の翻案であることは即座に見て取れよう。全八連の原詩の中から初めの四連と最後の連を引用する。

Under a spreading chestnut-tree
　The village smithy stands ;
The smith, a mighty man is he,
　With large and sinewy hands ;
And the muscles of his brawny arms
　Are strong as iron bands.

His hair is crisp, and black, and long.
　His face is like the tan ;

His brow is wet with honest sweat,
　He earns whate'er he can,
And looks the whole world in the face,
　For he owes not any man.

Week in, week out, from morn till night,
　You can hear his bellows blow ;
You can hear him swing his heavy sledge,
　With measured beat and slow,
Like a sexton ringing with village bell,
　When the evening sun is low.

And children coming home from school
　Look in from the open door ;
They love to see the flaming forge,
　And hear the bellows roar ;
And catch the burnig sparks that fly
　Like chaff from a threshing-floor.

……

Thanks, thanks to thee, my worthy friend,
  For the lesson thou hast taught!
Thus at the flaming forge of life
  Our fortune must be wrought ;
Thus on its sounding anvil shaped
  Each burning deed and thought.

この詩の川本皓嗣氏訳（吉川弘之他『アメリカと日本』東京大学出版会、二四六―二五五頁）は次の通りである。

大きな栗の木の下に
　村の鍛冶屋の店がある。
鍛冶屋の男は屈強で、
　その手は大きくたくましい。
丈夫な腕の筋肉は、
　鉄のたがよりなお強い。
縮《ちぢ》れて長い黒髪《くろかみ》に、

顔はなめした皮のよう。
ひたいは正直の汗に濡れ、
わずかな稼《かせ》ぎに精を出す。
誰にも借りをつくらずに、
まっすぐ世間の顔を見る。

日《ひ》がな一日、週から週へ、
鞴《ふいご》が荒い息を吐《は》く。
重いハンマーをうち揮《ふる》う
調子はゆるく、整《ととの》って、
日の暮《く》れ時にうち鳴らす
村の教会の鐘のよう。

学校帰りの子供らが
あいたドアからのぞき込む。
炎《ほのお》を上げる炉《ろ》をながめ、
鞴《ふいご》の声を聞きながら、
脱穀場《だっこくじょう》の籾殻《もみがら》と
飛び散る火花を追いかける。

……

感謝をしよう、わが友よ、
　あなたがくれた教訓に。
火と燃え上がる「生《せい》」の炉《ろ》で
　われらの幸《さち》を鍛《きた》えよう。
槌音《つちおと》高い鉄床《かなどこ》で
　思いと行為を鍛えよう。

世間はほとんど知らないが、ロングフェローのこの詩こそ、西洋語の詩が一歌まるごと日本で翻訳された最初のケースとなっている。それは中村正直がいちはやく一八七〇年『打鉄匠歌《だてつしやうか》』として訳したからである。ところがそのような斬新な試みであったにもかかわらず、中村訳のロングフェロー詩が話題になることは近年きわめて少ない。詩の愛好家の間で少ないだけではない。文学史家の間でも完全に忘却されている。それは新体詩としてではなく次のような漢詩『打鉄匠歌』として訳されたために相違ない。しかしそれは今日だからそう言えるのであって、明治三年の日本では逆であった。「ロングフエロー詩」は中村の手で漢詩に訳されたからこそ当時の学問的素養のある人々には迎えられたのであった。

中村正直『打鉄匠歌』

蔽芾《へいはい》タル栗樹ハ如ク二張リタル翼ノ一、
下ニ有リ二打鉄匠之宅一。
其人ハ壮剛ニシテ手腕大ナリ、
鉄条隆起シテ筋脈黒シ。

正経之汗顖《ひたひ》ハ常ニ湿《うるほ》ヒ、
正経之利食《やしな》フ二其力ヲ一。
平生不レバレ借リ二一文ノ銭ヲ一、
対シ二天下ノ人ニ一無シ二愧《は》ジル色一。

朝ニ有リテ二打ツレ鉄ヲ声一、
釘鐺トシテ天未ダレ白マ。
夕ニモ有リ二打ツノレ鉄ヲ声一、
遅速応ズ二節拍ニ一。

日日月月年又年、
揮ツテレ鎚ヲ而撃チ揮ツテレ鎚ヲ撃ツ。

村童ノ群自リ二郷塾一還リ、
店前ニ佇ンデ看ル二冶《や》鉄《てつ》ノ赤キヲ一。

轤《ろ》鞴《び》咆哮シテ火ノ星飛ブ、
逐ウテ而捕ヘントスレバレ之ヲ寧ニ呵責ス。
安息之日ハ鎖シ二店舗ヲ一、
往キテ二寺院ニ一而聴ク二講釈ヲ一。

其女《むすめ》皆ニレ衆ト唱ヘバ二神ノ詩ヲ一、
聞キテレ之ヲ中心独リ悦《えつ》懌《えき》ス。
其声ハ彷コ彿タリ亡キ妻ノ声ニ一、
追憶シテ不レ覚エ涕涙滴《したた》ル。

善イ哉鉄匠之生涯、
労苦之中ニ楽ヲ自ラ得タリ。
朝ナ朝ナ夕ナ夕ナ勉メテ不レ已マ、
贏《か》チ得タリ一夜酣《たけなは》ナルコトヲ二寝息一。

鉄匠鉄匠我謝スレ汝ニ、

汝于イテレ我ニ有リ二師友ノ益一。
嗚呼人生之打鉄場、
福運ハ只須ク二以テレ力ヲ獲ル一。
心思言行ハシ火焔ノ裏《うち》、
砧《かなしき》ノ上ニ鍛錬スレバ成サン二模式ヲ一。

誰も気がついていないようだが、東アジア比較文学史の観点から見て興味深いことは、このロングフェローの同じ英詩を基にして中国でも劉半農（一八九一―一九三四）の手で中国詩の翻案が辛亥革命の後の千九百十年代、新体詩運動の先駆として白話体で作られていることである。劉半農の詩『鉄匠』とその拙訳を以下に掲げる。

劉半農『鉄匠』

叮噹！叮噹！
清脆的打鉄声、
激動夜間沈默的空気。
小門裏時時閃出紅光、
愈顯得外間黒漆漆地。

我從門前経過、
看見門裏的鉄匠。
叮噹！叮噹！
他錘子一下一上。
砧上的鉄、
閃着血也似的光、
照見他額上淋淋的汗、
和他裸着的、寛闊的胸膛。

我走得遠了、
還隠隠的聴見
叮噹！叮噹！

朋友、
你該留心着這声音、
他永遠的在沈沈的自然界中激蕩！
你若回頭過去、
還可以看見幾点火花、
飛射在漆黒的地上。

鍛冶屋

ディンドン、ディンダン。
はっきりと鉄を打つ音が
夜のしじまの大気をゆする。
小さな門の内では時々赤い光が閃いて飛び、
外は一層暗黒である。

私は門前を通って
内で働く鍛冶屋を見た。
ディンドン、ディンダン。
鎚《つち》を振り上げては振り下ろす。
鉄床《かなとこ》の鉄が
血のように赤い閃光を放つと、
鍛冶屋の額《ひたい》の淋淋《りんりん》たる汗や、
裸の幅広い胸も照らし出される。

私は遠くまで歩いたが、
まだかすかに聞える、

ディンドン、ディンダン。
友よ、
心してこの音を聞け。
天地自然の永遠のしじまの中のこの激動を。
友よ、頭をめぐらせば
君にも見えるはずだ、火花が幾点も、
漆黒《しっこく》の地上に飛び散っているのが。

劉半農の詩がロングフェローの『村の鍛冶屋』に触発された中国新体詩であることは一読して明らかだろう。

劉半農は本名を劉復という。詩人で学者で教育者で翻訳者だった。江蘇省の江陰の出、白話詩の先駆者の一人で、詩に自分の生まれた地方や北京地方の方言を用いたこと、新しい自由詩や散文詩形式の実験を試みたことで知られる。この詩は一九一九年九月、北京での作だという。一九二〇年からパリとロンドンで学び、一九二五年以後は北京の諸大学で教えたと商務印書館香港分館一九八七年刊の英漢対照『中国現代詩一百首』の注に出ている。ちなみに中国語の「現代」は日本語の「近代」に当る。

中国で職人の社会的地位は日本よりさらに低かった。かつて士大夫が鍛冶屋の生き方を模範にせよ、などと言い、鉄匠を讃えた詩を書いたことなどなかったのではあるまいか。劉半農の詩の新しさはそんな主題にある。しかし自分は半分農民であるというポーズから劉半農と名乗った劉復も、鍛冶屋を人生

の師友とは見做していないようだ。詩の終わりになにか勿体《もったい》をつけているが、詩全体はあくまで一種の印象詩である。新しい詩形式の実験としては注意を引くが、その実験としても特に傑出した試みとは思えない。

しかしロングフェローの原詩はもともとプロテスタンティズムの「勤労の福音」ともいうべき労働賛歌の詩であるから、劉半農の詩も解釈次第ではたやすくプロレタリア文学の労働賛歌の詩と読みかえることもできるであろう。終わりにつけた勿体はなんとでも解釈がつけ得るからである。かつて社会主義リアリズムの代表作が『鋼鉄はいかにして鍛えられたか』という題のレーニン賞受賞作であったことなども連想される。

詩の運命はしかし皮肉である。東洋人として初めて西洋の詩を訳したのだから、中村のその種の仕事はいま少し顕彰されてもよいように思えるが、中村の著作は全集も編まれていない。漢詩という詩形式に訳したことが、大正時代以後の読者との縁を絶ったからであろう。大正時代は詩といえば新体詩をさす時代にもうなりつつあった。

それに対し劉半農は日本暦でいえば大正八年の一九一九年に現代詩として翻案した。そのせいか『鉄匠』は劉の自作という扱いを受けている。それというのもその民国八年は五四運動の年であり、白話《はくわ》による新体詩運動出発の年だった。劉半農のこの詩は、その先駆的業績のゆえに中国現代詩一百首の巻頭近くに掲げられる栄に浴している。ということは裏返していえば『鉄匠』の芸術作品としての価値は不問に付されているということでもあるかもしれない。

西洋版「鉄三鍛」の思想

ここでロングフェローの英詩『村の鍛冶屋』の第一連が中村正直の手でどのように七言に訳されたか、いま少し詳しく見てみよう。

蔽芾《へいはい》たる栗樹《りつじゆ》は張りたる翼の如《ごと》く、
下に打鉄匠の宅《たく》あり。
其の人は壮剛《さうがう》にして手腕大《だい》なり。
鉄条《てつでう》隆起して筋脈《きんみやく》黒し。

これは正確な直訳といっていい。「鉄の箍《たが》」を意味するiron bandsはasがあることからわかるように喩えだが、中村は直喩の形は用いず「鉄条隆起して筋脈黒し」と訳した。「黒」は中村が補った。語数の限られている漢詩では「のようだ」という言い方はせずとも喩えであることは読者に伝わるのである。

第三連のみは五言に訳された。これは全六行の原詩の最初の四行のみの、それも相当自由な訳である。

朝《あした》に鉄を打つの声ありて、
釘鐺《ていたう》として天いまだ白《しら》まず。
夕《ゆふべ》にも鉄を打つの声ありて、
遅速節拍《ちそくせつぱく》に応ず。

「釘鐺」の音は「テイタウ」と読む。同じ意味の語は、擬音語として口偏をつけてあるが劉半農も用いた。その時は中国口語詩だからdingdangと読む。鎚の音が「ディンダン」と響くのである。最後の第八連は中村の手で次のように訳される。

鉄匠、鉄匠、我汝《なんぢ》に謝《しや》す、
汝は我に于《お》いて師友《しゆう》の益《えき》あり。
嗚呼、人生の打鉄場《だてつぢやう》、
福運《ふくうん》はただすべからく力をもって獲《う》べきのみ。
心思《しんし》言行は火焔《くわえん》の裏《うら》、
砧《かなしき》の上に鍛錬《たんれん》すれば模式《もしき》を成さん。

この最後は、自分の思想と行為をきびしく鍛え上げ、努力を積み重ねれば、やがて自分自身も世間の模式(模範)となる立派な人間となるだろう、という教訓で中村の補足である。このような教訓を垂れること、いわゆるmoralizingは、訳者中村が儒教的伝統の中で育ったからだろう。しかし英米のピューリタンの倫理的伝統の中にももともと説教癖はあるので、その両者がこの詩の終わりで結びついたともいえるだろう。これはまた徳川時代日本にも伝わる「鉄三鍛《てつさんたん》」の教えであり、「艱難《かんなん》汝ヲ玉ニス」の教えでもあったのである。

日本で鍛冶屋の社会的地位は低かった。徳川時代に漢詩に歌われたことはなかったにちがいない。その鍛冶屋を「師」と呼び、鉄匠の勤勉な生き方を人生の模範と讃えたところに中村正直の新しさがあっ

た。それこそが自助の精神を強調した『西国立志編』の訳者にふさわしい態度でもあった。そのような禁欲的なプロテスタンティズムのエトスが典型的に示されているロングフェローの『村の鍛冶屋』がまず中村の手で漢詩『打鉄匠歌』に訳されると、宮崎湖処子（一八六四―一九二二）は感動した。明治二十六年刊の『湖処子詩集』にこんな新体詩が載っている。「きたはれてこそ」は「鍛えられてこそ」の意味である。露伴が『鉄三鍛』でいう「男《を》の児《こ》は赤裸《はだか》百貫の生金《なまがね》、浮世の火に錬《ね》られ槌に打たれ」てこそはじめて天晴《あつぱ》れの業物《わざもの》になる、というのと同じ発想である。

其鍛冶男《かぢおとこ》朝な夕な
めでたき教《こと》を教《をし》ふなり。
わが運命も世の中の
囲炉裏《ゐろり》にとけて、鉄《かな》しきに
きたはれてこそ、世をてらす
業《わざ》と言葉になりもすれ。

倫理的共感ともいうべき結びであろう。またこの詩は中村の西洋詩の漢詩訳（ほかにゴールドスミスの訳もある）が日本新体詩の誕生に側面から影響を与えたことを示唆している。

明治末年の人の念頭には中村の漢詩や宮崎の新体詩は浮かんでいたのであろう。片方ではそれらをふまえ、もう片方ではロングフェローの英詩をふまえ、小学唱歌『村の鍛冶屋』は生まれた。そしてそれから八十年、鍛冶屋もなくなり、「稼《かせ》ぐに追ひつく貧乏なくて」の唱歌も歌われなくなった。そして

人々が弛《たる》み出したころ、バブルがはじけた。それは偶然か、それとも符合《ふごう》するなにかがあったのだろうか。

最後に問題が一つ残る。劉半農は英語でロングフェローを読み、翻案して『鉄匠』を書いた。その際、中村の漢詩『打鉄匠歌』を参照したのだろうか。しなかったのだろうか。私には参照したという気がしてならない。それは中村の漢詩文が来日中国人の手で早くから中国にも伝わったからでもあるが、具体的な証拠としては、中村訳にも劉訳にも「釘鐺（叮噹）」という擬音語がはいっているからである。ロングフェローの原作には dong! dong! あるいは dingdang に類した擬音語は一つもない。『打鉄匠歌』に用いられた「釘鐺」はあくまで中村の工夫である。劉半農が中国語としては同じ発音の擬音語を用いたのは偶然の一致であろうか。もっとも旁《つくり》は同じで発音も同じでも劉は口偏の「叮噹」を使っているではないか、という相違点を指摘する人もいるだろう。しかし口偏は擬音語であることを明確化するために民国新文学の時代になって広まった用字法に従ったまでではあるまいか。そんな一語句の伝播の詮索など取るにも足らぬ小事だが、しかし東アジア間の詩の伝播の動きを三点で測量する上ではある目安にもなるかと思い、言及する次第である。

41　『愛敬歌』

『愛敬歌』

中村正直のほかの漢詩にもふれておきたい。

『愛敬歌』は大槻磐渓と唱和した際の作で、中村の代表作と呼ばれている。中村の信条である「敬天愛人」の観念を詩にしたのだから、「あいけいか」と読む。実はその代表作にこそ中村正直の欠点が如実に示されていると思うのだが、以下に訓み下し文を掲げ、あわせて私見も述べたい。

愛敬ヲ致《いた》シ愛敬ヲ尽セ。順境何ゾ言フニ足ラン、逆境性ヲ錬《ね》ル可シ。……西聖ソクラテス其ノ妻性頑硬、意ニ払《もと》リ動《やや》モスレバ輒《すなは》チ怒リ、百事命令ニ悖《もと》ル。他人若《かくのごと》キ婦ヲ娶《めと》ラバ、其レ必ズ再娉《さいへい》ヲ謀《はか》ラン。ソクラテス謂《おも》ヘラク此レ乃《すな》ハチ福、幸ハヒニ此ノ暴横ヲ受ク。理学根脚《こんきやく》堅キハ、試験風ノ勁《つよ》キヲ要ス。妻気百変動、ソクラテス性一泰定《たいてい》。妻躁《さわ》ギ情火ノ如シ、ソクラテス静心鏡ノ如シ。タダ愛敬ノ深キニ因リテ、後世称シテ聖ト為ス。

吁嗟《ああ》、此ノ二字、勢力全勝ヲ存ス。鉄艦巨礟《てつかんきよはう》ニ愈《まさ》リ、千軍万乗ニ超《こ》ユ。況《いは》ンヤ且ツ鏈鎖《れんさ》ニ似タリ。

……

嗟々今世ノ人、子弟温情ヲ欠キ、夫妻相ヒ反目シ、朋友互ヒニ詬病《こうへい》ス。邦国交際ニ至ツテ、モツパ

ラ兵力ヲ以ツテ競フ。妖氛《えうふん》神州ニ満ツ。何レノ時カ洗浄ヲ得ン。愛敬親ニ事《つか》フルニ尽シテ、徳教四海ニ亘《わた》ル。千年口徒《いた》ヅラニ誦シ、今日未ダ応ズルヲ見ズ。愛敬ヲ学ビ愛敬ヲ行ナフ。一人徳アリ、兆民慶ス。小ハ家法、大ハ国政、怠忽《たいこつ》スル勿レ、宜シク敬聴スベシ。此ノ二字ハ、神ノ命ズル攸《ところ》ナリ。

この『愛敬歌』を井上哲次郎は『懐旧録』で高く評価し「この詩は教育的でなかなか能く出来て居る。誰でも座右の銘として掲ぐべきである。これがやはり中村博士の精神の在るところであつた」と述べた。だが「教育的」であるところが実は私には詩として物足りない。なるほど「瑳刺底」という漢字でソクラテスとその妻が登場するところはいかにも新時代だが、妻が悪妻であればあるほど哲学者の本領が見事に発揮されたという中村解釈はいかがなものか。真実味が感じられないのではないか。私にはそういう型にはまった解釈を好む中村が好きではない。おめでたさ加減が出てしまっているように思われるのである。

ちなみに中村はロバート・ブラウニング風の男女の愛を良しとし、それを日本に持ちこんだ第一人者で、巌本善治や北村透谷などはその影響下に出て来た人でもあった。中村は徳川時代には儒教的規範にそむくものとして厳しく罰せられた男女の心中をも弁護し、「情死を愚《ぐ》と謂《い》ふか、然《しか》らざるなり。……それ情死の事、万已《や》むを得ざるに出づ。……男女偶々《たまたま》相愛す。愛すればすなはち生きて室を同じくし、死して穴を同じくせんと思ふ」と明治四年に『情死論』を書いた。

それを書いた時に比べると、愛敬の力はすべてに打ち勝つというこの中村の詩の言《い》い分《ぶん》は建て前に過ぎはしないだろうか。悪妻に勝つのが愛敬の力の第一例だが、第二例で愛敬の力は鉄艦巨砲にまさり千

軍万乗を超えるという。そして愛敬の効果はさらに連鎖反応的にひろがるという。なんだか「愛があれば地上に平和が来る」という安手の説教を聞かされるような気がして、「四海一家ナル可シ」といわれても、そらぞらしく響く。それは当時中村が親しく交際した西洋人宣教師の発言を伝えたものかもしれないが、しかし中村も認めるように、現実世界はそう甘くはない。敵対関係の対峙《たいじ》の緊張に満ちている。だがそれであればこそ、なにとぞ敬天愛人の教えを守って小は家庭、大は国家、さらには世界に平和をもたらしてもらいたい、という趣旨の教訓で中村は結んでいる。例の moralizing の弊が露骨に出ているが、中村のこの種の平和主義を評価する人は『愛敬歌』をも良しとするだろう。この「愛敬ノ二字ハ神ノ命ズルトコロナリ」という結語にキリスト教の影響を認めて、いよいよ有難がる人もいるだろう。

中村は「自助論第一編序」でも、一家の平和が一国の平和にひろがり、四海に慈雲和気《じうんわき》が満つることを祈っている。そこに出て来る言葉が「一人の命は全地球より重い」であり、敗戦後の日本で有名となった。それ自体はまことに結構な言葉であり思想である。一人の命が不当に軽んじられた軍国主義の時代への健全な反動であろう。だがしかし平和ぼけした日本政府首脳がこの言葉を引いて、乗客の命を救うためと称して、ダッカのハイジャック犯の要求をすべて鵜呑《うの》みにした時、私は日本の国際的非常識に腹立たしい思いをした。戦後日本の平和主義が怯懦《きょうだ》の自己欺瞞《ぎまん》でもあったことを、その無責任な言葉の使い方によって思い知らされた。当時私はワシントンにいて、周囲の人から戦後の日本が積極的に国際貢献をせず free ride に終始していると揶揄されていただけに、一層身にこたえたのであった。

中村が西洋では人々は天を敬し人を愛しているといって「敬天愛人」の教えを説いた時、福沢は西洋の実態はもっとエゴイスティックなもので西洋では「敬天愛人」でなく「敬天愛身」だと言った。西洋

では人々はなによりもわが身を愛していると感じていたからであろう。中村がアイディアリストで福沢がリアリストたる所以である。中村が西洋キリスト教文明を過度に理想化したことに、私はカルチャー・ショックを受けた敗戦後日本知識人のひ弱さと共通するものを感じる。中村は最盛期の大英帝国の首都ロンドンへ渡ってショックを受けた。ついで留学中に徳川幕府が瓦解したことでさらにショックを受けた。中村が外国の思想や宗教を受入れやすくなったのは、自己の内部に自信喪失があったからでもあろう。旧来の価値体系が崩れたからこそ、その空白を埋めるべくミルやスマイルズを取り入れることに全力を傾け得たのだ、といえるかもしれない。

42 『教育勅語』

中村正直は明治前期の一大啓蒙思想家であった。しかし私は本書で中村を国際関係の中で、というか intercultural relations の中で把えようとしてきた。国内的な明六社の有力な一員としての中村の業績については他に述べる人もいるかと思うが、日の目を見なかった中村の最後の仕事にふれたい。

中村はその人格と学識によって敬愛された。一世の師表と目されたのである。世間の評価がいかばかり高かったかは明治二十三年(一八九〇)、芳川顕正文部大臣が中村に『教育勅語』の草案執筆を委嘱していることからも察せられよう。中村の草案全文は梅溪昇著『教育勅語成立史』(青史出版)六七頁以下に覆刻されている。そこにはいかにも中村らしい天を強調した徳育の大旨が書かれている。いま抄して引くと、

『教育勅語』

忠孝ノ二者ハ、人倫ノ大本ナリ。殊ニ皇国ニ生ルル者ハ万世一系ノ帝室ニ対シ常ニ忠順ノ心ヲ以テ各々ソノ職分ヲ尽シ、自己ノ良心ニ愧《は》ヂザルコトヲ務ムベキナリ。

父ハ子ノ天ナリ、君ハ臣ノ天ナリ。臣下ニシテ若《も》シ君子ニ対シ不忠不孝ナレバ罪ヲ天ニ得テ逃ルベカラズ、サレバ又忠孝ヲ尽ストキハ自ラ天心ニ合ヒ福祉ヲ得ルノ道ナリ。……

敬天敬神ノ心ハ人々固有ノ性ヨリ生ズ。恰モ耳目ノ官ニ視聴ノ性アルガ如ク……斯《こ》ノ心君父ニ対シテハ忠孝トナリ、社会ニ向ヘバ仁愛トナリ、信義トナル。即チ万善ノ本源ナリ、教育ノ根元ナリ。

……

今日皇国ノ臣民タルモノハ忠君愛国ノ義ヲ拳々服膺《ふくよう》シ、仁義愛信ノ道ヲ念々忘ルベカラズ、智徳幷《ならび》ニ長ジ品行完全ナル人民トナリ、国ノ品位ヲ上進セシメ、外人ヲシテ望テ畏敬セシムルコトヲ期スベシ。独立ノ良民トナリ、団体上ヨリ富強ノ国タルコトヲ期シ、艱難辛苦ヲ忍ビ以テ一身一家及ビ社会ノ福祉ヲ造ルベシ。是レ即チ人々自己ノ任ナリ、決シテ他人ニ委スベカラズ。

国ノ強弱ハ人民ノ品行ニ係《かかは》ルコトナレバ、今日万国対峙《たいじ》ノ世ニ在リテハ、人民各自ニ忠信ヲ主トシ、礼義ヲ重ンジ、勤倹ヲ務メ、剛勇忍耐ノ気象ヲ養ヒ、尊貴ナル品行ヲ植立スルコトヲ要ス。……然ラザレバ是レ国ヲ衰弱ニ陥《おとし》イレ万国ニ対峙スルコト能ハザルノミカ長ク強者ノ餌トナリ、独立ノ良民トナルコト能ハザルベシ。深ク畏《おそ》レ痛ク誡《いまし》メザルベケンヤ。

この中村案に対し井上毅が「文部ノ立案ハ其体ヲ得ズ」。これでは勅語は「ムシロ宗教又ハ哲学上ノ大知識ノ教義ニ類シ、君主ノ口ニ出ヅベキモノニ非ズ。世人亦其ノ真ニ至尊ノ聖旨ニ出デタル事ヲ信ジテ感激スル者少カルベシ」と批判した。そして代わりに井上毅の案が出、元田永孚がそれに手を加え、『教育勅語』は渙発されるのである。しかしそうして出来上がった『教育勅語』ではあるが、「我カ臣民克ク忠ニ克ク孝ニ」と忠孝の徳目を強調している点では中村原案と大筋で異るものではない。井上が斥けたのは中村案の「敬天敬神」の一節で、「今日ノ立憲政体ノ主義ニ従ヘバ、君主ハ臣民ノ心ノ自由ニ

干渉」しないものである、と井上は山縣有朋首相宛の手紙で説明した。これは『教育勅語』の発布によって国家神道が成立したとする一部の見方をむしろ否定するものではないだろうか。そして「君主ノ訓戒ハ汪々トシテ大海ノ水ノ如ク」でなければならない、とも井上は述べている。些事は述べるべきではない、という主張である。もっとも日本における『教育勅語』の扱い方は井上の意図を越えた方向に進んでしまった、というべきかもしれないが。

私が巨視的に見た『教育勅語』評価はこうである。開国当時の明治日本の大方針は『五箇条ノ御誓文』に示された。そこには、

一、旧来ノ陋習ヲ破リ天地ノ公道ニ基クベシ
一、智識ヲ世界ニ求メ大ニ皇基ヲ振起スベシ

などの「外国から良い点は学べ」という、受身的ではあるが、国際主義の主張が盛られていた。それに対し『教育勅語』の思想の特徴は、外国との関係をもっぱら敵対関係において捉えている点である。すなわち「一旦緩急アレバ義勇公ニ奉ジ以テ天壌無窮ノ皇運ヲ扶翼スベシ」という対外戦争の可能性においてのみ言及されていた。しかしこれとても民権主義者の中村正直に代わって国権主義者の井上毅が執筆したから生じた変化とは必ずしもいいがたい。それというのも「今日万国対峙ノ世」とは明治二十三年当時の中村自身の認識ともなっており、「長ク強者ノ餌トナ」ることへの警戒は中村自身の口からも出ていたからである。明治初年の楽観的な対外認識は後退した。弱肉強食というソーシャル・ダーウィニズムの国際環境を中村も把握してきたのである。

思うに、中村案と井上案の最大の相違は文章の力であろう。ここに『教育勅語』の全文を引用しないと、『教育勅語』を知らない世代には比較論は通用しないかもしれないが、「朕惟《ちんおも》フニ我ガ皇祖皇宗国ヲ肇《はじ》ムルコト宏遠ニ徳ヲ樹ツルコト深厚ナリ。我ガ臣民克《よ》ク忠ニ克ク孝ニ億兆心ヲ一ニシテ世々厥《そ》ノ美ヲ済《な》セルハ此レ我ガ国体ノ精華ニシテ教育ノ淵源亦実ニ此ニ存ス」に始まる一文は、内容が歴史的真実にそぐわないレトリックであるにせよ、荘重に堂々と響く。井上のこの筆力に中村は負けたのである。その優劣は中村・井上両草案に目を通した関係者には一読して明らかだったに相違ない。ただしその先に述べられた教えは人間として当然遵守して良い徳目であって、『西国立志編』に盛られた徳目さながらである。「爾臣民、父母ニ孝ニ、兄弟ニ友ニ、夫婦相和シ、朋友相信ジ、恭倹己レヲ持シ、博愛衆ニ及ボシ、学ヲ修メ業ヲ習ヒ、以テ智能ヲ啓発シ、徳器ヲ成就シ、進デ公益ヲ広メ世務ヲ開キ、常ニ国憲ヲ重ジ国法ニ遵ヒ……」

この『教育勅語』は明治二十三年から半世紀の間、日本人の心裏《しんり》にこだました。『教育勅語』の感化は必ずしもその皇室中心主義と国家主義の内容だけによるものではあるまい。学校の四大節の勅語奉読という式典が儀礼として定着したこととその朗々たる文体の力の故ではなかったろうか。明治二十三年六月、中村案を斥けて井上毅が『教育勅語』を書いた時、明治思想史の上で中村は退場した。そして中村はその翌年に死去する。こうして改革開放の時代は終わったのであった。

43 『泰西人ノ上書ニ擬ス』

『泰西人ノ上書ニ擬ス』

西洋と中国との関係で中村正直を論じて来た本書である。中村のキリスト教入信と、入信におとらず大切なキリスト教からの転向の問題と、神道への回帰についてもふれておかねばなるまい。中村の『敬天愛人説』の由来については前に解説した。中村は儒教の「天」とキリスト教の「天」を同一視して強弁した漢名利瑪竇《りまとう》ことマッテオ・リッチや、その漢文著作の言い分をそのまま信じてしまった明末清初の中国のいわゆる奉教士人の漢文著作から、キリスト教の世界に近づいた。そのような立場に立つと、儒者であることとキリスト者であることの間に矛盾は生じないかに感じられたからである。石井民司の『中村正直伝』一四三頁に「或人問ふ、「先生、外教を信ぜらるると聞く、真か」先生曰く「其は学説上に於て至極、尤《もっとも》と思へど、何も感情的の帰依に非ず」」という一節があるが、知的理解からキリスト教に近づいた中村らしいコメントのように思える。

しかしその中村にもキリスト教に対するシンパシーの度合いに変遷があった。英国に渡ってその国運隆々たる様に感銘を受けた。国民にみな活気がある原因は根底にキリスト教があるからだ、と英国人にもいわれ、自分もまたそう考えたのであろう。帰国して明治元年（一八六八）に自分の宗教的というか哲学的立場を『敬天愛人説』にまとめた。その中村は明治四年『西国立志編』を出版するや、旧幕の人

たちのみか明治の新政府の人たちにも認められる存在となった。若き日の明治天皇も侍講から『西国立志編』の講義を受けた。そのスマイルズ講義が終わったころを見はからって明治五年陰暦八月『新聞雑誌』に、天皇にキリスト教改宗をすすめる一文が載った。

外臣某、頓首再拝、謹ンデ皇帝陛下ニ稟《まう》ス。外臣険ヲ遠洋ニ履《ふ》ミ、来リテ貴国ニ寓シ、頗《すこぶ》ル風俗ヲ諳《そらん》ジ、大ニ事情ニ熟ス。伏シテ惟《おもん》ミルニ、貴国民人陋《ろう》ニ安ンジ故《こ》ニ泥《なづ》ムノ習《ならひ》無ク、善ニ遷《うつ》リ過ヲ改ムルノ風有リ。加フルニ陛下寛心衆ヲ御《ぎょ》シ、虚懐物ヲ容ルルヲ以テス。寸善必ズ取ルニ、彼我ヲ論ゼズ、一長必ズ収ムルニ、中外ヲ問フコト莫《な》シ。文芸則チ彬々《ひんぴん》トシテ日ニ盛ニ、智巧則チ駸々《しんしん》トシテ日ニ進ム。

この文章は一読すると、西洋からはるかに海を渡って来たキリスト教宣教師の上書のようにも読める。しかし彼等の入智恵もあってのことかもしれないが、この文章を書いた人は中村正直なのであった。『泰西人ノ上書ニ擬ス』という断りにも似た題がつけられていたが、中村は皇室や政府上層部に向けて大胆にこう提議した。文中の「教法」とは religion の訳語である。当時の日本にはまだ「宗教」の訳語は確立していなかった。

陛下其レ西国ノ富強ナル所以《ゆゑん》ヲ知ルカ。夫《そ》レ富強ノ原ハ国ニ仁人・勇士多キニ由ル。仁人・勇士ノ多ク出ヅル所以ノ者ハ、教法ノ信心・望心・愛心ニ由ルニ非ザル者莫《な》シ。西国ハ教法ヲ以テ精神ト為《な》シ、此ヲ以テ治化ノ源ト為ス。独リ此ノミニ匪《あら》ズ。絶妙ノ技芸、精巧ノ器械ニ至リテハ、創造スル者

アリ、修改スル者アリ、其ノ勤勉・忍耐ノ大勢力、一モ教法ノ信望愛ノ三徳ニ根セザル者莫シ。蓋《けだ》シ今日西国ノ景象《けいしやう》ナル者、教法ノ草業ノ外茂《ぐわいも》スル者ニ過ギズ。而シテ教法ナル者ハ、実ニ西国ノ本根ノ内托《ないたく》スル者為《な》リ。

すなわち「洋才」の本源には「洋魂」があるといい、日本帝国をもし西洋風に文明開化しようと真に願うのであれば、「陛下則チ宜シク先ヅ自ラ洗礼ヲ受ケテ、自ラ教会ノ主トナリテ億兆唱率スベシ」と説いたのである。大胆きわまる提言であった。

中村のキリスト教改宗と転向

開国前後から来日した西洋人の中には日本のキリスト教化に強い関心を示した人が多かった。キリスト教化こそが文明開化であり、それが遅れたアジアの国の西洋化であり近代化であると信じてはばからなかったからであろう。そのような考え方はなにもペリー提督の時代のアメリカ人だけでなく一世紀後のマッカーサー元帥の時代にもわかちもたれた。宣教師たちだけでなく西洋人のかなりの部分に共有されていた。片山哲が首相となった昭和二十二年（一九四七）、マッカーサー総司令官はアジアの三国の首相がキリスト教徒であることを公然と祝した。

そのような日本のキリスト教化という問題意識が先走って研究する内外人の中には、中村正直にその点から注目する人もいた。中村が日本を上からキリスト教化することを意図した点に目が向くのである。北米で日本近代史研究をリードしたマリウス・ジャンセンもその一人であった。ジャンセン教授は宣教

師的偏見の非を言い立てるラフカディオ・ハーンの見方がおよそ好きではない。私との最後の会話は、信仰心厚い家庭に育った彼が「中村正直もキリスト教徒になったぞ」とやや誇らしげにいい、私が「いや、宣教師たちは自分たちの日本での教え子が優秀であればあるほどキリスト教に留まる期間が短いことを発見して衝撃を受けた、とハーンは書いている」という応酬に終わった。ジャンセン教授が文化功労者に選ばれた祝賀の宴の折のことであった。私はそれより二十年前、Marius Jansen ed., *Cambridge History of Japan* の「十九世紀」の巻に寄稿を求められて Japan's turn to the West という章を書き、そこでスマイルズの『セルフ・ヘルプ』に言及した。アメリカの学者たちの多くが日本が西洋化すればするほど進歩だと単純に考える傾きがあるのに対して、私はハーンの作品『ある保守主義者』を引いて、日本知識人の日本への回帰にはそれなりの心理的必然性もあることを主張したのである。しかしジャンセンのハーン嫌いは隠微なもので、「ミュンヘンに行った学生からこんな手紙が来たよ」と何喰わぬ顔をして私に一通を渡した。その中にはチェンバレンを褒めあげ、ハーンを soft-headed と貶めていた。そのように諷されるに及んで、私たち二人の仲も微妙なものとなった。いかにも個人的な事柄にふれたが、実は個人の信仰が歴史解釈にもこのように避けがたく影を落としているのでその一例証として述べたのである。たとえば次のような問題点について読者はどのようにお考えであろうか。

日本の近代思想史の重要な問題点の一つが、知識人のキリスト教への改宗であることは事実である。だがそれよりさらに重要な問題点は、一旦キリスト教へ改宗した明治人の多くがまた日本的伝統に回帰したという事実ではないだろうか。多くの研究者は、前者を強調する割には、後者を見て見ぬ振りをしてきた。たとえばミッション系の明治学院関係者は母校の輝ける卒業生として島崎藤村をあげ、彼が受

けたキリスト教教育の感化を強調する。しかし藤村がキリスト教から離れた人であることを忘れてはならない。晩年『夜明け前』で扱ったテーマは、黒船の脅威にさらされた時、平田篤胤の弟子筋の神道家たちが幕末維新の動乱の中で王政復古の大号令のもとにいかに一旦は勢づき、それが文明開化の政策のもとで頑迷固陋とされ、いかに苦悩したかであった。藤村はキリスト教から離脱した人として、十九世紀の日本を長いパースペクティヴで見直しているのである。キリスト教の熱心家からも国学者のファナティックからも距離を置いた藤村は、幕府から派遣されて西洋へ赴いた栗本鋤雲などの生き方に日本の将来への希望を見出していた。ちなみに栗本は、中村がロンドンへ行った時、パリへ行った侍で、その見聞『暁窓追録』を残した。中村たちのイギリス留学について残念なのは、十四人の誰一人その種の見聞を書き残さなかったことであろう。

一旦はキリスト教に入信しながらそれを捨てた作家や知識人は多い。とくに明治期に多い。熊本バンドや同志社の出身者で注目すべき存在は、当初は宣教師ジェーンズの感化を浴びながら晩年は「大東亜戦争」のイデオローグと化した徳富蘇峰だろう。熊本バンドの人たちについてはキリスト教への改宗は熱っぽく語られるが、棄教については口はとざされがちである。そんな扱いが生じたのは、日本では転向が後ろめたいこととされてきたからかもしれない。入信や入党は勇気ある決断として讃えられる。しかしその逆は卑怯なことのようにいわれる。だが転向は必ずしも恥しいことではない。考えてみるがい い。コミュニズムについていうなら、今やそれへの改宗よりそれからの転向の方が正しい道だと人は思うだろう。だとするとクリスチャニズムについても、改宗だけでなく、それからの転向もまた日本思想史上の問題として、遠慮せずに、もっとありのままに直視すべきではなかろうか。転向もまたある心の

真実を語っているからである。

『天主実義』の改竄

中村のキリスト教へのシンパシーにも上がり下がりがあったことは前に述べた。『敬天愛人説』についてもすでにその由来を説明したが、中村はマッテオ・リッチの唱えた儒教とキリスト教の折衷説――原始儒教の「上帝」や「天」はキリスト教の「天主」と同義だとする説――を『天道溯源《てんどうそげん》』などの漢文著述で知り、それならば自分は儒者のままキリスト者にもなり得る、と了解したのである。そして徐光啓の「事天愛人説」にならい自分は「敬天愛人説」を唱えたのである。それがまず書籍的理解の側面だった。次いで人間的理解としては、第一に英国で受けた「教法ナル者ハ、実ニ西国ノ本根ノ内托《ないたく》スル者為リ」――キリスト教なるものは、実に西洋社会の根本がそこに根ざしているものなのだ――という印象が強烈だったことである。そして第二に日本で接した西洋人宣教師を好ましく感じたことである。上京して明治六年二月には同人社を開いたが、中村はいちはやく西洋人教師をその塾に招いた。慶応義塾と並んで同人社が向学心に富める若者をひきつけたのは外人講師がいたからである。西洋人宣教師は日曜講話を行なった。横浜在留のカナダ・メソジスト教会のG・カックランはやがて同人社内の洋館に住み、熱心に英語聖書の授業をした。中村も多く傍聴し、時に通訳の労もとった。そして明治七年十二月二十五日、キリスト聖誕節の朝、カックランから洗礼を受けた。これが東京におけるメソジスト信者の第一号で、それを記した名簿は今も残っている由である。

ところがキリスト教理解について宣教師の側と中村本人との間にギャップがあった。中村は『泰西人

ノ上書ニ擬ス』を発表したために世間の反感を買ったが、本人の主観では儒教を捨てたつもりはさらさらなかった。後年の発言だからあるいは自己弁明的な要素もあるかもしれないが、『加藤翁年譜序』で次のように述懐している。

余嘗ツテ泰西人ノ上書ニ擬《ぎ》スル文ヲ作ル。世ノ儒者、或ハ余ヲ以テ異端ヲ助クル者ト為シ、譁《かまびす》シク之《これ》ヲ攻ム。然レドモ其ノ実ハ孔子ヲ敬仰スル、始終変ラズ。且ツ深ク孔子ノ道、上等社会ニ行ハレ、治平ノ大本ト為ランコトヲ願フ。

キリスト教のGodは儒教の「天」あるいは「上帝」である。――利瑪竇ことリッチは東洋人をキリスト教に改宗するための方便として、そう唱えた。明末の中国士人の中には利瑪竇の『天主実義』を信じて「天主トハスナハチ儒書ニ称スル所ノ上帝ナリ」と述べる者も次々と出た。それらを読んでキリスト教を理解した中村であった。中村が『敬天愛人説』を補足する『請質所聞』でも「天トイヒ、神トイヒ（真一ノ神ヲイフ。鬼神ノ神ト混ズ可ラズ）、造化ノ主宰トイフモ、名ハ異ニシテ義ハ一ナリ」と書いたことはすでに述べた。

だがリッチのそのような儒教の「天」や「上帝」とキリスト教の「天主」を同一視する解釈は、中村は当初は知らなかったようだが、ローマ法王庁ですでに否定されていた。中村は一体いつそのことに気づいたのだろうか。あるいは気づかなかったのだろうか。中村の英語会話力は在留西洋人が笑う程度のものであったというから、つっこんだ議論はできなかったのかもしれない。また中村が交際したプロテスタント系の宣教師は、リッチなどイエズス会士のそんな企みのことには通じていなかったのかもしれ

ない。しかし明治十八年（一八八五）に東京の開世堂から覆刻された利瑪竇『天主実義』には、以前は「天主ト八何ゾ、上帝ナリ」とあった句が「天主ト八何ゾ、天地人物ノ上主ナリ」と原作者への断わりなしに勝手に改められていた。キリスト教の天主と儒教の上帝を同一視するリッチの見方はとうの昔の一七四二年の教皇教書によって否認されていたからである。『天主実義』にそんな改竄《かいざん》がなされたことをもし中村が知ったならば、中村はかつての日の自分はキリスト教宣教師たちに騙されたと思ったことでもあろう。儒者であることとキリスト者であることとは並び立つ、と中村が信じ、それで受洗した。ところがその前提そのものが否定されていたのである。それが原因か否かはわからないが、いずれにせよ晩年の中村のキリスト教へのシンパシーはもはやかつての日のようなものではなくなった。

バーケンヘッド号の遭難の記事を訳した時のような、イギリス人の船乗魂への尊敬も衰えた。中村は英国を過度に理想化するという現実把握のひ弱さによって、晩年、手痛いしっぺ返しを喰らったのである。明治十九年、英国船ノルマントン号が紀州沖で沈没した。英国人乗組員二十七名はボートで脱出したが、日本人乗客二十三人は全員溺死した。「死人に口なし」とはいえ人種差別は明らかだろう。だが船長ドレークは神戸のイギリス領事裁判で無罪を宣告され、一旦は釈放された。日本国民は激昂した。かつて『西国立志編』中のバーケンヘッド号事件で英国人の英雄俠烈の気象に感激しただけに、治外法権の不正に一層の怒りを覚えたのである。中村は漢詩に「咄咄タル怪事諾曼頓《ノルマントン》、死者コレ日本人ノミ」と書いている。

無所争斎

無所争斎《むしよそうさい》というのが中村が自分の書斎につけた名前であった。「争フ所無シ」という平和主義の中村であった。そういう人は、ある時には評判が良く、ある時には悪い。

中村と並び称された福沢は論争を仕掛ける人として、日本人が漢籍を読むことをやめ、英書を読むべきことを強調した。その際、福沢は旧弊な学者を平然と揶揄した。「学問とは、唯むづかしき字を知り、解し難き古文を読み、詩を作るなど世に実のなき文学をいふにあらず。これ等の文学も自から人の心を悦ばしめ随分調法なるものなれども、古来世間の儒者和学者などの申すやうさまであがめ貴《たふと》むべきものにあらず」。そして『学問のすゝめ』の中でこともあろうに旧派の学者を「其功能は飯を喰ふ字引に異ならず、国のためには無用の長物、経済を妨《さまたぐ》る食客と云ふて可なり」と言い切った。まことに失礼な言い分だが、読んでいるうちに思わず笑いがこみあげてくる。

ところが中村は謹直である。明治二十年『東京学士会院雑誌』に『漢学不可廃論』を発表し、「漢学ノ基アル者ハ洋学ニ進ミ非常ノ効力ヲ顕ハス事」などの正論を述べている。それは中村にとっては実感のある体験だった。彼は自己の語学学習についてこう述べたと石井研堂は書いている。

読書力を養成せんと欲せば、初より多読を貪《むさぼ》るべからず。先づ、一二の書を精読し、一字の意義通ぜざる無きに至らしむべし。斯くすれば、他の書の意義は、刃を迎へて解くが如し。余英国に在りて学ぶ所は「ニウセリーズ」の小英国史を精読せるに過ぎず。余の英書を読むの力を得たるは、此の一小冊子に在り。

東洋の古典も西洋の学問も一身で二つながら学ぶにこしたことはない。実は漢学者の悪態《あくたい》をついた福沢自身が漢籍に通じた人だった、という事実を忘れるべきではないだろう。私見では有限の時間をいかに分配して学習するか、いかにして一石二鳥の学習効果をあげるかが問題なのだが、複眼の比較研究者の養成については稿を改めて述べることにしたい。

福沢はまた朝鮮の近代化を援助しようとして熱意を傾けた。だが明治維新を範として祖国を改革しようとする朝鮮の愛国者は守旧派に圧迫される。そうした近隣諸国の現状に絶望し、明治十八年「脱亜論」を発表した。日本が西洋文明を導入しアジアの旧套《きゅうとう》を脱却し、西洋列強に認められる以外に生存の道はないとする展望である。ところが中村は日本における欧化主義が中国蔑視をもたらすことを憂慮する。『明六雑誌』第三十五号に『支那不可侮論』を書いた。中国を侮ってはならぬことは確かにその通りである。しかしアジアの旧套を脱却しなければならぬことに変わりはない。福沢の論は、後世の左翼史学者がいいつのるほど不当な展望を述べたわけではない。福沢の論争好きは、むしろ健康な精神のあらわれのように思える。しかし言葉狩りに類した詮索をすれば、いくらでも難癖をつけることはできるのである。

中村は「敬天愛人」を生涯唱えた。彼には宗教的な気質があった。そんな中村に難癖をつけることは難しい。それに対して福沢の宗教観はおよそ露骨で面白いが、不敬だと怒る人は怒るだろう。マルクスは「宗教は阿片」と呼んだが、福沢は「宗教は茶の如し」と評した。私は福沢のそうしたユーモアが嫌いでないどころか、好きである。次のような文章を読むと明治の日本には、同時代の米国にもないような、おおらかな言論の自由があった、という気がしてならない。

社会の安寧《あんねい》維持の為めに宗教の必要は今更ら云ふまでもなき所にして、実際に其目的を達せんには孰れの宗旨にても差支はある可らず。本来我輩は宗教心に乏しくして曾て自から信じたることなし。自から信ぜずして人をして信ぜしめんとするは不都合なりとの非難もあらんなれども、何分にも心になき信仰を装ふは我輩の為す能はざる所にして、自から本心を表白しながら社会安寧の為めに其必要を唱ふるのみ。抑《そもそ》も今の宗教には仏教あり、耶蘇教あり、又その宗教の中にも種々の宗派あれども、経世上の眼を以て見るときは其相違は普通の茶と紅茶との違ひぐらゐにして、孰れを飲むも差したる相違に非ず。只生来曾て茶を飲まざるものに其味を解せしむること肝要にして、宗教家たるものは恰《あたか》も茶の商売に従事するものなれば、何は扨《さて》置き自家の商品の売弘めに忙はしき時節なれ。扨その売弘方に付き、或は同業相対して頻《しき》りに他の商品を種々に悪口して、以て自家の物を売付けんとするものなきに非ざれども、斯くの如きは本来、策の得たるものに非ず。他の如何に拘はらず、自から品質を善くし価を安くすることそ一般の信用を博して得意を増すの最上手段なるに、今の宗教の売弘方は果して如何。

実に闊達な文章である。しかし福沢はそうした周囲をはばからぬ活発な書き方のために誤解された。今日でも誤解されている。だが並び称された二人の中で、福沢は残った。『愛敬歌』の中村は忘れ去られた。それもまた合点される成行きなのではあるまいか。

44　崔南善と『独立宣言書』

金大中大統領と「敬天愛人」

中村正直と東アジアの関係については韓国とのつながりにも一言ふれておきたい。

日本で官立の学校が整備される以前は福沢の慶応義塾と中村の同人社の二つがもっとも人気のある私塾であった。明治十四年（一八八一）朝鮮から最初の留学生が来日した。二人が慶応に、一人が同人社に入学した。清国から来た最初の留学生は同人社にはいった。慶応に入学した韓国留学生の一人、兪吉濬《ゆきっしゅん》は後に文明開化論者となり『西遊見聞』の著者として知られる。同人社に入学した尹至昊《いんしこう》は後に政治家、教育家として知られる。福沢も中村も朝鮮の運命に親身な関心を寄せた知識人であった。福沢も中村も優秀な留学生を通して朝鮮の事情を知っていたからであろう。

中村の考えが、彼の漢文著述などを介して、来日した黄遵憲、康有為、梁啓超など中国近代化革命の推進者に伝わった経緯は前にふれた。黄遵憲の場合、『日本雑事詩』（一八七九）でお茶の水の女子師範学校や付属幼稚園が歌われただけでなく、後に仕上げた、中国で編まれた日本についての最初のエンサイクロペディアともいうべき『日本国志』（一八九〇）巻三十二「学術志一　漢学西学」にも「敬天愛人」の語は見える。キリスト教を説く者が日本にも増えてきて「天主ヲ敬シ事《つか》フルハ即チ儒教ニ謂フトコロノ敬天愛人」と言っている、と中村説がそのまま紹介されている。もっとも黄遵憲はキリスト教を

評価しているわけではない。また日本では西洋の学問が日の昇る勢いであることも紹介している。記念碑的な『日本国志』は光緒十六年、日本暦の明治二十三年に刊行されて以来、版を重ねた。諸国の国志を編纂するというのは中国の伝統に即したまでかもしれないが、日本の近代化を具体的に記述したこの書物が日本の近隣諸国に与えたインパクトは非常なものであった。中国・朝鮮・ベトナムの愛国者は日本の明治維新をモデルに自国の改造に乗り出したからである。「明治維新は中国革命の第一歩」という孫文が神戸で述べた言葉はそうした時代の熱気を伝えるものである。

だが日本発の思想の余波は、その一世紀後、思いもかけぬ時に思いもかけぬ人によって示された。一九九七年、後の首相小渕恵三氏が外相としてソウルを訪問した際、新しく韓国大統領に選ばれた金大中氏が座右の銘として「敬天愛人」の語を小渕外相に示したからである。一瞬、日本人は政府関係者も同行記者もぎょっとした。それというのは、日本では「敬天愛人」は西郷隆盛が愛した言葉として記憶されているからである。前にもふれたが、一九五五年に出た大修館の諸橋『大漢和辞典』にも「敬天愛人天をうやまひ、人を愛する。西郷南洲の語」とあり、出典として『南洲遺訓』の「道は天地自然のものなれば、講学の道は敬天愛人を目的とし、身を修するに克己を以て終始す可し」と出ている。しかし西郷は韓国ではもっぱら征韓論の主張者として知られてきた。その点ばかりが強調されてきた。そうである以上、そのような人の語が韓国で尊ばれるはずはない。日本側はそのような言葉が示されたことに驚いて金大統領の真意を測りかねたのである。

しかし西郷によって有名になったこの言葉は、静岡で中村の教えを受けた薩摩藩士最上五郎から西郷が伝え聞いたものだった。その後に出た小学館『日本国語大辞典』では初出として明治元年の中村正直

をあげている。察するに日本で学んだ朝鮮留学生が中村の「敬天愛人」を朝鮮半島へ伝え、その四文字がいかなる経緯をたどったかはわからないが、いつかキリスト教徒の金大中氏の目にふれ、心に留まったのであろう。その際の「敬天愛人」は東洋的な天意を畏れるという西郷的な含意でなく、西洋的なゴッドとしての天を敬するという中村的な意味での敬天であったろう。Heaven＝Godとしての「天」である。「天ハ自ラ助クルモノヲ助ク」の英語原句の「天」といってもよい。もっとも私がそのような話を一韓国知識人に披露したら、「金大中がそんなことまで知っているものですか。政治家は知ったかぶりで偉そうな文字を書くだけです」と笑われた。

崔南善と『独立宣言書』

ところで東アジアの近隣諸国が近代化する上で、日本に学んだ人々の功績は多大だった。ただしその一部の人々は今日「親日派」として非難されている。とくに韓国では声高に非難されている。だが彼らが大なり小なり親日というか日本に学ぼうとしたのは、祖国の近代化を強く望み、範を明治維新以来の日本の躍進に求めたという面があったことを忘れてはならない。

そうした中で、中村正直の『西国立志編』の影響は実は朝鮮において顕著だったのである。朝鮮で守旧派の抵抗を排して改革に努力した一人に崔南善《さいなんぜん》（チェ・ナムソン、一八九〇―一九五七）がいた。彼は漢城（後の京城、ソウル）で観象監であり漢方薬局を営んでいた「中人」の家に生まれた。両班《ヤンバン》階級の下に位置する技術や事務担当の階級で、その辺は貴族階級の下に位置するミドル・クラス出身のスマイルズと境遇がはなはだ似ていた。近代化の担い手がそのような中産階級から多く出たのは、両班が特権

階級として自分たちの旧来の権益にこだわるのに反し、中人やミドル・クラスは、開化によって失うべきものが少なかったからであろう。崔南善は四歳でハングルを会得、次いで私塾で漢文を学び、十二歳で渡瀬尚吉が開いた京城学堂に入学、日本語を学んだ。日露戦争が始まった一九〇四年の十月、朝鮮皇室派遣留学生の班長として来日、東京府立第一中学校に入学するが、学寮内での両班子弟の振舞に耐えられず、三ヶ月で一旦帰国する。だがまたすぐ来日する。東京で本屋に一たび足を踏み入れるや膨大な書物の数である。定期刊行物・臨時刊行物の区別もつかない。内容や装丁にたいする批評眼もまだない崔少年だったが、祖国の出版事情との対比において思わず溜息をついた。それと同じような溜息をついた人にはその直後仙台から上京した魯迅もいた。それというのも日露戦争に勝利した新興国日本の都では芸文の花が咲き乱れていたからである。崔南善は一九〇六年、すなわち明治三十九年四月、早稲田大学高等師範部に入学するが、韓国皇帝を日本華族に列するという日本人学生の模擬国会事件に抗議して退学してしまう。しかし『大韓留学生会報』を編集し『太極学報』に「奮起せよ青年諸子」などの文章を書いた。そして帰国して文章救国活動に身を投じる決意を固めるや、日本の代表的な印刷所秀英舎に頼んで活版印刷機、鋳造機、字母機などの印刷器具をソウルの父親の家に送らせた。なにかフランクリンがロンドンで一年半修行して後、印刷器具一式をイギリスからフィラデルフィアへ送らせたことを思い起こさせるではないか。それればかりではない。崔南善は秀英舎の印刷技術者をも連れて帰国し、自宅に出版社と印刷所を設けて新文館と名づけた。これが朝鮮近代の新文化創造の牙城となるのである。これもなにか福沢諭吉が自宅に出版社と印刷所を設けさせたことを思い起こさせるではないか。

ところで秀英舎と聞けば、『西国立志編』を思い出す人もいるだろう。当初は木版で出版されたスマ

イルズの訳本は版に版を重ね、海賊版も出た。中村正直は明治十年二月、『改正西国立志編』と題して版権を得、没落していた旧幕臣の佐久間貞一にその印刷を託した。それが秀英舎の起源である。当初は佐久間自身が文選も植字もしたというが、後年『西国立志編』の売行きに助けられて日本一の印刷所となった。その間の事情を述べる『中村正直伝』中の石井民司の評がいい。「『立志編』は、之《これ》を訳述したる先生、意《おも》はざる大利を得、之を印刷せし者、之を売買せし者亦利を得たり。而して、之を読みし者は、更に多大の利を得たり。」

崔南善は文章救国運動を起こし、一九〇八年十一月、朝鮮最初の本格的な月刊雑誌『少年』を創刊する。きっかけは東京で目撃した出版の驚くべき活況にあった。だがそれにしてもなんという早熟な英才であろう。十八歳で独力で編集し、自分も執筆する。そして翌九年十月号には『ブリテン国徳学大家スマイルズ先生の勇気論』を掲載するが、朝鮮語訳の底本は松本修新訳のスマイルズ『品性論』である。そこでは道徳的勇気が次のように讃えられていた。ここでは中村訳『品行論』第五編二章から当該部分の一部を引用する。

男女ニ限ラズ、極高ノ人物ト定メラルルモノハ、徳善ノ勇ナリ。詳カニ之ヲ言ヘバ、真理ヲ求メ之ヲ知ルノ勇、正ナルベキノ勇、忠直ナルベキノ勇、職分ヲ尽スノ勇、誘惑ニ抵抗スルノ勇ナリ。男女苟《いやしく》モコノ徳ヲ有セザレバ其他何物ヲ有スルトモ之ヲ保存スルコト能ハザルベシ。

『少年』は当時としては珍しく二千部から二千五百部出たが、日韓併合の翌一九一一年に廃刊された。崔南善はまた新文館からスマイルズの『セルフ・ヘルプ』の第六編までの朝鮮語重訳を一九一八年にな

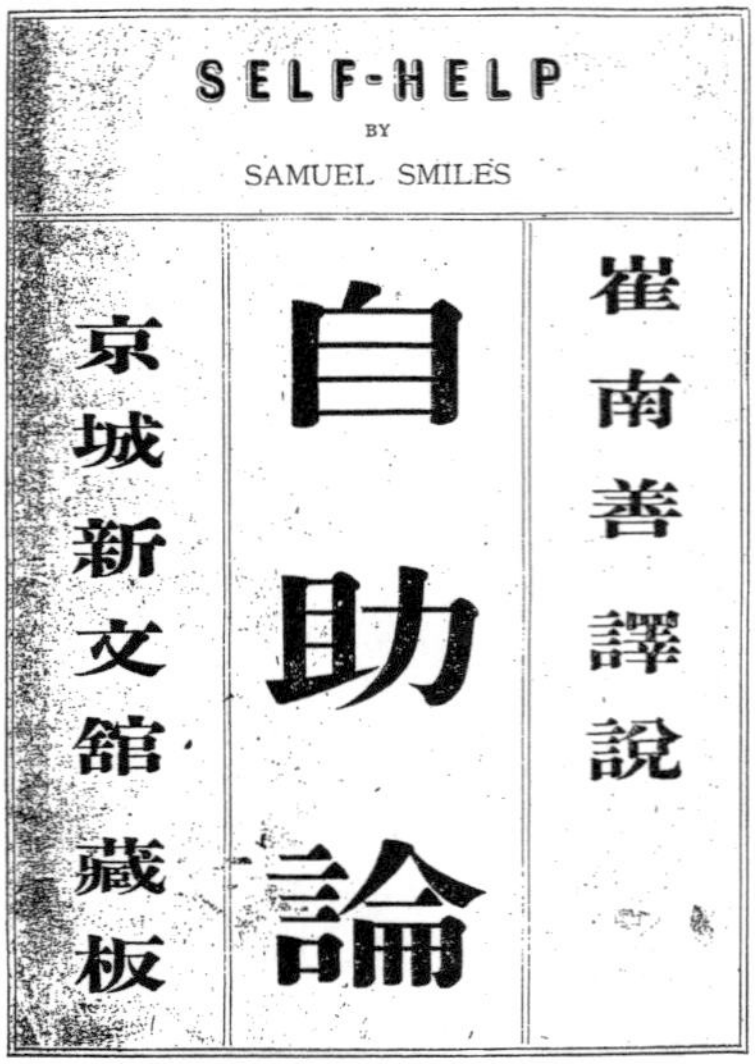

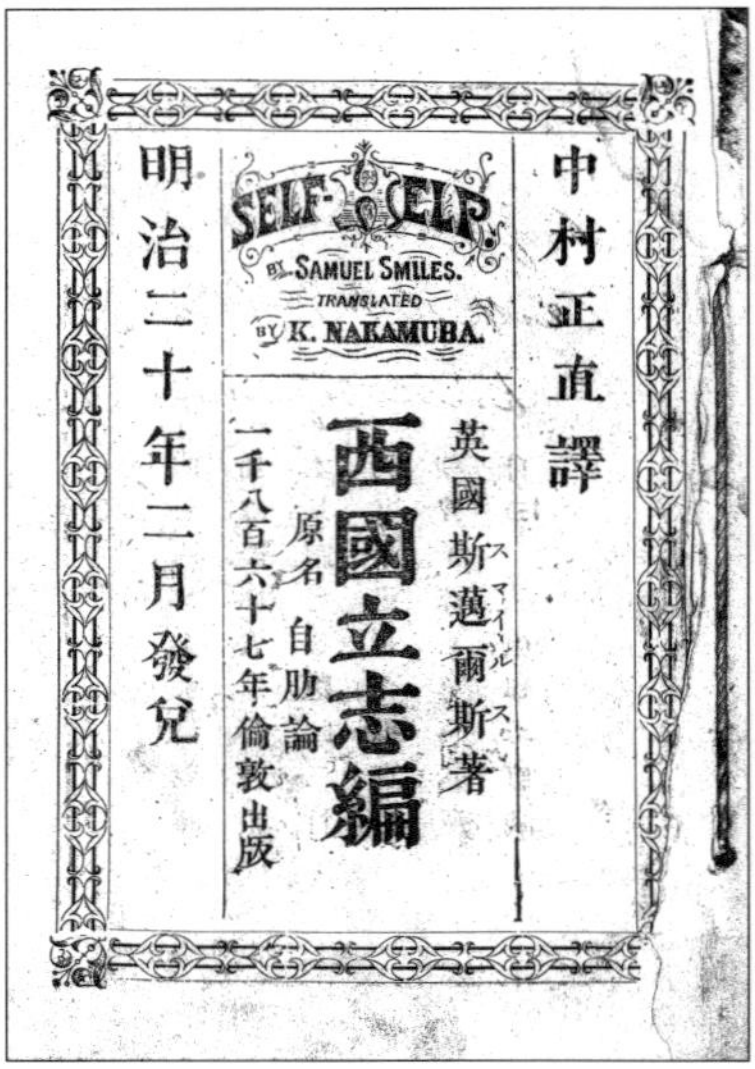

崔南善訳説『自助論』表紙と筆者所蔵『西国立志編』表紙

って刊行する。「SELF-HELP BY SAMUEL SMILES」と上に横書きして、下に「崔南善訳説　自助論　京城新文館蔵板」と出ている(挿絵参照)。底本は畔《あぜ》上《かみ》賢造の新訳『自助論』である。崔南善は当時発行していた雑誌『青春』に五頁に及ぶ大型広告を出した。その中に「新文館出版時報」「自助論序及訳叙」「自助論序」「訳自助論叙言数則」などと並んで「中村氏自助論序」も出ている。平易な畔上訳に依拠しつつも、中村訳、とくに中村が漢文で書いた序に注意を払ったのであろう。崔南善は十二年前から翻訳に着手したというから、早稲田入学の年からである。崔の「自助論序」の中には「嗚呼、自主自立ノ要、吾人ヨリ急ナルモノ何処ニヤアル」などの言葉も見える。韓国が日本に併合されたのは一九一〇年だから「自主自立ノ要」の語はここでは特別の意味を持っている。繰返し唱えられ

るのは個人の自助とともに民族の自助である。思い出していただきたい。スマイルズが唱えたのは self-help : national and individual なのである。

年が明けた。第一次世界大戦は終結し、アメリカのウィルソン大統領は民族自決を提唱した。個人として自立の精神を有する者は国民としても自立を望む。こうして自助の精神の論理的帰結として、崔南善は一九一九年、『三・一独立宣言書』を執筆するにいたるのである。

我等ハ茲《ここ》ニ我朝鮮国ノ独立タルコト及朝鮮民ノ自由タルコトヲ宣言ス……(1)

(1) 崔南善と『自助論』については高麗大学の崔官博士から多くの教示を得た。記して謝意を表する。

45　近代日本語の成立

近代日本語の成立

ここで中村が西洋思想を採り入れた際に、いかなる辞書というか、いかなる辞書以前の工具をも用いて、新しい世界を創り出したか、その現場もチェックしておきたい。

明治初年、日本語の語彙《ごい》は著しく変化した。文章の書き方も変化した。多くの人が江戸時代と明治時代の間に断絶に近いなにかを感じるのはその言語表現の変化の故であろう。その変化は日本国内における文化の内在的な発展によるだけではなかった。それよりも、外の西洋からの概念の導入によって起こった。新概念の導入は日本語の内容を豊かにしたが、それによって混乱も生じた。たとえばプロテスタント側は宣教の便をはかって、カトリック側が用いた「天主」を排しGodを意図的に「神」と訳した。すると「神」も神道の神だかキリスト教のデウスだかわからなくなってしまった。しかし明らかに進歩した面もあった。日本人が西洋語を学ぶに従って、日本語の文体そのものが、鷗外や漱石の散文が示すように、見事に変化した。そのような漢学に引き続く西洋学の学習がもたらした感化のほども偉大である。ただし言い添えておかねばならぬ欠点は、翻訳調日本語へ堕落した場合もままあることだ。

中村正直はその翻訳によって日本語の観念世界を飛躍的に拡大させた人である。一例をあげるならば「自由」という語に近代的な意味を響かせた最初の東洋人は中村であった。崔南善ももちろんその新し

い意味で「朝鮮民ノ自由」を宣言したのである。そのような過程はアルジェリアの人がフランスから liberté, égalité, fraternité の言葉を学んで自国の独立を宣言したのと相似た道程であった。圧迫された側は圧迫する側の文化をも学ぶことによって独立するのである。

また元来は「よくわからない物事を明らかにすること」の意味であった「発明」という漢語に西洋語の invention の意味が盛り込まれて普及したのも中村が『西国立志編』という訳書を出したからであった。「発明」はその新しい意味で中国へ里帰りもしている。

それでは中村はそうした訳語のすべてを自分の頭で案出したのか、といえば、そうではない。前にも述べたが中村は一八六二年開成所印行の堀達之助編の『英和対訳袖珍辞書』、勝海舟から借りて筆写した英漢辞書、またさらに Lobscheid, *English and Chinese Dictionary* を利用したのみか、明治十二年(一八七九)それを日本で翻刻し『英華和訳字典』として出す際には校正者として名をつらねた。中村の跋によると校を始めたのは明治五年十二月だという。このことは中村がロプシャイトに多くを負うたことを示唆している。[1] ちなみにこの場合の「校正」とは中村らによる日本語訳語の補足、『英華字典』の訳語のうち日本で用いられない中国語訳語の削除などの作業も含んでいる。

しかしたとい語彙を増やしても、ただそれだけで新しい精神が外国から伝わるというわけのものでもない。それというのはロプシャイトのようなすぐれた英漢字典が出たとしても、千八百七十年代の清朝中国には近代化や民主化を促進するような有益な訳書はなにも出なかったからである。その点、辞書の編纂者が中国人でなく西洋人(この場合はドイツ系イギリス人宣教師ロプシャイト)であったということは象徴的である。中国側には西洋文化摂取運動の内発的なイニシアティヴがまだとぼしかった。二十世

紀以前には西洋側の発意でなく、非西洋側の自らの発意で西洋文明と自分たちを結びつける辞書を作ろうとした国はロシアと日本のみだった。そのような文化史の大きな流れを鳥瞰するならば、中村などが英漢字典を用いたからといって、日本の西洋探索の過程で日本が中国に多くを負うたとする解釈（松沢弘陽『近代日本の形成と西洋経験』）は取るべきではないだろう。一体、外国語学習の初期段階には第一外国語習得者は外国の辞書を借りて第二外国語を習得するということはままあることなのである。

ただ私たちが広義の意味で漢文明に多くを負うていることを忘れてはならない。中村の英文和訳が秀でているのは漢学者として言葉のセンスが研ぎすまされていたからである。中村が『英華和訳字典』を校正出版する際に、ロプシャイト『英華字典』の中から日本で使われている漢語のみを選んだことが指摘されているが、中村においては「中国語と日本的漢語との差違意識が極めてはっきりしていた[2]」。

中村はまたロプシャイトなどが『英華字典』で挙げた複数の訳語例を日本訳に取り入れることで多角的な説明を試みた。その間の事情を説明した論文に木村秀次「『西国立志編』の漢語――「英華字典」とのかかわり」（『新しい漢字漢文教育』第三十六号、平成十五年六月十日）がある。木村教授は明治初年まだ定訳のなかった英語の conscience を中村が『西国立志編』中で「良心」と十四回にわたって訳したのは『英華字典』に依拠したからだと説明している。というのは一八七一年以前の日本の英和・仏和などの対訳辞書では、conscience は「腹、心、意、本心、心意、知覚、道理」などと訳されており「良心」の語は見られなかった。conscience には、conscientious「良心的な」と conscious「知覚のある」の二つの形容詞があることからも知られるように、「良心」と「知覚」の二義がある。その前者の訳語としてモリソンの『英漢字典』（一八二二）は「自訴内、自訴之良心、心内良知」の語をあて、a good

conscience には「良心、好心」の語をあてた。ウィリアムズの『英華韻府歴階』(一八四四) は「良心」の語を、メドハースト『英漢字典』(一八四七―四八) は「良心、本心」の語を、そしてロプシャイト『英華字典』(一八六六―六九) は「良心、天良、是非之心、褒貶之心」の語をあてた。『西国立志編』にはロプシャイトにしかない「天良」に基づく「天良ノ心」と「天良」「是非之心」を重ね合わせた「天良是非ノ心」とが四回にわたって用いられている。たとえば第八編八「志意ハ自己ニテ主張スベキ事」の章には次のような主張が高らかに述べられている。スマイルズはミルの意見を繰返したのである。

蓋《けだ》シ人ノ志ヲ立テ行ヲ制スルハ、ソノ自己ノ天良是非ノ心ニ従フベキコトナレバ、他人ニ強逼羈《きやうひつき》束《そく》セラルベキノ理ナシ。試ミニ思ヘ、一身ノ言行、一家ノ規制、交際ノ次序、一国ノ政法、コレ皆何《なに》ニ由リテ完善ナルヲ得ルヤ。人々自己ニ主ト作《な》リテ善悪ヲ択ブニ由レルナリ。……サレバ、或ハ外物ニ誘惑セラルルトモ、天良ノ心、暗ニ我ニ告ゲテ、自《おのづか》ラ抵抗禁止セザレバ安カラザルヲ覚エシムルナリ。

そしてミルの『自由之理』の翻訳に際しては、中村は「序論」で liberty of conscience という根本理念をこう説明しながら訳した。

カク人ノ本心ヨリ出テ、区々《まちまち》ニ是非スルコトハ、コレ正《まさ》ニ人生自由ノ理ノアルトコロノ適当セル境地ナリ。蓋シ自《みづか》ラ知ル是非ノ本心ニ従フベキ方寸ノ領地アルコトナレバ、コノ領地ヲ、自由ニ保チ、他人ニ強《しひ》ラレ、又奪ハルルコトナキヲ、名ヅケテ是非ノ心ノ自由［天良ノ心ノ自由］トイフ。抑《そもそ》モコ

ノ良心ノ自由トイフコトハ、心情ノ自由、思想ノ自由ナルコトニテ、凡ソ一切世間ノ事ニ於テ、意見議論、吾ガ心全ク自己ニ主トナリテ、十分ノ自由ヲ得ルコトナリ。

ミルの英語原文はこうである。

This, then, is the appropriate region of human liberty. It comprises, first, the inward domain of consciousness ; demanding liberty of conscience in the most comprehensive sense ; liberty of thought and feeling ; absolute freedom of opinion and sentiment on all subjects,...

意訳を含みつつも、堂々たる訳文ではないか。かつて東アジアで説かれることの少なかった「良心の自由」の説が明確に述べられている。中村はロプシャイトが用いた複数の訳語を繰り返し用いることで liberty of conscience の含意を日本人読者に親切に多角的に教えてくれた。漢学知識と漢文訓読の伝統があって、その基礎の上に英漢字典を上手に用いたからこそ、中村に限らず漢学の素養のある人の手で明治時代には優れた西洋文化の翻訳は可能となったのである。孟子の「良知良能」にも由来した「良心」の訳語は、今日では「本然之善心」という儒教的な含意でなく、西洋キリスト教的な含意で日本で用いられている。中村は旧来の漢語に新しい生命を吹き込むことに成功した人といえるだろう。真理は万人によって求められることを自ら欲するとはいうが、中村正直のような人の業績を具体的に検証し、かつ世に顕彰しなければ、明治の近代化の意味は後世に伝わらずに終わるのではあるまいか。

（1）森岡健二著『近代語の成立――語彙編』（明治書院）には翻訳書に与えた英漢字典の影響が中村正直訳『自由之理』の場合に即して検証されている。すなわちロプシャイト辞書の漢語と中村訳の漢語が一致する場合、中村がロプシャイトの訳語を修正している場合、さらにはロプシャイトの訳語とは異なる中村独自の訳語を用いた場合が例示されている。
（2）同前書、九九頁。

46 Help others help themselves

豊田の大陸進出とは何だったのか

最後に「自ラ助クルコト」と「人ヲ助クルコト」との関係を個人レベルとともに国家レベルにおいても考えたい。「自助」は「利己」ではないからである。

上述したように、セルフ・ヘルプの精神で戦前の日本の産業は伸びてきた。その発展史の中で世間が知らない面、いや知っていても見て見ぬふりをしてきた面、明暗の交錯する部分についても、豊田の場合に即して見ておきたい。

第一次世界大戦に際し、海外からの織機の輸入が途絶した。おかげで織機の国内生産は飛躍的に増加した。戦争景気による織物需要の増大、とくに輸出の増大が佐吉に巨万の富をもたらした。そんな豊田だから技術発達史の面からも、経済発達史の面からも興味深い。名古屋の栄生に開設されたToyota Commemorative Museum of Industry and Technology、通称「産業技術記念館」は繊維機械館と自動車館から成るが、日本産業技術発達史の一面を見事に説明している。ただしそこに語られていない影の部分があることを忘れてはならない。それは戦後の日本の技術屋たちが見落としている歴史上の盲点といってもよい部分である。

マルクス・レーニン主義は近頃はやらないが、その立場からする観点がそれで、その観点からすれば、

豊田の発達は一体なんと評価すればよいのだろうか。それというのも豊田紡績はかつては中国側から日本帝国主義の大陸進出のシンボルと目された時期もあったからである。たとえば、一九二一年に上海に進出した紡機六万一千余錘、織機一千台の豊田紡織廠の設立など歴史的にどのように認識すればよいのだろうか。一九一九年、五四運動が起こって以降、中国では日貨排斥をはじめとして反日気分が高まった。やがて日系紡績工場ではストライキをすることこそが民族的正義であるかのような風潮となった。中国人労働者には集団的圧力が背後から加えられたのである。そのような煽動をこととする中国側の政治勢力に対して日本側は憤慨した。昭和十四年に出た池田宣政の『発明物語　織機王豊田佐吉』は、こんな正義感の声で始っている。「今事変で上海の豊田紡績廠が乱暴な支那兵のために破壊されたことは、諸君も御存知のとほりである……」。

日中両国はそのようにして戦争の泥沼にはまりこんだ。米英ソ連はその中国の抗日戦争を背後から武器援助までして煽った。だが非は本当に大陸に経済進出した戦前の日本側にだけあったのだろうか。戦後半世紀、いま中国各地でいちばん見かける日本の会社名は「丰田」である。「ファンティエン」と発音するが、これは豊田の簡体字である。トヨタの工場の建設は二十一世紀の初年の今は各地で熱烈歓迎されている模様である。しかし戦前の歴史と戦後の歴史を二重写しにしてみると、なにが善でなにが悪かよくわからない気がする。それというのも歴史解釈などいつまたどのようにころりと逆転するかわかったものではないからである。日本非難の勝手な口実を拵えることなどいとも簡単なのだ。これから先も日本の海外の工場が国際テロの標的となるばかりか、日系工場の破壊こそが正義の実現であるかのような短絡的な言説がふたたび行なわれるような時代にならないという保証はない。現に二〇〇四年、中

国のサッカー場では日貨購買反対を含む反日のブーイングが耳を聾さんばかりだったではないか。

日本から中国への技術輸出を話題の縦糸とし、中国残留孤児の運命を横糸として織り成された、NHKのテレビ・ドラマ『大地の子』は、日本国内では連夜、大きな感動を呼んだ。だが、中国人俳優が養父母を見事に演じ、真に善意の人として描かれていたあの『大地の子』は、中国大陸では放映されなかった。日本の視聴者はそのことを知らない。いやかつて豊田紡績廠が破壊され、乱暴を働いた者が愛国無罪とされたような戦前の歴史的事実も日本の若い世代はあまり知らない。そしてそれと同じように日本からのテクノロジー・トランスファーによって中国最大の製鉄所が建築されたというような事実は今の中国の若い世代にはまったく知らされていない。『大地の子』が上映されなかったのは、日本のODA援助の事実が示されることを中国人の自尊心を傷つけることとして中国当局が忌避《きひ》したからだろうか。それとも山崎豊子の原作に協力を惜しまなかった中国側の指導者が後に失脚した胡耀邦《こようほう》だったからだろうか。言論の自由・不自由がそんな指導者個人の命運に左右されて果たしてよいものだろうか。それともその人治こそがまさに中国の中国たる所以なのだろうか。

しかし真実の自主独立とは、他国からの技術援助を受けながら、その事実を自国民に知らせないような、そんな姑息《こそく》に歪んだ態度にあるとは私には思われない。夜郎自大の自己中心主義にナショナリズムが結びつくことほど危険なことはない。本文中でもふれたが、柿右衛門についても私たちは中国の赤絵の影響をすなおに認めるがよく、教科書によって流布された柿右衛門伝説についてもパリシー伝説の換《かん》骨奪胎《こつだつたい》であることを認めることが、おおらかな文化交流の真の面白さであると私は考える。

『西国立志編』の思想史的位置

さて、「天ハ自ラ助クルモノヲ助ク――中村正直と『西国立志編』」というインターカルチュラルな考察は、ナショナルな一国文学史の枠を取り外してこそ可能となった。十九世紀英国産業文明を代表する著者スマイルズの日本における運命とその余波をたどることは二つの文明にまたがる研究だからである。*Self-Help* の刺戟伝播については日本の場合だけでなくイタリアの『クオレ』の場合も探って比較倫理の問題としても考えた。その三点測量によって多少は世界史と日本史が結びつき、歴史が少しばかり立体的に見えるようになったのではあるまいか。西洋産業民主主義文明の挑戦に対して日本側から中村正直のような漢学者が現れ、このような形でポジティヴに応答した、という史実は、西洋の挑戦に対する他のアジア諸国の応答ぶりとの対比においても論評されてしかるべき主題であろう。ミルの訳者としての中村と厳復とを対比したのもその試みの一端である。

鄧小平が南方に改革開放路線を訴えにまわった一九九〇年代のはじめ、「『自助論』――日本工業化的国民教科書」という題で私は中国各地で講演する機会に恵まれた。そんな時、中国側から出される質問は決まっていた。「よくぞ徳川政府が昌平黌の御儒者ともあろう人のイギリス留学を許可したな」という驚嘆に似た問いであった。それというのも清朝政府がそのような許可を出すとはおよそ考えられなかったからであろう。私は質疑に応じるうちに、いつしかこんな風に答えるようになった。――漢学は日本人にとっては所詮外来の学問である。その漢学を捨てて西洋の学問に向うことは、千年前の「和魂漢才」という折衷主義的な考えを「和魂洋才」へ切換えたままでであり、それほど難しい方向転換ではなかった。中国が自国の旧来の漢学を捨てて洋学に転じるのとはわけが違う。明治維新は思想史的にい

うならば、それまで中国に向いていた日本人の目を西洋に転じたJapan's turn to the Westという文化史的方向転換だったのだ。しかし中華自尊の民にそんな転換が容易でなかったのは無理もない。中国人が漢学を捨てたなら、自分たちのアイデンティティーを喪失してしまうことになる……。そしてそう答えながら、自分がもし同じ問題について韓国で講演したら一体どのような質疑応答になるのだろうか、などと考えた。

私は当初、儒者中村は留学生の思想善導のために送り出された監督だろう、とありきたりな想像をしていた。それだけに中村が自分から西洋の精神科学を学ぶことを志願し、しかもその願いが許可されたという幕府当局者の開明的な態度に驚いた。しかしそれでもかつての昌平黌の筆頭教授中村は慎重であった。維新後四年経った一八七一年になっても、洋学への「転向者」として、固陋《ころう》な漢学者やファナティックな国学者の非難を浴びることのないよう、入念に配慮した。前にもふれたが、『西国立志編』の出版に先立ち、明治三年、昌平黌の先輩の儒者で蕃書調所の初代頭取として洋学に深い関心を持ち、中村の理解者で支持者であった古賀増、通称謹一郎（一八一六―一八八四）に序を乞うたのである。この儒者がいかに開明的な知識人であったかは小野寺龍太著『古賀謹一郎』（ミネルヴァ書房）を読むとよくわかるが、その漢文序を訓み下すと次のようになる。

古今来《ここんらい》一ノ事業ヲ立ツルノ人ヲ歴観スルニ、皆百折回《せっかへ》ラザルノ概ヲ抱キ、把持スルコト牢《かた》ク、志ヲ立ツルコト確カナリ。勇往直前シ、一切《いっさい》世間ノ毀誉褒貶ヲ問ハズ。亦且ツ一敗ヲ以テソノ鋭気ヲ挫《くじ》カズ。然ル後、期望スルトコロノ事始メテ成ル。コレ豈《あ》ニ尋常ノ発憤ノヨク届《いた》ル所ナランヤ。故ニ凡百

ノ術芸、以テ人ノ聖トナリ賢トナルニ至ルマデ其ノ成否全ク本身ニ存ス。更ニ別人ノ事ニ干《あづか》ラズ。

古賀のこの序文は『西国立志編』中のパリシーであるとかジェンナーであるとかヒースコートであるとかを念頭に執筆されたものである。古賀はスマイルズを読んで手を打ち「彼邦《かのくに》亦此ノ説有ル乎。……士大夫身ヲ立ツルノ骨子《こつし》、実ニ此処ニ在リ」とさえ叫んだ。しかしこの序文を読んだ何人かの人は、中村正直その人こそこの「自助的人物の典型」と感じたのではあるまいか。

中村はまた国学者三田葆光《さんだかねみつ》にも序文を乞うた。幕末に渡仏したこともある三田も心ひろやかに和文でほめてくれた。

こゝに中村大人《うし》のものせられし自助論といへる書《ふみ》を見るに、何某《なにがし》の大人のいひけむ、今のえみしは古《いにしへ》のえみしにあらず、との言の葉もしるく、げに其説《ときごと》すべて和漢《やまとから》のかしこき人々にもおとらず、あはれあだし国人にもかばかり誠実《まめ》なる心のあれば有けるよ、と打なげかるゝまでめづらしともめづらしきふみになん有ける。

いかにもすなおでおおらかな推薦文ではないだろうか。

『西国立志編』は日本で義務教育が定められた明治五年（一八七二）の学制頒布以来の十年間、もっとも影響力を及ぼした教科書であった。副読本としてではなく実際に教室で教科書として用いられたのである。その後は座をいわゆる教科書会社の教科書や国定教科書にゆずったが、それでも国語や修身教科書にその名残をとどめた様は本文中に検証した通りである。

昭和八年（一九三三）、幸田露伴は論文『明治初期文学界』を雑誌『文芸』創刊号に発表した。これは昭和九年、改造社発行『日本文学講座』に『明治文学概説（前期）』と改題されて再録された。ここで明治初期とか前期とかは明治元年から二十三年の『教育勅語』発布までの時期を指している。すなわち幕府が倒れて維新の業が成り、世界の潮浪波浪が次第に日本に押し寄せて、万事が旧型を次第に変じて新味を醸し出すにいたった二十年余の過渡期である。露伴はその時期「社会の文権」はいかなる人の手中にあったかと自問し、そのリーダーシップは依然として漢学者・国学者の手中にあったとしている。そして西洋事情に通じた人についても、世間は洋学の造詣の深浅よりも漢学・国学の素養があるという点において「文学上には尊敬と仰慕とを寄せた」「特に中村敬宇先生の尊仰せられたなどは、先生が漢学者としてだけでも既に立派な地歩を占めてゐられたためで」あるとした。露伴は中村正直を次のように位置づける。

中年の先生の信仰が基督教的であつたためにやゝ世の反感を得てゐられたにかゝはらず、其の翻訳『立志編』を通じて、攘夷的感情の懐抱者までをして西洋文明を窺知するに至らしめたのも、実に『立志編』の文が漢学的に瑕疵《かし》無くて平明であつたためである。

これこその明治前期を同時代の少年、さらには青年として生きた露伴ならではの観察と判断ではないだろうか。

スマイルズは、自分は「セルフ・ヘルプ」という題で書物を出したが、自らを助く self-help は利己心 selfishness とは違う、といって世間から誤解されがちな著者の意図を次のように補足説明した。中村

訳「自助論原序」を引くと、

如何《いかに》トナレバ、モシ、人タダ表題（「セルフ・ヘルプ」）ニ由リテ「セルフィシネス」（自《みづか》ラ私《わたくし》スルノ意）ト混淆《こんかう》シ、自ラ私スルノ事ヲ讃美スル書ナリト思フトキハ、作者ノ意ト、正《まさ》ニ相背反《あひはいはん》スルコトナリ。蓋《けだ》シ作者主トシテ、少年ノ人ニ、自ラ勤《つと》メテ当然ノ志業ヲ做《な》シ、勤労ヲ惜マズ、辛苦ヲ厭《いと》ハズ、……自己ノ功労ニ倚仗《いぢやう》シテ、斯《こ》ノ世ニ自立シ、偏《ひとへ》ニ他人ノ扶助恩顧ニ倚頼スベカラザルコトヲ勧メンガ為ニ、コノ書ヲ作ル……

そしてさらにこうも述べている。「人タルモノハ、ソノ品行ヲ高尚ニスベシ、然ラザレバ才能アリト雖ドモ、観ルニ足ラズ。世間ノ利運ヲ得ルトモ貴ブニ足ルコトナシ。」

中村正直その人も自ら勤めて志業をなし、明治二十四年六月七日に満五十九歳で没した。石井研堂によると、晩年の中村は一友人から「先生はキリスト教を信仰されている由、葬式は定めしキリスト教でなさいますでしょう」と聞かれた。すると中村は「葬式だけは、神道でやって貰いましょう」と微笑して答えたという。ノルマントン号事件など内外の事情も手伝って、キリスト教的西洋を過度に理想化することをやめたのであろう。しかし性おだやかな中村である。神葬を願ったのは、すなおな気持のあらわれだったように思える。自己の日本人性にことさらに執着したとは思われない。

中村の葬儀は明治二十四年六月十二日、谷中墓地で行なわれた。当日、盲人団体東向会の会員七、八十人、盲唖学校生徒四十余人が悄々として柩に随った。中村はイギリスでの尊ぶべき先例に心打たれ、日本で最初に盲唖の人に教育を授けるべく尽力し、訓盲唖院を設け、その人たちの自立に力を貸した一

人でもあった。当初世間の理解は乏しかった。石井民次によると「両眼があいていても字一つ読めない者が多数いる。そうした人の教育を等閑にして盲者を教育するというのは緩急を誤るものだ」などという反対論すらあったという。中村はそれを説得して文部省直轄学校を創設し、訓盲唖院の商議員もつとめたのである。中村の死を悼んだ歌に「盲、伊藤丈吉詠、唖、高和徳太郎書、恵みをはうけらの原の露散りて分るゝ袖の涙とぞなる」なども見られた。自分たちが恵みを受けた中村先生は亡くなられて、涙が露と散るうけらの花の原の永のお別れとなってしまった、というのである。

Help others help themselves.

これは十九世紀のスマイルズの精神であり、中村の実行したところである。これはまた二十一世紀の日本の対外援助ＯＤＡの基本理念とならねばならぬ格言であると信ずる。それは国家のレベルにおいてもそうであるし、私たち個人のレベルにおいてもそうである。スマイルズとつきあううちに私の口をついて出たこの英語は日本語に訳すとこうなる。この一句をもって本書の結語としたい。

他人ガ自ラヲ助ケルコトノ出来ルヨウ他人ヲ助ケヨ

あとがき

明治維新の定義はさまざま可能であるが、Japan's turn to the West と私は文化史的に定義する。「日本が西洋に向った」とは、東アジアの周辺に位置した日本が漢字文明圏に背をむけて西洋文明圏に目を転じた文化史上の方向転換のことを指す。その際に福沢諭吉と並んで立役者となった人が本書の主人公中村正直である。この「洋学に転じた漢学者」ともいうべき中村正直と彼が訳したスマイルズ『西国立志編』を私がどうして扱うにいたったか、そのいわれを遠く近く振返り、本書の成立の説明としたい。

中村正直（一八三二—一八九一）もサミュエル・スマイルズ（一八一二—一九〇四）も二十一世紀の日本では人口に膾炙《かいしゃ》する名前とはいいがたい。しかし私の先生方の世代にとってスマイルズはずっと身近な名前だった。一九三一年七月生れの私だが、敗戦前後、東京高等師範学校附属中学二年の英語のクラスで「一番長い英語の単語は何か？」と石橋幸太郎先生に聞かれた。ヒントは「長さが一マイルある」そして正解は「最初のSと最後のSとの間に一マイルあるSmiles」というお笑いであった。それが昭和二十年当時の英語の授業の一風景で、それと同じ謎々を私とほぼ同い年の同志社の知人も京都の中学で先生から聞いたことがあるそうである。また昭和五年、東京高師受験の際、英語の勉強に Samuel Smiles, *Self-Help* を読んだものだと漢文学の川口久雄先生からうかがったことがある。私は家にあった *Use of Life* などという本を中学四年の夏に受験勉強のために読んで、つまらぬことをした。スマイル

ズの方がまだしもましであったろう。

そのスマイルズや中村について知的関心を覚えたのは、二十代半ば、私がジョージ・サンソムを読み出した時からである。英国の外交官で日本史家のサンソムは一九三一年に出した *Japan, a Short Cultural History*（『日本文化史』）では、なぜ明治の日本人はスペンサーのような退屈な推論やフランクリンやスマイルズのような説教に飛びついたのか、不幸なことだ、と述べた。それはサンソムの正直な感想であったにちがいない。これに同感する人は今の英米に限らず日本にも多いだろう。しかし一九五〇年に出した次著 *The Western World and Japan*（『西欧世界と日本』）ではサンソムはスマイルズを訳した中村正直を福沢諭吉と同等に並べて論じ、評価した。前の本も後の本も出典の注を欠くが、西洋日本研究のパイオニヤーであったサンソムが『西欧世界と日本』で中村について述べる際に依拠したのは、吉野作造や柳田泉や木村毅らの見解と推察された。千九百五十年代半ばの私は、フランス政府の給費が切れた留学生として、パリで苦学しながら漠然と比較文学を志していたが、この日本で戦後新しく開かれた学問世界では、西洋文化が日本に及ぼした影響を調べることをまず中心課題とした。敗戦後の日本のいわゆる第二の開国に際し、第一の開国当時の西洋文明受容をポジティヴに評価し追体験を試みていたからである。日本の比較文学者として当然西洋文学の翻訳や訳者に注目することとなる。

ところが当時の学問世界の雰囲気は、翻訳者にはおよそ重きを置いていなかった。それというのはそれまでの十九世紀的な国家単位で区分された学問世界では、学者や作家の独創性がもっぱら重んぜられ、翻訳や訳者のことは等閑視されていたからである。その傾向は日本よりもフランスでさらに強かった。（たとえばサンソムの『日本文化史』のフランス語訳はパリ Payot 書店から一九三八年に出版されたが、そこに

は訳者の名前すら記されていなかった)。主著が『福翁自伝』以下おおむね自著である福沢に比べて、主著が『西国立志編』と『自由之理』という翻訳である中村が、学界で重んぜられない理由はこれでもわかるであろう。中村は生前尊敬された割には、死後は研究も乏しい。そもそも『中村正直全集』はいまだに編まれていないのである。

そのような学問世界におけるアンバランスというか等閑視は、学問上のオリジナリティーを翻訳には認めない、価値ある独創性は自著に限る、とする学問を狭くとらえた見方にも由来していた。私自身はそうした翻訳軽視の見方に異論を抱く者で、『ルネサンスの詩』(内田老鶴圃、一九六一年。沖積舎、二〇〇四年)という修士論文からして翻訳の詩を中心に据えた横紙破りのものを書いてしまった。後に利瑪竇こと『マッテオ・リッチ伝』で彼の漢文著述を論じた時は、異文化間の橋渡しをした先駆者について私はこう弁じた。「(利瑪竇の)『交友論』という一小冊子について注意すべき事柄は、その内容の独自性ということではなく、西洋人がはじめて漢文で著述を行なったという前代未聞の行為にたいしてであろう。その際には内容が独創的であったか、模倣的であったかということはそれほど問題とするに価しない。その場合、注目すべき独創性は、オリジナルな内容ということではなく、オリジナルな行為ということにたいしてだからである。一般に、文明圏を異にする世界の間の関係については、独創性という観念に関しては相対的な価値判断の立場にたつ必要がある。なぜなら一つの文化圏の内部ではすでに常識的な事柄であっても、それを他の文化圏へ持ちこめば、新しく見えることもあるし、また逆に摩擦を引き起こすこともあるからである」(平凡社、東洋文庫一四一、第一巻、二五九頁)。

それと同じことは中村正直の仕事についてもいえる。今日イギリス本国でスマイルズの評価がどのよ

うなものであれ、また今日の日本で若者の『西国立志編』への違和感がどのようなものであれ、この前代未聞の翻訳出版物を看過しては、明治日本の国造りをきちんと歴史的パースペクティヴの中で見定めることはできないだろう。また中村正直の翻訳の語学的不正確さを、今日の大学の英語教師の原書講読の見地から批判し指摘してみても、無い物ねだりに類するとしか思われない。私見では『西国立志編』の本質はそこにはないからである。

そのような大きな見落としが生じたについては、先学たちの狭隘な文学観にも問題があった。失礼ながら、日本の比較文学研究の大先達である島田謹二教授にも責任の一半はあったのではないかと考える。五十代の島田教授は文学を belles lettres に狭く限定して考えたためであろうか、日本における英文学の導入の端緒を明治十一年、一八七八年に織田純一郎がリットン卿の小説『アーネスト・マルトラヴァース』を訳した『花柳春話』に求めた（島田謹二『近代比較文学』光文堂、一九五六年、六〇頁）。そして『花柳春話』より八年早い『西国立志編』という日本翻訳文学の一大傑作を見落としてしまったのである。これは千慮の一失だったと考える。本書の中で縷縷説明したように『西国立志編』は明治文学の一源泉となった翻訳で、幸田露伴などの作品はそこから生れ出た以上、その文学面・思想面の重要性はリットン卿の作品などの比ではない。

ところで翻訳について、私はまた次のような見方をしている。明治・大正の文学を読んで森鷗外や上田敏の翻訳は日本語文章作品として類稀な傑作だと私は感じている。日本詩の最高傑作は創作詩の中にあるのではなく『海潮音』『珊瑚集』などの訳詩の中にあるのではないかとさえ思っている。島田教授に導かれて詩を読み出した学生時代もそう感じたし、半世紀後の今もそう確信している。森田思軒や川

島忠之助の漢文訓読体の訳文も好きである。孔子の教えも西洋語訳で読むとフランクリンやスマイルズの英文と同様な説教調に堕する。しかし昔は「学ビテ時ニコレヲ習フ、亦悦《よろこ》バシカラズヤ」と漢文訓読体で読んだ。そのめりはりのあるリズムに精神の高揚を覚えた。そこに広義の詩を感じ、それが文意とあいまって、少年の心にもしみこんだのである。私は戦争末期、金沢の旧制第四高等学校の時習寮で暮らした。中学二年生だったが、寮の名前のいわれは即座に了解した。だが同じ孔子の言葉を「ものを教わる。そしてあとから練習する。なんと楽しいことではないかね」という調子でもし習ったのだとしたら、『論語』の有難味は失せたに相違ない。学んでも楽しくなかったであろう。時習寮という名前に私が覚える懐かしさも消えてしまっただろう。実はそれと同じような違和感は、漢訳聖書を参照することで完成した格調高い明治の日本の文語訳聖書と現行の漢語を遠ざけた新共同訳聖書の間にも存在する。口語訳は「気の抜けたビールのような味気なさ」と評されたが、そう冷やかされるようでは、聖書も有難味を失ったものである。***Holy Bible*** のそんな口語訳のキリスト教学的妥当性を強弁し、その語学的正確さを言い立てても、新共同訳聖書のつまらなさに変わりはない。私見では聖書という聖典の真の価値はそんな口語訳にはないからである。

文章の命は文体に宿る。翻訳とても同じである。そう信ずる私は、西洋人の日本研究者が日本語文章の文体の魅力について論評しないこと、乃至は論評する力を持ちあわせていないことに、いつも不満を覚える。中村正直が明治初年の日本で群を抜く影響力を及ぼしたのは、その西洋渡来と思われた思想と共にその文章の力によってであった。中村と当時の読者とは漢文訓読体という同じ言語共同体の中で発信し、また受信し、感激していたのである。

それでは文章の問題はさておいて、中村が伝えた主張は古びたのであろうか。古びた、というのが世間大方の見方であろう。だがスマイルズや中村の考えは古くて新しい。その文章は声に出して読めばいまなお私たちの心を打つ。「天ハ自ラ助クルモノヲ助ク」という格言はいまなお真実の力を秘めている。そのスマイルズ著中村正直訳『西国立志編』の位置づけについては本書の「西洋説話集の日本文学史上の位置」の章ですでに論じたので、ここでは繰返さないが、『今昔物語集』に匹敵する位置を占めるべき作品というのが私の見方である。

次に私がフランクリンやスマイルズと中村正直にふれて書いた文章や論文のことを述べたい。中村について大学外で初めて話したのは、ロータリー倶楽部でのことであった。一九七五年頃であったかに記憶する。当時、東京中央のロータリーの会長は正田英三郎氏で、氏の長男の正田巌氏と私とは小学校で級長・副級長の間柄であった。そうした縁もあってか、私は皇太子殿下御夫妻の御所に招かれることも幾度かあった。それでなにかの御参考にと思い、明治天皇の美子《はるこ》皇后と中村正直の関係について講演したのである。その講演は『諸君!』に掲載し後に随筆集『東の橘　西のオレンジ』（文芸春秋社、一九八〇年）に収めた。一九八八年春、NHKの教育テレビ『西洋文明の衝撃と日本』の時間に、皇后のお歌をもとに作られた小学唱歌『金剛石も磨かずば』にふれた折、話していて幼時の記憶がよみがえった。その時私の声音が感動のため変わったからであろうか、お年寄りの女性から心のこもったお手紙を何通かいただいた。明治は遠いようで遠くはない。

さらに私的な思い出を差し挟んで恐縮だが、こんなこともあった。私の母は淡路島の生れで、大正年間に洲本女学校にいた。校長先生がハイカラな人で女学生に海水着を裁縫の時間に自分で縫わせ、海水

浴をさせた。それは当時としてはまことに斬新な試みだったにちがいない。母は私たちに「川路先生」と懐かしげに語った。ところがこのたび調べるうちに母が懐かしげに語った川路先生とは中村正直とともに徳川幕府の第一回留学生として維新前に渡英した川路太郎その人なのだと知った。川路聖謨の孫はその家柄ゆえ数え年二十三歳、筆頭の取締役として次席の取締中村正直以下十二名の若者を引き連れてロンドンに向ったのである。その人がさまざまな人生行路を経、七十過ぎてなお女学校校長として女学生に水泳をさせるような新工夫をしていたと知って嬉しい気がした。

この川路太郎は英国から帰国して、祖父川路聖謨が江戸開城約定の翌日にピストル自決したことを聞かされた。さぞ世をはかなんだことであろう。それでも英語力を買われて、岩倉具視の米欧回覧使節に通訳として同行した。その岩倉使節団一行が必ずや持参したであろう二冊の書物は、一冊は福沢の『西洋旅案内』であり、いま一冊は中村の『西国立志編』であったと私は考える。米欧回覧使節のあのあくなき西洋産業事情調査の背景には『西国立志編』があった。スマイルズが活写する「新機器ヲ発明創造スル人」の章を読んだ日本人たちであったからこそあれほど熱心に英国の紡績産業などを細かく観察したのではなかったか。明治初年の日本人の多くは洋行する際に『西国立志編』というプリズムを通して西洋文明を見ていた場合が多かったことと思われる。

またこんなこともあった。一九七五年、インドネシア独立三十周年記念セミナーに畏友永積昭教授とともに私も招かれた。国造りにいそしむアジアの人にとって明治日本の近代化について語ることは良い参考例になるだろう。そう考えてスマイルズと中村正直を取りあげ、市民社会の道徳や資本主義の精神がいかにして日本に移植されたかについて話した。そのジャカルタ講演が私の生れて初めての海外にお

ける英語講演で、一夏かけて準備した。原稿を読む分にはよいが、英語の質疑にはきちんと応答はできるだろうか、と心中ひそかに危ぶんで会議に臨んだものである。須之部量三大使の下におられた年配の外務省の方が、戦前に教育を受けた方で、『西国立志編』に詳しかった。

千九百七十年代の東京大学駒場キャンパスは、大学紛争後ということもあって、学際的な交流がすこぶる盛んであった。東洋史の永積教授が比較文化史の私に声を掛けてインドネシアへ引き出してくれたのもそのような知的雰囲気のおかげである。一九七一年に『和魂洋才の系譜』(河出書房新社)を世に問うた私に対し、今度は「人類文化史」シリーズの一巻を書くよう講談社から依頼された。歴史学科の出身でない私は、左翼の教条主義的な歴史観とはおよそ無縁な立場から『西欧の衝撃と日本』(講談社、一九七四年)を書いた。リッチについてもこの歴史書で触れた。するとインターカルチュラル・リレーションズの問題として日本の近代化を論じた私の二冊の書物が、プリンストン大学マリウス・ジャンセン教授の目にとまり、私は一九七七年米国に招かれた。そして七八年教授から *Cambridge History of Japan* 第五巻、十九世紀の巻の Japan's turn to the West の章の執筆を依頼されたのである。私は帰国して七九年後半、一般教育演習でそのテーマを取りあげ苦心した。一九八〇年は今度はパリ第七大学に招かれたが、五月に授業義務から解放されるや全力を『ケンブリッジ日本史』の執筆に傾けた。外地にいた関係で注や資料を山梨大学で日本史を教えていた義弟の竹山護夫に頼んだのだが、実に綿密に助けてくれ、私の文章の六分の一ほどは原稿そのものまで書いてくれた。

Japan's turn to the West という題の含意は、先にも述べたが、遣隋使以来目を中国大陸に向けてきた日本が視線を西洋に転じた文化政策上の大転換のことである。いいかえると、日本の知識人が漢籍を読

むことをやめ、洋書を読むようになった幕末維新の方向転換のことである。その立役者は脱亜入欧の福沢諭吉と中村正直である。私は日本が古いアジアの旧套を脱して西欧の近代にはいったことそれ自体はまことに健全なことであり、肯定する立場にあるが、単純に漢学者より洋学者を良しとする者ではない。むしろ一身二生を送った二本足の学者を良しとした。『ケンブリッジ日本史』の一章を書く際、中村が主要人物の一人となった。原稿は日本語で書きBob Wakabayashi（現カナダ・ヨーク大学教授）が英訳し、私がその英訳文にさらに英語で手を加えるという手順を踏んだ。加藤愛琳さんに英文を読んで直していただいたこともある。西洋は契約社会だから期日を守らないと大変なことになる、と懸念して原稿を提出したのだが、西洋が契約社会というのも半分は事実で半分は神話だとわかった。それというのは米国人学者の執筆が遅れに遅れて*Cambridge History of Japan*第五巻が日の目を見たのは一九八九年になってからだったからである。その『ケンブリッジ日本史』中の思想史関係部分の章はBob Wakabayashi編で同じくケンブリッジ大学出版局から*Modern Japanese Thought*という題のペーパーバックとなって一九九六年に出版された。コロンビア大学以下で教科書としても広く用いられたらしい。東大駒場でフランス語とイタリア語を私から習った元学生がニューヨークに留学し、日本思想史教科書に私の名前を見つけて驚いて葉書をよこしたことがある。私は東大では一、二年の学生に対してはフランス語やイタリア語の教師として接したが、三、四年の学生や大学院生に対しては比較文学比較文化の教授として接していたので学者としても一身二生を送っていたのである。

私は自分が執筆した『ケンブリッジ日本史』の一章の英文に後にさらに次々と加筆した。これはその後、欧米中台の各地の大学や学会で講演するうちにおのずと新視野が開け、新知識が加わったからであ

る。結局原文を大幅に修正した新しい文章を二〇〇五年、ケンブリッジ大学出版局の了承を得て、私の英文の主著、Sukehiro Hirakawa, *Japan's Love-Hate Relationship with the West* (Folkestone, UK : Global Oriental) の第二部に収めた。一九八〇年に書いた最初の日本語原稿と現行の英文とでは手を加えるうちにまるで別物になってしまい、長さも二倍に伸びた。ひたすら英文を増補訂正したために英文のみが存在し相応する日本文がないという状態になってしまった。手伝ってくれた今は亡き義弟のためにも、新しく日本語文を書いていつか世に出したいと願っていたところ、『竹山護夫著作集』全五巻が名著刊行会から出始めた。それでその補巻としてでも二人の日本語文章を復元して入れたいと考えている。以上が主として英文で中村正直を思想史的に扱ってきた経緯である。

次に中村正直の人と翻訳作品を中心に据え、スマイルズやミルの影響の痕跡をイタリア、中国、韓国などにも探った本書そのものの成立経緯にふれたい。私は助教授時代、東大教養学科で一度だけ『西国立志編』を講義した。ジャカルタ講演に先立って東大生を相手に小手調べをしたのである。次いで『ケンブリッジ日本史』執筆の下準備として取りあげた。その中村正直を十数年の間を置いて再び本格的に調べたのは、東大を去る二年前の一九九〇年度になってからである。審美的な意味での文学性に欠ける『西国立志編』を取りあげることにそれだけ躊躇したということでもある。私は助教授時代に『和魂洋才の系譜』『西欧の衝撃と日本』などの歴史に傾斜した研究に専心したが、しかしそれはいかにも私個人が打ち出した学問上の新路線であり、いわば私が intercultural relations として比較文化研究を再定義した風があった。それで大学院講座担当教授として授業を行なう際は、比較文学比較文化の先輩諸教授の跡を踏み、歴史よりも文学に重きを置いた授業を行なおうと心掛けた。だからたとえば私はリッチの

研究は大学院ではまったく取りあげなかった。その『マッテオ・リッチ伝』を平凡社の東洋文庫から出した時、ブリティッシュ・コロンビア大学の私の友人キンヤ・ツルタはいかにも好き者らしく「全三巻中に女が一度も出て来ない。よくもそんな本を三十年もかけて書いたものだな」と私を冷やかしたが、そのリッチは文学の授業には不適な人物ということでもあろう。カナダ人で「平川は女性を扱うことが少ない」と非難がましい書評を書いた者がいるが、リッチの場合はカトリックの宣教師であるからやむを得ない。だがそのようなフェミニズムの立場からすると「良妻賢母」などを説いた中村正直も謹直に過ぎて昨今の比較文学の演習に不適なのかもしれない。それでも平成二年の一年間、大学院で私はあえて取りあげた。テクストに密着して演習を行なううちに、明治文学の一起源、それもきわめて大きな一起源は中村が訳した『西国立志編』にある、と確信するにいたった。またイタリア人は誰一人としていまだに話題としていないようだが、十九世紀イタリア少年文学の大傑作『クオレ』が『セルフ・ヘルプ』の刺戟下に成立した作品であることにも気がついた。その成果の一部は『「セルフ・ヘルプ」――産業化の国民的教科書』と題して一九九一年六月号の『中央公論』に先ず掲載した。続いて台湾でも「アジア・オープン・フォーラム」で講演し、中国語訳『「自助論」――日本工業化的国民教科書』(李明編『中日両国与亜太政経発展』所収、台北、国立政治大学国際関係研究中心、一九九二年)が小冊子の形で世に出た。

そのころから私は『天ハ自ラ助クルモノヲ助ク』という一冊を、先の英文思想史の日本訳とは別に、日本語で単行本としてまとめたいと考えるようになった。おそらく台湾で講演したことが新しい刺戟となったのであろう。それやこれやで一九九二年、東大を定年で退く際、私は他からもいろいろ招きはあ

ったが、研究条件を最優先に考慮して、九州の私立大学の学長と再就職の件で覚書きを交わし、あらかじめ外国出張の許しを得ておいた。学長交代後も福岡女学院大学がその約束を守ってくれたおかげで、それからの十年の間、私は中国や台湾の大学で本書のテーマについて一学期十五回の授業を計四回リピートして行なうことを得たのである。北京滞在中もそこからさらに中国各地の諸大学に赴いて講演した。時には歴史知識のあまりない共産党のお偉いさんが会議をとりしきって結論めいた訓示を垂れることもあった。「日本史についてどの書物を一番評価しますか」と聞いたら「日本史についての知識は中国の高等中学の教科書しか知らない」という返事であった。一度南京大学で講演した際、すでに北京で聴いた人に出会った時には恐縮した。

ところで私の中村正直についての講義や講演は、総じていえば、中国人や台湾人の大学院学生の方が日本の学部学生より熱心に聴いてくれたという印象を禁じえない。学生の名前を覚えたのも東大定年退官以後の十五年間については、外国人学生の方が多かった。多数の日本人学部学生と比べて少数の外国人大学院学生とは親しく言葉を交わす機会が多かったからであろう。(それに今の日本の女子学生には、スマイルズの英語原文と比べつつ読む中村正直の文章より、私が英訳と比べつつ読む紫式部の文章の方が、限りなく面白かったからであろう。無理からぬことである)。そんな私に『西国立志編』を教える機会を与えてくれた北京の日本学研究中心、台北の東呉大学の関係各位や大学院学生諸氏に深甚の謝意を表したい。

なお東洋人の儒者が西洋に赴いて洋学者に転向したことを中華文明の人がどう見るかはきわめて興味深い問題で、北京や台北やソウルで講演して、初めて東アジアの人の反応のニュアンスを多少感知できたかに感じている。私の学術論文の日本語文章が多少なりともわかりやすいとすれば、それは外国人の聴

衆をも常に念頭に置いて書き、かつ話しているからだとひそかに考えている。また私が大陸中国について述べることが、日本国内で暮らしてもっぱら日本の新聞やテレビから情報を得ている人の中国イメージとやや違うところがあるとするなら、それは私が率直であるからだ、と御容赦願いたい。私は世界各地で率直に語ることによって外国人学生の信用を多少は得てきた日本人教師の一人ではないかと自覚している。「高等遊民と大陸浪人」の項でふれた雑誌『成功』については、当時東大大学院に留学中の傅澤玲氏に教えられた。今この人は地球上のどこにいるのだろうか。

女性に向き不向きの文章があるように、時代に向き不向きの発想というものもある。日本でも明治二十三年の教育勅語発布以後は国家主義が前面に押し出され、中村正直の影は薄れはじめたが、それと同じように、排他的ナショナリズムが前面に押し出てきた大陸ではスマイルズやとくにミルは、もともと薄かった影がさらに薄れてゆくのではないかとあやぶまれる。残念なことではある。しかし私は民主主義の信奉者である。中国でも *On Liberty* が尊重される日がいつか必ず来ると信じている。それともそのように期待する私の中国知識やイメージはすでに時期遅れなのであろうか。中国にとっての問題は二十世紀は「革命」だったが、二十一世紀は「自由」だろうと私は巨視的に観察している。

他方、今日の日本では自助努力の話をしても青年子女にすぐには受けないであろうことは予感している。福祉社会で育った若者は失業手当をもらうことを当然と心得ているかに見えるが、そんなぬるま湯につかった状態がはたしていつまで続くことか。子の面倒を見てくれる親がいつまでも生きていられるはずはない。だとすれば親は子に金銭的な配慮をするだけでなく、子供が自主自立して自らを助けるように躾けなければならない。また失業者の面倒を見てくれる親方日の丸という国家をいつまでも当てに

してよいはずもない。だが日本社会は「他人ガ自ラヲ助ケルコトノ出来ルヨウ他人ヲ助ケル」という方針を内外できちんと徹底してこなかった。財政的な援助の金額やその割当てに目を奪われ、その援助の背景にあるべき哲学を周知徹底させてこなかった憾みがある。いや国外どころか国内についても、戦後六十年のわが国は国民全体としてその種の教育に必ずしも成功しているとは思われない。気がかりなことである。

思い返してみよう。封建制が崩れ、開国に直面した日本では、佐幕派の若者はもとより尊皇派の子弟も、これからの世界をどのように生きればよいか戸惑った。その時、資本主義の競争社会を生き抜くには、人は自分自身に頼るほかない。そのことを『西国立志編』は実例でもって教えてくれた。人としても、国としても、尊ぶべきは自助の精神である。「自ラ助クト云フコトハ、能ク自主自立シテ、他人ノ力ニヨラザルコトナリ。自ラ助クルノ精神ハ、凡ソ人タルモノノ才智ノ由テ生ズルトコロノ根源ナリ。」この教えは志ある人に訴えた。これからも志ある若者に訴えるであろう。いわゆる英国病を病んでいたイギリスはマーガレット・サッチャーが首相となり「セルフ・ヘルプ」を唱えてばらまき福祉を見直してから国が持ち直ったといわれている。英国で *Self-Help* の新装版が Sidgwick & Jackson 社から出たのも一九八六年であった。といっても、誤解のないように言い添えるが、自助 self-help は利己心 selfishness とは違う。スマイルズ自身も一八六七年版の「自助論原序」でそのことを強調した。そして「自ラ助クルノ職分ヲ尽スノ中ニ、他人ヲ助クルノ意ハ自ラ包含スルコト明カナリ」と述べた。バブルを病んでいた日本も小泉純一郎が首相となり「天ハ自ラ助クルモノヲ助ク」と繰返した。だが国家も個人もはたしてよく自主自立できるのであろうか。

しかしそうしたリーダーの資質もさりながら、スマイルズがとりあげた人々は、主に中流階級の人々である。今の日本に即していうならば、それはNHKのテレビの「プロジェクトX」に描かれた医師であり、職人であり、技術者であり、勤め人に当るのだと思う。一隅を照らす者は国の宝であるという。あるいは離島で、あるいは地下のトンネルで、また高所の工事の現場で努力を重ねている人々こそが現代版日本のジェンナーであり、パリシーであり、ヒースコートであり、鈴木藤三郎であり、桂正作である。私は「プロジェクトX」を見て、時に涙が溢れるのを禁じ得なかった。私はエンジニヤーの息子である。自分自身もかつて日本の国鉄の交流電化のためにフランスで通訳として働いた者である。現代版『西国立志編』の無名のヒーローたちは他人事とは思われなかった。スマイルズの著書が明治の日本に与えた感動については、平成の日本に「プロジェクトX」が与えた感動から類推すれば、理解も進むのではあるまいか。

執筆中、不愉快なことがまったく無かったといえば嘘になる。私は本書の元になった原稿を二〇〇一年四月から丸善の『学鐙』に三十九回にわたり連載した。その機会を与えてくれたことにまず謝意を表したい。しかし遺憾な点があった。私はかつてこの雑誌に『マッテオ・リッチ伝』など長期にわたり掲載し、連載回数のもっとも多い一人といわれたが、以前は故本庄桂輔氏以下の『学鐙』編集者から字句について苦情をいわれたことはただの一度もなかった。ところが今回は表現の自由を損なうようなチェックをたびたび受けたからである。こうしたことで日本の言論界が萎縮することははたしてないのだろうか。一例を挙げれば sinologue「シノローグ」として知られたジェームズ・レッグについて語義に忠実に「シナ学者」と私が訳すと、誰に遠慮するのか「中国学者に書き換えます」と一方的に通告された。

これは手元の英和辞典にも「シナ学者」と出ている。私自身は北京でも英語の Qing China に相当する表現として「清朝シナ」という日本語を用いて授業していた者で、中国の中華思想や大国主義に迎合しないことこそが日中の真の学術交流に寄与するものと信じている。またイタリア人の怠惰について言及することや文盲が多かったと述べることがなぜ許されないのだろうか。言論の自由の幅はこの種の行き過ぎた political correctness によって縮められるのではあるまいか。なお私は『学鐙』連載の際消された部分は本書の中で元に戻した。このようなことを明記すると、平川は気難しい学者かと誤解されるかもしれない。しかし私はもともと上機嫌に生れついた、ものを書くのを楽しみとする天性まめな男である。原稿や校正を送り届ける際に遅刻したことは一度もない。きちんと郵便で早めに送ったので『学鐙』の男女の編集者とは五年間を通して実は一度も顔をあわせなかった。先方から面と向っての御挨拶はまったくなかったが、私も出向かなかった。そんな機能的な付き合い方が齟齬《そご》を生ぜしめたのかもしれない。

だが『天ハ自ラ助クルモノヲ助ク』を執筆することで愉快なことはさらに多くあった。そのことは是非申し添えたい。『学鐙』連載が終わりに近づいた頃、お茶の水女子大学が私の願いを容れて初代校長中村正直について公開講演をする機会を与えてくれたのもその一つである。実は以前に日本の「チャイナ・スクール」の研究者から私は講演することの邪魔立てをされたことが二回あった。一度はお茶の水女子大学で、一度は北京日本学研究センターから南京大学へ中村正直について講演しに行く際であった。そんな陰湿なことがあっただけに一層愉快であった。その公開講演の席で、一昔前北京で教えた旧知に会えたことも嬉しかった。お茶の水女子大学人間文化研究科の平野美紀子研究科長以下にお礼申し上げ

る。いま筆を擱くに際し、北京や台北での日々が懐かしく思い返される。なお本書の挿絵として用いたワシントン国会図書館所蔵『西国立志編』の三点の木版画はダラス・フィン女史の、崔南善訳説『自助論』京城新文館蔵板は高麗大崔官教授の御好意により掲げることができた。

名古屋大学出版会の橘宗吾氏は比較文学比較文化というか intercultural relations の学問に格別の関心を示し、現在日本でその方面の学問を実質的にリードする中堅学者の好著を次々と世に送り出してきた。私もかつてはその学問の代表選手をもってひそかに任じていたが、グランドを何回も廻るうちに自分が先頭を走るのだか、最後尾を走るのだかわからなくなってしまった。実際そうした目に会ったことが二回ある。第一回目は中学二年の時、後に日本のサッカー・チームのゴール・キーパーとしてドイツ遠征に参加した万能スポーツ選手の学友まで追い抜いて力走したのだが、審判員が勘違いして私だけグランドを一周余計に回らされたために最終ランナーとしてゴールインする破目におちいった。第二回目は留学生の時、フランス・ドイツ・イギリス・イタリアと大回りしたためである。私はいわばコースを飛び出して走ってしまったのだ。だが学問には既定のコースなどないのである。いまや内外の知友の数も次第に減り、孤独のランナーの感をまぬがれない。それというのも学問的に対話すべき先輩が次第にいなくなってしまわれたからである。横を見ても、後ろを振返っても誰もついて来ないのではないかという不安も覚える。だがこれから先、知的刺戟を受けるのは少数の旧友を除けば、中堅・若手の諸賢との対話からだろう。私も本書を名古屋大学出版会から出すことで、その人たちの仲間入りをさせていただくこととした。その際、橘氏には格別の御配慮をいただいた。記して謝意を表する。

日本の人文社会の学問の論壇や文芸の文壇には、欧米の先端の学問や知的ファッションの取り込みを

急ぐあまり、その上澄みだけを掬って日本で紹介し、論評し、翻訳するというタイプの人がいる。いるというか多過ぎる。ジャーナリズムの世界や新聞の文化欄ではそれが日本の学問の主流のすることと勘違いしている風があるが、その風潮や行き方に私は疑問を抱いている。今は読まれず捨てられたものも取りあげてその歴史的価値を検証し、新しい命を吹きこんでこそ学者といえるのではあるまいか。いつまでも西洋の流行を追うだけでは自前の、真に独創性のある学問は生れない。さらに私たちは日本から逆に外国に向けて学問を発信するために外国語の著述にも打ち込まねばならない。そうしてこそ真の対話は成り立つのである。(私は中村正直がリッチの漢文著述から受けたキリスト的解釈の是非については、二〇〇六年十月リッチの上司ヴァリニャーノの故郷キエーティで講演する予定である)。その際、外国語でものを書くなどという迂遠《うえん》な仕事をするうちに、日本の論壇や文壇から見放されるのではないかと怖れるようでは、学者・文筆家としてあまりにも自信がなさ過ぎるのではあるまいか。学問の王道を進む人は、読者を狭く日本にのみ思い描く人ではないと信じている。日本の論壇や文壇の寵児であろうとも、外地の大学で外国人学生とコミュニケーションの成立しないような人の学問や文学には、なにか本質的に欠落するものがあるように思われてならない。私は東京大学でも若手教師の人物評価をする時に、留学生たちが彼等に対しどのような判断を下しているかを考慮の中に入れてきた。

流行に左右されず、時流に右顧左眄《うこさべん》せずといったが、しかし学術書といえども一般読者に読みうるよう平明に書くよう心掛けるのが私の主義である。コマーシャル・ベースで採算が取れるということは、書物として健全なことの証明ではあるまいか。『天ハ自ラ助クルモノヲ助ク』がなにとぞ、学界の人だけでなく、市井《しせい》の人にも広く読まれることを願う次第だ。

最後にその読むか、読まれるか、という文章の文学性という問題点について触れたい。実はスマイルズの文章は詩的でないという人が多い。散文的だというのである。そのプロザイックという批評は、今どきスマイルズを論ずるのは退屈に過ぎるという含意でもあるようだ。また第三部で取りあげた一連の難破と救助と自己犠牲の話も主題と変奏が繰返され、いささか長きに過ぎるという意見もあった。しかし私が思うに、真正の自己犠牲の行為には尊い詩が秘められているのではないだろうか。

私が生きてきた時代に即していえば、一九八二年の厳冬に北アメリカでテレビで見たことがそれであった。雪の降る日であった。ワシントンのナショナル空港を飛び立った旅客機が離陸直後、浮力がつかず、ポトマック川に墜落して沈んだのである。その様を遠くから撮影した人がいた。機体から脱出した人の頭が三、四人浮んで見える。一人だけ抜手を切って氷の間を岸辺に泳ぎ着いた。ヘリコプターがすぐに飛来してロープを降ろした。その綱を受取った人は、自分の体には巻かず、前の女の人の胴にロープを巻きつけている。ヘリコプターはすぐその女性を吊るし上げ、岸辺まで運び、降ろすや直ちに現場へ舞い戻った。氷の川に漬かったままの男は二番目の人も同じようにロープを巻きつけて救った。そしてその次の人も。だが第四回目にヘリコプターが舞い戻って、最後に残されたその人の番となった時、その男の人はロープの端を一旦は摑んだかに見えたが、手脚も凍え、力尽きたのだろう、ロープが滑って手から抜けた。その人はいま一度摑んだが、もはや我と我が身に綱を巻きつけることはできず、厳冬の氷が張ったポトマック川に沈んで二度と現れることはなかった。たまたまカメラで写されたその光景が、全米に放映されたのである。我が国でも必ずや放映されたことであろう。遙か遠くの窓から撮影された情景であったから、わが命を犠牲にして人を救った義人が誰であるか、わからずじまいに終わった

とのことであった。しかし画面を見ていて「偉い人がいた」という感動は深く残った。そしてアメリカ合衆国は立派な良き国だという感銘を禁じ得なかった。そのような人がいたこと、そして事件直後、レーガン大統領が国会で心のこもったスピーチをして無名の義人を讃えたからである。

人の心を動かす行為には詩がある。感動を呼ぶ志には時代を越えて通ずる尊いなにかがある。『西国立志編』の第十三編「品行ヲ論ズ、即チ真正ノ君子ヲ論ズ」の冒頭の句を引いて後書の結びとしたい。なおこの「品行」はcharacterの意味であり「会社」とは「社会」の意味である。

人ノ斯《こ》ノ世ニアル、真正ノ権勢ト称スベキモノハ、品行ナリ。品行ハ、爵位ヲ仮《から》ズシテ自《おのずか》ラ爵位ヲ具《そな》ヘ、財貨ヲ擁《よう》セズシテ、別ニ産業ヲ有《たもて》リ。イカナル地位ニ居ルトモ、ソノ地位ヲシテ栄光アラシメ、イカナル会社ニ入ルトモソノ会社ヲシテ崇高ナラシメ、ソノ大勢力アルコト貨財ノ及ブベキニ非ズ。……蓋《けだ》シ品行ノ善ナルモノハ、篤敬正直ニシテ、事ヲ処スル、必ズソノ宜ニ合フニ在リ。

こうした教えに不変の真理は含まれていないだろうか。中村の文章は一見古びた。そして教えられた徳目をすなおに守った若者たちは暗い波涛の中に消えていった。私自身は平和な時代を幸せに生きた。そんな私はいま筆を擱くに際して、自己の信ずる義務に殉じた人たちへ感謝の念を述べずにはいられない。「美《いみ》ジキ人ノ儀範ハ、万世ノ後マデモ、永ク存シテ泯《ほろ》ビザルベシ」。

二〇〇六年七月十一日満七十五歳　平川祐弘

や 行

ら・わ行

ま　行

は 行

な　行

た　行

さ 行

か行

人名・作品名索引

あ　行

《著者紹介》

平川祐弘《ひらかわすけひろ》

1931 年生
東京大学大学院人文科学研究科博士課程修了，文学博士
現　在　大手前大学人文科学部教授，東京大学名誉教授
著　書　*Japan's Love-Hate Relationship with the West*（Global Oriental, 2005）
『ラフカディオ・ハーン』（ミネルヴァ書房，2004）
『マッテオ・リッチ伝』（平凡社，1969-97）
『開国の作法』（東京大学出版会，1987）
『和魂洋才の系譜』（平凡社，2006）
『進歩がまだ希望であった頃』（新潮社，1984）
翻　訳　ダンテ『神曲』（河出書房，1966）
マンゾーニ『いいなづけ』（河出書房新社，1989）
ヴァザーリ『ルネサンス画人伝』（白水社，1982）
『小泉八雲名作選集』（講談社，1990）
現住所　〒 151-0066 渋谷区西原 3-44-28

天ハ自ラ助クルモノヲ助ク

2006 年 10 月 10 日　初版第 1 刷発行
2006 年 12 月 31 日　初版第 2 刷発行

定価はカバーに
表示しています

著　者　平　川　祐　弘

発行者　金　井　雄　一

発行所　財団法人 名古屋大学出版会
〒464-0814　名古屋市千種区不老町 1 名古屋大学構内
電話(052) 781-5027/FAX(052) 781-0697

Printed in Japan
印刷／製本 ㈱太洋社
ISBN4-8158-0547-4

余儀なくされた。その中村が『西国立志編』と題して明治三年に訳したスマイルズの『自助論』は、日本で英語の書物が一冊まるごと訳された初めてである。それだけではない。『西国立志編』は明治の日本でもっとも広く読まれた一冊の書物として、日本の産業化の国民的教科書ともなった。日本思想史上きわめて重要な文献である。スマイルズが今のイギリス本国で読まれることは少ない。また『西国立志編』が今の日本で読まれることも多くはない。しかしだからといって、その歴史的重要性が減ずるものではない。スマイルズの『自助論』が中村正直の手を介して日本でいかに読まれ、いかなる影響を及ぼしたかが、第二部で説き明かす「『西国立志編』とその余響」で、それが本書の中心課題の一つである。読者は一冊の書物が明治の若者に与えた思いもかけぬ刺戟の数々に目をみはられることであろう。

ところで右に述べたことは巨視的に把握しなおすと、日本が目を西洋に転じたこと、より詳しくいえば「古代中国から近代西洋へ――明治日本における文明モデルの転換」を説明することともなる。英語でいえば Japan's turn to the West であるが、その日本の文化史的な方向転換を説明する上で、中村正直が訳したスマイルズの『西国立志編』やミルの『自由之理』を取りあげることほど適当な例は少ないのではあるまいか。私がこの主題を中国大陸や台湾で繰返し講義した所以である。

明治日本ほどではないにせよ、イタリアもまたスマイルズから広く刺戟を受けた国民である。第三部『セルフ・ヘルプ』から『クオレ』へ」では、その同じスマイルズがイタリアではどのような形で影響を与えたか、その波動を検証する。日本の明治維新は一八六八年であるが、中央集権国家としてのイタリア王国の成立は一八六一年、ローマの地がイタリア領に復帰しイタリア維新とも称すべきリソルジメントが完成したのは一八七〇年である。日伊両国はほぼ同じ時期に近代国家建設の道を進み始めた。そ

はしがき

本書は intercultural relations と呼ぶ文化の伝播の研究である。西洋産業社会の倫理や思想は明治日本にどのようにして摂取されたのか。英国の誰の書物が日本に一番深い影響を与えたのか。そしてそれは誰の手によって日本に伝えられ、どのようにして日本の土壌《どじょう》に接木されたのか。

本書で取りあげるサミュエル・スマイルズ（一八一二—一九〇四）は自立した個人の勤労倫理を説いた。その主張は「天ハ自ラ助クルモノヲ助ク」という格言に要約される。このスコットランド人はヴィクトリア時代の啓蒙家で、*On Liberty* を一八五九年に出したジョン・スチュアート・ミル（一八〇六—一八七三）と同時代人であり、ミルと思想傾向をほぼ同じくした。スマイルズもその同じ年、日本暦でいえば安政六年に、*Self-Help* という主著を出した。この『自助論』は、右の"Heaven helps those who help themselves" という格言を引くことで始まるが、産業革命後に登場した中産階級の人々に向けて、市民社会を生きる上で大切な市民道徳とその実践を、平明な言葉と実例で説き、十九世紀の後半から二十世紀の初めにかけて世界的に読まれた。日本人はその影響感化をもっとも深く受けた国民である。

本書の第一部では「洋学に転じた漢学者中村正直」を扱う。中村正直（一八三二—一八九一）は幕末日本の最高学府の学者として知られたが、その昌平黌の御儒者が明治維新に先立つ一八六六年から六八年にかけてイギリスへ留学し、徳川幕府の瓦解にともない帰国した。旧幕臣は静岡へ都落ちすることを

天ハ自ラ助クルモノヲ助ク

中村正直と『西国立志編』

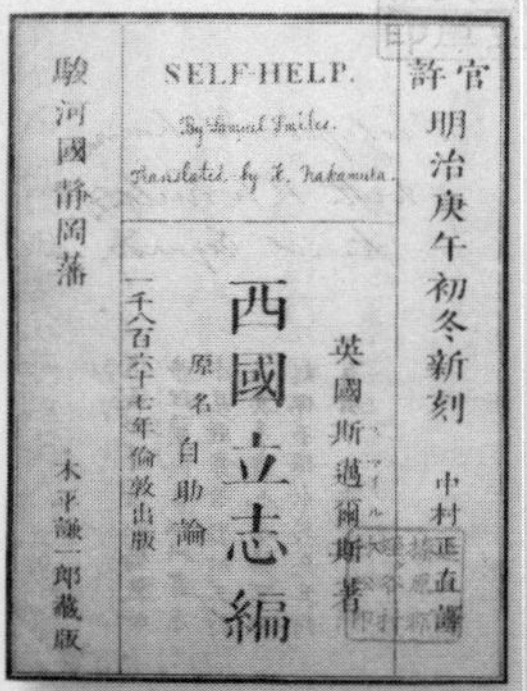

平川祐弘 著
Sukehiro Hirakawa

名古屋大学出版会